JN185000

新海誠 絵コンテ集 4

星を追う子ども

Children who Chase Lost Voices from Deep Below

角川書店

AGHARTa

CONTENTS

004　映画『星を追う子ども』について

008　絵コンテの見方

009　用語解説

絵コンテ

013　Aパート

153　Bパート

287　Cパート

421　Dパート

559　Eパート

683　新海 誠 interview

※絵コンテはアニメーションの基礎となる設計図ですが、 制作過程でさまざまな修正、変更があります。
完成した本編とは多少異なるシーンもありますので、 本編と合わせてご覧いただき、さらに深くお楽しみください。

それは、〝さよなら〟を言うための旅。

注意

STORY

ある日、父の形見の鉱石ラジオから聴こえてきた不思議な唄。
その唄を忘れられない少女アスナは、
地下世界アガルタから来たという少年シュンに出会う。
２人は心を通わせるも、少年は突然姿を消してしまう。
「もう一度あの人に会いたい」
そう願うアスナの前にシュンと瓜二つの少年シンと、
妻との再会を切望しアガルタを探す教師モリサキが現れる。
そこに開かれるアガルタへの扉。
３人はそれぞれの想いを胸に、伝説の地へ旅に出る――。

絵コンテの見方

『星を追う子ども』の絵コンテはデジタルツールは使わず、鉛筆で全て描かれている。
影（暗部）や他と区別したいところを色鉛筆で塗り分けて描く場合もある。

カットナンバー。その映像におけるカットの順番を示したもの。冒頭（またはパートごとの冒頭）からの通しナンバーになっている。

そのカットの秒数、フレーム数を示す欄。「○秒+○コマ」という形で記す。

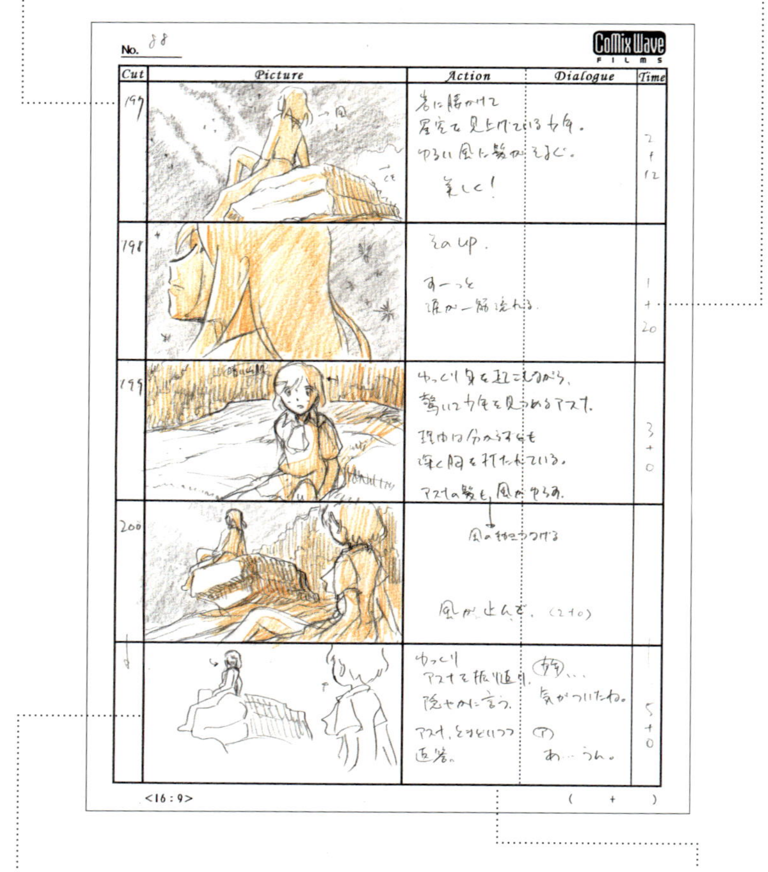

そのカットの場面絵を描いたもの。1カットの動きを数コマにわたって描くこともあれば、Pan Upの絵など数段を使って1カットを描く場合もある。

それぞれのカットの絵についての説明や、指示が書かれた欄。通常は、この欄が2列あり左側にカメラワークや、キャラクターの動きなどの説明、右側にセリフやSE（効果音）や、BGM（音楽）を書くことが多い。

絵コンテ用語解説

SE=Sound Effect（サウンド・エフェクト）
映像に付け加えられる効果音のこと。

F.I.=Fade In（フェード・イン）
カットの頭で黒い画面から徐々に画像が見える状態になること。

F.O.=Fade Out（フェード・アウト）
カットの終わりで画面が徐々に暗くなり、やがて黒い画面になること。

PAN（パン）
カメラの位置を固定したまま、画面を上下左右（または斜め）に振ること。

P.U.=Pan Up（パン・アップ）
カメラの位置を固定したまま、画面を下から上に振ること。

P.D.=Pan Down（パン・ダウン）
カメラの位置を固定したまま、画面を上から下に振ること。

T.B.=Track Back（トラック・バック）
カメラが後ろに移動しながら被写体を撮影すること。

T.U.=Track Up（トラック・アップ）
カメラが前に移動しながら被写体を撮影すること。

O.L.=Over Lap（オーバー・ラップ）
前後のカットの、前の部分と後ろの部分を徐々に重ねて、画面を切り替えていくこと。

BG=Back Ground（バック・グラウンド）
背景画のこと。

IN=Frame In（フレーム・イン）
被写体が画面の中に入りこんでくること。

OUT=Frame Out（フレーム・アウト）
被写体が画面の外に出ていくこと。

Follow（フォロー）
カメラが移動しながら、被写体が常に同じ位置（距離）になるように、その動きを追いながら撮影すること。

A.C.=Action Cut（アクション・カット）
カットと次のカットで被写体の動きが連続するとき、その被写体の動きを前後でつながるように作画すること。

L.O.=Layout（レイアウト）
絵コンテを元にして描かれる、原画作成のための設計図。

K=コマ
時間の単位。1秒=24K(コマ)、または1秒=30F(フレーム）を使うことが多い。

BOOK（ブック）
背景の一部を切り抜いた、セルの手前に被る背景描きの画像。

OFFセリフ
フレーム内に存在しないキャラクターのセリフや、口パクの発生しないキャラクターのセリフのこと。

絵コンテ用語解説

BGオンリー
背景のみで、動画（セル）が乗らないカットのこと。

つけPAN
被写体を常にフレームの中におさめて、被写体の動きに合わせてPANを行うこと。

引き＝BG引き
背景画をスライドさせて撮影する方法のこと。

アバンタイトル＝アバン
オープニングに入る前に流れる、プロローグ的な画像のこと。

フレーム
実際に映像として映し出される領域を示した枠のこと。

セル
動画をスキャン、またはそれに彩色を行った画像素材データのこと。1つのカットで、複数の動画を重ね合わせて構成するとき、その動画の1層1層を指し、Aセル、Bセルなどアルファベットで区別する。

同ポ＝同ポジ
前に出たカットと同じ場所（BG）を使用する場合、そのカットとBGが同じであることを示す。

止メ
動画が静止画であるということ。または、カットそのものが静止画であること。

口パク
キャラクターが喋る演技の口の動き。「アキ口、中口（中アキ口）、トジ口」の3種類、または2種類を交互に入れ替えて喋っているように見せること。

スライド＝スライディング
セルやBOOKを、カメラに対して水平に移動しながら撮影すること。

フレア
撮影時における光の効果のひとつ。

アイレベル
人の目線にあわせた基準のこと。

ナメ
被写体の手前に、別の被写体の一部が入り込んでいるようなアングルのこと。

マッピング
被写体の全部、もしくは一部に他の画像を貼り付けること。貼り込みと同義語。

マルチ（密着マルチ）
複数のセルや背景を異なる速度でスライドさせ、奥行きや立体感を出す撮影方法のこと。

星を追う子ども

上映時間：116分

制作：コミックス・ウェーブ・フィルム

公開日：2011年5月7日

Aパート

No. 1

Cut	Picture	Action	Dialogue	Time
1.	BK	金属のレールを 伝わってくる 遠いひびき。 （観客は何の音か わからない）	SE F.I ゴオオオ…	8.0 くらい
		レールに耳をあてて 目をつむっている アスナ。（F.Iにあらず） 木陰が落ちている。		
		カット尻に フと目をあける。 念のため電車が来るかの確認 作業だが、何か物想いにも ふけるように。 12kくらい目をあけた カオみせる。		4 + 12
2	石 石	ポーズつないで、身を おこすアスナ。 木々に囲まれた線路に、 午後の長い陽が さしている。 ちょっと風があり、	SE 山鳥の さえずり。	
	↑ カゲBK	目線は向こうを見たまま、 しかし体はこちらに向きながら 立ち上がり、		

<16：9>

（ 12 ＋ 12 ）

CoMix Wave FILMS

No. 2

Cut	Picture	Action	Dialogue	Time
↓ つづき	カゲの形 BGに合わせて下さい / fr.O	走り出す、レールを横切って fr.out 木陰チラチラ落とす。	(SE) 枕木を踏む音、じゃりを踏む音	6+0
3	(A) BG 河原 / (B) / (D) / (D) / (D) / in / BGボーダ / (E)	fix スタート。鉄橋に走りこんでくるアスナ。フレーム中心あたりから マルチで follow ↖ 同時にT.Bしっけのるし。	(SE) ザッ(地面) ザッ ザッ カン(鉄板)	
↓	(A) BG / T.B / 橋の脚 →	ザッと鉄橋下の木とBOOKが後ろに抜けると、はるか眼下に河原。(A)美術 (B)パースマップ山肌 (C)(D)木とBOOK (E)3D+美術マッピング / マルチで高さ感を上手く出す!	カン カン カン …	6+0
4	in / 枕木	手前から大きく走る脚がinして、	ガン カン カン	
↓ つづく	1.2m	このあたりからカメラPAN.UP.	カン カン カン カン…	

<16:9>　↑枕木に合わせて影のせられる? 撮影処理がベターかも。

(12 + 0)

No. 3

Cut	Picture	Action	Dialogue	Time
6 つづき (4)		カメラPANUPすると、 画面をまっすぐ うけて輝く山肌 （遠い）		
		アスナの作画、 必要範囲は シミュレートして出しましょう。 fix 1+12 PAN 3+12 fix 1+0		6 + 0
	※ アバンの季節は春〜初夏 アスナは冬服です。			
	スカーフ色違い 薄手のセーター 夏はセーターを 脱いで半袖シャツ			

<16 : 9> (6 + 0)

No. 4

Cut	Picture	Action	Dialogue	Time
4	SL or CG 山肌	4→9日 鉄橋で走る少女、遠景。 アスナリピート 鉄橋Bookのスライド、 は パースマップ。 うしろは西日にかすむ一面の緑の山肌。 トンボのムレがキラキラと光っている。		
5	outまで 草ムラのぼって トマレ in 舗装道路 (旧国道) 逆光	↑P.U. 鉄橋付近、西側の踏切。 (バーカレブミ切り) レールに沿うように[in]してきて、 舗装道路をつっきり、 細い脇道を登ってゆく。 fr. out →コチラ鉄橋 Book fix 1+0 PAN 3+12 fix 1+0		5+12
6	トカゲ	やや登り坂、 草に覆われた細い路傍の 道祖神、トカゲ ちょろちょろと一匹。 手前の一体、ケツァルトルをさりげなく 連想させるような文様を。 (カラ12K)		
7	out in 草手前 Book	アスナの走る足 in / out。 Bookで草に埋める。	SE ザッ ザッ	1+20

<16:9>

(7 + 8)

No. 5

Cut	Picture	Action	Dialogue	Time
7	古い畑 / ヤギ	in 不要 古い集落。 アスナが小路をかけのぼってくる。 ヤギが気づいて2歩前へ	(SE) カラン カラン。 (ヤギの鈴)	
	BOOK / Fr.Out	ヤギに挨拶しつつ、 Fr.Out. スピードゆるめず。	(ア) こんにちは!	
	特大ベルじゃなく。	アスナを見送るヤギ		5+0
8	山の入口にある植林された杉。	小路をかけていく アスナを追ってP.U.		
	畑 / スタート	P.U. 西日に輝く山緑と岩場。 アスナOut気味		6+0

<16:9> (11 + 0)

No. 6

CoMix Wave FILMS

Cut	Picture	Action	Dialogue	Time
9 畑	IN カゲ 道祖神	斜面を一気に 駆けのぼって。		
↓	out	杉の間に out。 全カゲ色に。		2 + 0
10 遠くの山	follow	山道を登る。 マルチでfollow. 手をついたりしつつも スピーディに。 山育ちなのです。 ※斜面 もっと急に。		3 + 0
11	光 空 トリ	錆とツタに覆われた 旧い高射砲に、 山鳥（シジュウカラ）が とまっている。 一寸動きアリ。 （1+0）		
↓	out	近づく人の気配を 感じて飛び去る。	(SE) 4 4 4 …	2 + 12

<16:9>

(7 + 12)

No. 7

Cut	Picture	Action	Dialogue	Time
12	山肌			
↓	本2 Book	スタート (Bookのうしろ)	本2を抜けて、アスナが辿りついたのは山の中腹にある岩場。	
↓		最後の斜面を一気に駆けのぼって、入口らしき場所まで軽やかに駆けあがる。 fix 1+0 PAN 4+0 fix 1+0		6+0
	岩場イメージ ① ここから登ってくる ② 小部屋入口 ③ シュンの指笛はここで。 ④ このへんから上に登る。 ⑤ シュンとの出会い。	⑤	南 西 東 北	
	③ ② ①	④		

<16:9>　　(6 + 0)

No. 8

Cut	Picture	Action	Dialogue	Time
(R)		~~入口らしき場所まで 軽やかに駆ける。~~		
13	ふん気味 / 花 咲いてる / アセ	カット入と同時に、アスナ大きく息を吐く 一気に走って さすがに疲れた。	(P) ハアッ．	
	カットラスト	それでも 休まず、入口をふさいでいる 木板を外す。	(SE) ガタン．	4+0
14	本棚	ACつなぐかんじで、小部屋内部から。 木板を脇に置き、		
	フライパン / カンブメ? / 本 / トビラのフタ	四つんばいで 入ってくる。		

<16:9>

かげ 上手くBGと合わせられるよう レイヤ的処理か．

(4+0)

No. 9

Cut	Picture	Action	Dialogue	Time
↓	ラスト	中腰になりつつ 小走り。 (奥の方が高い)	(SE) ガサガサ… (枯葉を踏む音)	5 + 0
15	in (枯葉)	inして 小部屋全体見せる。 かつての物置か。 どんづまりは板でふさいである。		
	アスナのカゲ ラスト	リュック肩から 外しながら		2 + 12
16	足元うめる バケツ	Aにつないで (in 不要) リュック おろしつつ	ガサ… ガサ…	
		床に置いて リュックから 紙袋をとり出す。 一連の動き止めずにスムーズに。		

<16:9> (7 + 12)

No. 10

CoMix Wave FILMS

Cut	Picture	Action	Dialogue	Time
↓		紙袋を持って、 リュックまたいで 一歩。		3 + 12
17	シーツ	木箱に入った色々なモノ。 ナベ、本、缶、等々。 アスナが持ち込んだものも、 そうでないものもある。 → 錆びついていて古い。		
↓		カット頭、 すぐに手がin、	(SE) ガチャン	
		紙袋のこして 手はOut. 缶詰、駄菓子、インスタントカップなど、 自重でちょっと崩れる。 ちっちゃい紙袋?		2 + 0
18	アタマ	本棚あたり。 医学・軍事・考古学等の古い本		

<16：9> スタート

(5 + 12)

No. 11

CoMix Wave FILMS

Cut	Picture	Action	Dialogue	Time
↓		カット頭から すぐに立ち上がり、 本の間に手を入れて、		
	※タイム全体 あとトップ こちらに out の動き	本棚の奥から ブリキの缶を 取り出す。 (ラジオが入っている) カット尻止まり気味	(SE) カラン。 ◎フレームもうちょっと 引いても良いかも	4 + 12
19		岩のうしろ側。 こちらにも錆びた 高射砲が草に埋もれている (20k から)		
↓		岩のむこうから リュックを背負いながら アスナが走ってきて、		
↓	out	高射砲・岩を 足場にして スイスイと登ってゆく。 勝手知ったるルート。		6 + 12

<16:9> (11 + 0)

No. 12

Cut	Picture	Action	Dialogue	Time
20	雲 青空 (山)	岩の頂き、 青空に雲が流れている。 (カラ(2人))		
↓	(アスナ)	アスナ入してきて 軽快に頂き端まで。		
	ペタン	その勢いでペタンと座りこみ (アグラ)、 同時にリュックを肩から外して 脚の前に置いて、何やら 取り出して置く。 (リュック) (止めずに滑らかに)		7 + 12
21	夕日 雲 菓子の箱 バスケット	Aにつなぎぽく。 すでに箱が2つ取り出されて置いてある。 リュックから水筒を取り出すところ から。 (アスナ汗ばんでる)		
↓	トクトク	フタを開けて 甘い麦茶をいっぱいにつぐ。		4 + 0

<16：9>

(11 + 12)

No. 13

水筒本体
スグOUt

Cut	Picture	Action	Dialogue	Time
22	アン	こぼれそうなほど 注がれた 透明に澄んだ麦茶。 (茶色) ハイライト光っている		1 + 12
設定	アスナのラジオ アンテナは差し込み式。 箱にしまう時は外す。 アンテナ、 木枠の周囲に リッツ線が 巻きつけて ある。 クリスタル イヤフォン。	水筒		
	コイル 周波帯 切りかえ スイッチ ON/OFF スイッチ 木製板 バリアブル コンデンサ (同調つまみ) 検波針 鉱石 固定つまみ	コップ ココをゆるめて 注ぐ ZOJIRUSHI		
	※ラジオ、 検波針レイアウトの 変更アリ。ヒろろ参照。 実は電池式。 四角マンガン と 単3乾電池。	こういうタイプか? 演技都合で		

<16:9>

(1 +12)

No. 14

CoMix Wave FILMS

Cut	Picture	Action	Dialogue	Time
23		ごく、ごく、ごく と3口で 飲みほす。 初夏、走った後に 飲むムギチャ！	SE ゴク ゴク ゴクン。	2+12
24	空	Aにつないで 一瞬ためて。		
		心から 幸せのカオ 一瞬。	(ア) プハァ	
		息をついて。 ※ここでようやく 動作もおちついた かんじ	(ア) ふぅ…	
		水筒をリュックに 入れて、 左側に置き、 そのままお菓子の 箱を		

<16:9>

(2 +12)

No. 15

Cut	Picture	Action	Dialogue	Time
↓ つづき		手前に置くところまで。 スッとワンアクションでやれちゃうか？	(SE) カタン.	7 + 12
25	あし あし	錆びついたクッキーの缶を開ける。 ※閉まっている処からスタート	パカッ！	
↓	金属の箱型マンガン電池	缶に入っているのは古いラジオ。 画面外にフタを置く音がして、	(SE) カタ.	
↓		アンテナを立てる。	(SE) スコン.	4 + 12
26 遠い山脈 → ↓	国道と車	ラジオを菓子箱から出して置き、 (菓子箱はどこかに消えちゃってOK.)	※谷の反対側がここで初めて見える。 陽は傾きつつあり、対岸は淡いかげの中。 国道を走る車のランプが小さく見えている。	

つづく

<16:9>

(12 + 0)

No. 16

CoMix Wave FILMS

Cut	Picture	Action	Dialogue	Time
↓ つづき		スカートのポケットから 小さな石らしきモノを 取り出す。 夕日反射して一回光る。		6+0
27 ワク	同調つまみ / バンド切り換えスイッチ / アンテナ / コイル / 検波針 / クリスタルイヤフォン / スイッチ / 電源RED / ワク	※盤面レイアウト 変更アリ。 ところを参考		
↓	キラッ / 夕日	ルした手にあるのは 小さな鉱石（クラヴィスの欠片）。 金属の囲いに 鉱石を入れて。 （途中 夕日で反射してキラッと光る）	(SE) カタン。	
↓		左手を箱にそえて 右手で固定ネジを 時計回りに回す。 金属板に押しつけ られて固定される石。	(SE) キュッキュッキュッ… カチ。	
↓	ラスト / 穴あけとる	イヤフォンを 取る。		4+4

<16:9>

(10 + 4)

CoMix Wave FILMS

Cut	Picture	Action	Dialogue	Time
28	空	AC つなぐかんじ イヤフォンを右耳に入れる。 （まだ音は聞こえてません）		
↓		体を左側に向けつつ、 バスケットのフタを開けてます	SE カチャン (トメ具を外す音)	3+0
29	フタ 外れてる? out スカート	フレーム サンドイッチをひとつ取る。 (つかんだ所からスタート) 手作っぽくて形はヤヤイビツだが、 おいしそう。	藤編みバスケット 金属のトメ具	1+0
30	リュック もう右足外に出してる	くわえるが、まだかまず。 右手をラジオのスイッチにのばし		1+12

<16:9>

(5 + 12)

No. 18

CoMix Wave FILMS

Cut	Picture	Action	Dialogue	Time
31	イヤフォンコード ゆれる REDつく あし	C28同ポジ Acつなぎ ツマミを時計回りに45°回す。 RED点灯 コード イヤフォンへ	(SE) カチン ジ	1+12
32	山 T.B. 左手	イヤフォンを中心に T.B. 真剣な表情のアスナ。 目線はラジオ 一寸ジッと聴いて いて、	・ ジジ ノイズ F.I	
	ノイズがF.I しおわったら T.B止める	サンドイッチをかみ切ってもぐもぐやりながら、 体かがめる。		
↓		あまさず残りのサンドイッチも口に押しこんじゃう。 可能か？	ノイズ ゆらぎつつ	7+12

<16 : 9>

(9 + 0)

No. 19

Cut	Picture	Action	Dialogue	Time
33	コード イヤフォン	検波針を動かしている。 鉱石の表面から検波感度の良い場所を探っているのです。	SE ジージジジ	
↓		針を左右に動かすとノイズの大きさが変化する。 ひときわ大きくなった箇所が一瞬あり。		〜5+6
↓	コード	少し戻してそのポイントで止める。 左手が入ってきて、(イヤフォンのコード動く) 同調つまみをゆっくり回す。		
↓	つまみを回す動き、 カットいっぱい止めずに。	時折人の声や音楽がノイズにかすかに混じる。 今度は放送局を探しているのです。	SE ラジオのチューニング	9+12
34	BG送る	電気揚々と歩いているミミ。 作画リピートでOK、 BGはゆるい起伏のある地面objにパースマップでか。 所々に高さのある草を。		3+0

<16:9> (12+12)

No. 20

Cut	Picture	Action	Dialogue	Time
35	空 ストップ スタート	チューニングに集中している アスナのうしろに、トコトコとやってきて 止まる。 一寸間があって、		
		一声鳴く。 背中から声をかけられてアスナ びっくり AC	(ミ) ニャー。	3+12
36		驚いたアスナに すかさず	(ア) ミミ！	
		ジャンプするミミ。 左肩に乗り、		
つづく	フレーム修正PAN	くるっと一周して 再び左肩に出てくる。 アスナも嬉しそう。	(ア) 元気？	

<16:9>

(3 + 12)

No. 21

Cut	Picture	Action	Dialogue	Time
↓		ノドをゴロゴロしてあげたり。		
↓		フト、何事かに気づく ↓ AC	(ア) アッ!	6+12
37		↓ かがんでラジオに向き合うアスナ。両手をダイアルと検波針にのばす。 C30フレーム調整	(ア) 入った!	1+0
38		C33同ポジ 右手のダイアルをゆっくり回している。 メロディらしき音が明確になり。	(SE) かすかなメロディ 〜 明確に	
↓	コード	最初に右手をそっと離してOut、 (針は固定されていて動かない)、 次にダイヤルからそっと指を離す。左Out	↓ ♫♪	7+0

<16:9>

(ほぼ左右同時で。)

(14 + 12)

No. 22

Cut	Picture	Action	Dialogue	Time
39	くも ちょっと身をおこす	今まで聴いたどの音楽とも違う。 嬉しいや悲しいや、何かの予感が胸に満ちる。 瞳うるみ、かすかな風が髪をゆらす。	(3+0位で) ア …… 不思議な音楽……。	5+12
40		しばらく音楽を聴いている間があり(6+0)。 フカン	ノイズまじりのメロディつづいている	
↓	ミミ	やがてパタンとあおむけに寝そべる。 動作の途中でミミ、肩から飛び降りてアスナの顔に鼻を寄せる。		
	T.B	アスナ、目をつむる。 ミミはアスナの傍らに座っている。 カットいっぱいT.Bしっぱなし。		
	さよならの旅(仮)	映像に被せてタイトル。 以下、曲でつなげてOP入る。	※カット時間曲合わせで。	12+0

<16:9>

(17 + 12)

ここまで 3m+10s+0

No. A－OP1

Cut	Picture	Action	Dialogue	Time
41 A		春の日中。 山桜が美しく 散っている。 (CG)		8 + 20
	in out	レンズ手前を 掠めた花びらが 横切って、 (作画？)	inから outまで →	2 + 0
B	葉桜	葉桜に なっている。 (CG) やや夕刻か。		6 + 20
C	半月 星空	穏やかな 春の月夜。 星がゆっくりと 回転している。	※月を見ている ミミ。 一寸動き ください	10 + 0
D つづく ↓		初夏、早朝。 山はみどりに覆われ つつある。 朝焼けの空に 鳥が舞っている。		

<16:9>　山肌に朝もや。　(　+　)

No. A-OP-2

Cut	Picture	Action	Dialogue	Time
8	out / in	スズメが2羽入ってきてバリケードに止まり、ついばむような動きを見せてから再び飛び去る。		8+20
Eの①		夏が来た！深く濃いみどり、豊かな雑草、白い入道雲。	※風にそよぐ豊かな雑草、作画。	
		アスナは不安か？		
	in			
	桑の実をたべる			

<16:9>　　　　(+)

No. A-OP3

Cut	Picture	Action	Dialogue	Time
Eの②				
		PAN~と同時に O.L.で夕景になってゆく。 アスナの[illegible]が見える。		
		高台の上で オテリとクラヴィスの 光がまたたく。		15 + 14
	↓ 本編へ			

<16 : 9>

(+)

No. 23　OP後↓

CoMix Wave FILMS

Cut	Picture	Action	Dialogue	Time
41	保留。	OP明けに 夏へのきりかわりを 示すBGを 入れるか？		
		ここから夏。 ↓		
42	畑 スタート	いつもの高台帰り。 7月初めの6時すぎ。 地上は影の中だが、まだ空は十分に明るい。 アスナが道を降りてくる。 途中ちょっとかけ足を交じえたり。 ミミもじゃれつくようについてきている。 アスナ ミミ		
↓	in	ディーゼル列車がinしてくる。 アスナ立ち止まって 通過を待つ。 （警報機も遮断 バーもない）。	ゴトン ゴトン	
↓	ラスト。	列車は2両編成。 周囲に満ちていた 夏の虫の音は ディーゼルエンジン音に かき消されている。	ゴトン ゴトン ゴトン ……	9 + 0

<16:9>　　(+)

No. 24

Cut	Picture	Action	Dialogue	Time
43	サラリーマン こちらの座席には座らせない ハイライト作画で追加	アスナ視た目。 車内は橙色の明かり。 乗客はサラリーマンや高校生がまばらに。 車両3D+レタッチ、人物作画	ガタン	
↓		ラスト このあたりまで	ゴトン ガタ	1+20
44		車体を見送るアスナ。 光がサッと抜ける。 ・BG、光部分マスク操作	ゴトン ガタン	
↓	全的色	風圧がフワッと髪と服を持ち上げる。 (アスナにとっては、自分の知る世界の外から来ってきた人たち。)		
↓	アスファルトから草地に、段差を降りるかんじ。 Out	風おさまり。スッと表情変化して一寸間。 左手にフレOutする	(SE) 虫の音がもどる ザッ (草地に降りる)	6+0

<16:9>　　(+)

No. 25

Cut	Picture	Action	Dialogue	Time
45	follow →	早歩きで鉄橋を歩くアスナとミミ。 一寸間があり (3+0くらい) →柵Book →足元作画or3D		
↓		前を向いたまま不意に呟くアスナ。 ミミは返事のかわりにアスナを見る。 歩く速度ずっと変化なし。	(ア) …あれから聴けないね。 あの唄。	7+0
46	out	手前側のフミキリ。 オート三輪がカメラ側にやってきている。 手をつないだ母子連れが奥に歩いていく。 夕刻なのでわりと人出があります。	(※P1150427 + 3DCGレイアウト)	
↓	※望遠きみの圧縮された距離感、フロントガラスの映り込みを通して表現。	手前にoutしていくオート三輪。 運転席には仕事帰りらしきオジさん2人。 (3DCG+作画)		
↓ つづく	in out	ヒョコッと柵の隙間から道路に出てくるアスナ。 ミミもついてきている。	4+0	

<16:9>　　　　(+)

No. 26

Cut	Picture	Action	Dialogue	Time
↓ つづき	やや下り坂	手前からINしてきた お婆ちゃんと すれ違い、行儀良く アイサツする。	(ア) こんばんは。 (お婆) オヤ、こんばんは。	
↓	↓out.	アスナ 手前に out.		12 + 0
47	空にはまだ光 遠い山	永い期間にわたって 人の手の入ってきた 深い山々。 P.Dしていくを 荒てゆくとも見える。		
	墓地 畑 ヒマワリ	段差のある集落。 アスナが自宅の ドアにかけよる処。	※山々、 墓地、 フェンスや塀、 石垣 etc. 参考Photo /reference/kawai_Photo/ asuna_house_environment フォルダ	
↓	Bookの木 (アスナの手前)	ドアにとりつく ところまで。 fix 1+0 PAN 4+0 fix 2+0		7 + 0

<16 : 9>　　(+)

No. 27

CoMix Wave FILMS

Cut	Picture	Action	Dialogue	Time
48	くもりガラス コントラストの低い木陰 アスナがランドセル	鍵を開けるアスナ。 全カゲ色だが、コントラストの低い木陰がアスナとドアにおちている。 中央に鍵穴。	(SE) カチャン。 ノブの中央に鍵穴	1+12
49	木陰	ポケットに鍵を戻して AC ↓ アスナを見ているミミ。		
↓		右手でミミの頭をぐりぐり撫でる。 ミミ無抵抗。	(P) お見送りありがとー。	3+0
50		アスナ明るく。 カット尻 身を起こし	(P) あとでゴハン持ってきてあげるからね。	2+0
51 ↓	手out 敷石	Acつなぎ アスナの手out アスナをジッと見上げているミミ。 何考えてるのか不明。	こぼす	

<16:9>

(+)

No. 28

Cut	Picture	Action	Dialogue	Time
つづき ↓		アスナ フレーム外で ドアを開ける。 ミミ、アスナを目で追う。	(SE) ガチャ、キイ… (ドア開く音)	
↓		アスナが玄関の灯りをつける。 オレンジの光に照らされるミミ。	(SE) パチン (電灯スイッチの音)	
↓		ドアが閉まるに従って光が消えてゆく 表情変わらず、	(SE) キイ…	
		カット尻に オモムロに ジャンプ!		5 + 0
52		C49フレーム調整 スルリと玄関に入ってしまうミミ。 ドア閉まるまで。	(SE) バタン。	1 + 12

<16:9> フレーム (+)

No. 29

CoMix Wave FILMS

光上から

Cut	Picture	Action	Dialogue	Time
53	くもりガラス ドア シール	アスナ クツ脱ぎながら 前方に気づく。 (ミミには気づきません)	(ア) あ…	1+12
54	ハンガー カイダン	狭い廊下の奥、 台所の灯りが 点いている。 (アスナクツ脱ぎます)	(ア) off お母さん!?	
↓	in アスナ	もう1、2歩 奥へ	こぼす	4+12
55	有線スピーカー in	冷蔵庫のむこうから ピョコっとin 嬉しいのです。 [illegible] 家のレイアウト仮です	(ア) 今日は 早いね!	3+0
56	コド	台所には 誰もいない。 食器類セルで。 家のレイアウト、 ツジツマ合わせる 必要アリ すみません…	(ア) …… なーんだ…。	4+0

<16:9>

(+)

No. 30

Cut	Picture	Action	Dialogue	Time
57	セル	スイッチに触れているアスナの手。 AC	(ア) …消し忘れ。	0+12
58		台所に一歩入ってくる。	こぼす	1+18
59	雲 星空	他の家なめてアスナの家。 2階にも灯りがついている。(アスナは1階ですが 割愛) 空はすっかり夜。 星空に雲がゆっくり流れている。		4+0
60	ラスト BGボケ	輪(リン)を叩く アスナの指先 ※左右反転? いいか。	お線香火ついてる SE	0+12
61	こちら庭 フスマ タタミ	ポーズつなぎ不要 口の動きと 線香の煙の動きのみ。	(ア) ただいま お父さん。	2+12 (3+12)

<16:9>　　　　(+)

No. 31

Cut	Picture	Action	Dialogue	Time
62	鴨居 カゴ	洗濯物 とりこんでいる。手早く！ (鴨居越し、細い廊下の奥に障紙、 その一枚奥にアルミサッシ) (庭は狭いが 石の灯籠なんかあったり)		3 + 0
63	カゴ まどか タタミ	(フレーム外続き) 玄関 ろうか 洗濯物を たたんでいる アスナ	※ ミミ、廊下から 歩いてきてつけPAN、 が良いか？	
↓	セッセ in	ミミが得意気に 歩いてきて、 積まれたタオルの前で止まる。 ジッと見つめる。 アスナ気づかない		
↓		おもむろに 手をのばして崩す。 (やらずにおれない ネコの習性。) 一寸間をおいて、		
↓		アスナ気づく。 ミミと目が合うが、 「何か？」 というかんじ。		8 + 12

<16:9>　　　　(+)

No. 32

CoMix Wave FILMS

Cut	Picture	Action	Dialogue	Time
64	コタツテーブル ゴザ 障紙 カベ フスマ タタミ	ポイ、と 廊下に 投げ出される ミミ。 フスマがピシャッと閉められる。	(ア) どっから 入ってきたの	!!
↓ ←こちら庭	フスマ ラストフレーム 洋間(ジュータン) つけPAN 叱られている自覚は(たぶん)無いミミ。部屋をぐーっと回りこんで、			6+12
65	たたんだ服 c63でも カゴ、ここに置く スタート	(c63同ポジ) アスナ作業中ー タオルの山は直っている。 ポーズはc63とカンじ変えましょう。 (c67もこちらに合わせる) c64からミミ ACつなぐイメージで。		
↓ ガく		目的地に到着するつり 間髪入れずに 崩す。		

<16:9>　　　　(+)

No. 33

Cut	Picture	Action	Dialogue	Time
つづき	ムカ	猫的にはちょうど良いベッドになったタオル。その上に座り込むミミ。 アスナ気づき。		
↓		今度こそ怒ってとびつく！ 間一髪ですり抜けるミミ。	Ⓐ コラミミ!!	
↓	out かわいらしく！	洗濯カゴにつっこんじゃう。 動き収まるところまでいかなくてOK、かも。	(SE) ドタン！	8+12
66	ヤカン ナベもっと大きく	→フレーム カボチャを煮ている。 湯の中で泳ぐカボチャ、あたたかそうな湯気、コンロの炎。	(SE) グツグツグツ	2+6
67	ナベフタ	→切ってある カボチャ ホウレン草を切っているアスナ。 2回	(SE) ザク・ザク	1+12

<16:9> (+)

塩ツボ or サトウ ? 洗剤とか

No. 34

Cut	Picture	Action	Dialogue	Time
脇手口 68	ユゲ ユゲ カボチャ ハクサイ	ほうれん草を 切り終えて、 （アスナエプロン姿） （ミミは踏み台の上で立ち上がっている） （台所もっと狭いかんじに）	SE ザク（最後1切り）	
↓	トン ミミおりる	マナ板を 持ったまま踏み台に のぼり。		
↓	ザッ ザッ	ほうれん草を ナベに入れる。 ミミ、食事が待ち切れない！と いった感じでその場でくるくる回ってる。 （走る、のではなくトコトコ早歩き）		
↓		お玉でかきまぜる、一連動作 素早く。 ミミ、ジャンプとか。 ※カボチャとホウレン草の味噌汁。 料理、どなたかフォローして下さいませ…		5 + 0
69	BGボケ	出窓もうちょっと遠くに イキオイ良く 両手を合わせる。 （制服からスカーフを 取って、エプロンを 着ている）	SE パン！	1 + 0

<16:9>　　　　(+)

No. 35

CoMix Wave FILMS

チューリップ電灯

Cut	Picture	Action	Dialogue	Time
70	額 カメ	ペコリと頭を下げながら元気に言う。 台所方面から見たアスナ。洋間にポツンとひとり。 天井、壁紙、洋風です。奥の障子は全て閉めてある。	(ア) いただきます！	2+0
71	テーブル脚 アスナ正座	焼魚をおいしそうに食べているミミ。		
71 別案	テーブル アスナ脚 カーペット	あるいはこんなレイアウト		2+0
72	台所 ツケモノ	アスナ、米を口に入れて、 モグモグしながら	ミソ汁から湯気あがっている	
↓ つづく		川魚の身を取って口に入れる。 口の中にはまだ白米入ってる。		

<16 : 9>　　(+)

No. 36

CoMix Wave FILMS

Cut	Picture	Action	Dialogue	Time
つづき ↓		しあわせー という感じに モグモグ	ア んー。	
↓		フッと 表情が変わる。 何かを思い出した、という風。		5+12
73		口の中のものを 飲みこんで、 つぶやくアスナ。 ミミは食事中。	ア …… 不思議な 唄だったな。	
↓		ミミに話しかける。	ア ね、 また 聴けるかしら。	6+0
74	アスナ カーペット	↓アスナ動き、カット頭Aにつなぎ アスナの方を見て 鳴くミミ。	こぼす ミ ニャア。	3+12

<16:9>

ミミ、顔もどして食事再開するまで (+)

No. 37

CoMix Wave FILMS

Cut	Picture	Action	Dialogue	Time
75	ドア	カット頭から ドアが開いて。 ミミが飛び出てくる。 ピョンピョンと踏み石の上をジャンプして。	(SE) ガチャ (ドア開き音) (ア) おやすみ ミミ。	
↓	アスナの手見える? か? out	一寸アスナにアイサツするようにドア側を見て、 out。 ※アスナちょっと見えるように アングル変えた方がよいかな? 一考。		
↓		見届けてから ドア閉まる。 ドアからの光消える (BG OL)	(SE) ガチャン。	6 + 12
76		シンクで水につけられている 1人分の食器。 音もなく波紋が ひとつ広がる。 (資料にあたって説得力のある 絵に) うすぐらい光源	(SE) おフロに入っている くぐもった水音。 (ザバァ、ポチャ…)	2 + 0
77 ↓	カーテン	2F。 階段を登ってくる 軽い足音。	(SE) トン、 トン、 トン。	

<16 : 9> (+)

No. 38

Cut	Picture	Action	Dialogue	Time
77き ↓	窓 / IN	オフロ上がり 頭にタオルを巻いてパジャマ姿で、 歯をみがきながら登ってくるアスナ。 ふと窓の外に 何かを見る。 一瞬立ち止まり (12k)	(ア) ?	
↓	トン / 除	目を窓を見たまま 登りはじめる。 (1歩)		4 + 0
78	夜空	木枠の窓のむこう。 黒々とした対岸の山の シルエット。 一瞬、青白い光がチカッと またたく。		
↓	IN / ラスト位置	が、スグに消える。 アスナIN 一寸ジッとみつめる (18k)	× ガラス映り込み アリ	3 + 12
79	カーテン / カイダン	目パチ1回して、 歯ブラシをくわえたまま呟く。 ①の端にアウトIN.	(ア) 光った…?	3 + 0

<16:9> (+)

No. 39

CoMix Wave FILMS

Cut	Picture	Action	Dialogue	Time
80	空 木 ←アスナ	窓から 外を見ているアスナ (アスナの居る窓、階下からの 灯りでちょっと明るい) フレーム外は 廊下	ア …	
↓	←out パッ カーテン	アスナ窓からout、一寸して 右側の部屋の 灯りが点く。 (カーテン閉まっていて アスナの姿は見えない)	ア 気のせい かな…。	5+0
81	夜空 国道 アスナの家のあたり 集落	対岸のガケtoX、アスナの住む町の灯りが見えている。 (カラ2+0)		
↓	in	少年らしき 足がinする。	SE ザッ	3+0
82	空 山	町を眺める 少年のシルエット。 (シュンです)。 (※アスナがラジオを 聴いていた岩)		

↓ [illegible]

フレーム <16:9> 高解像

(+)

No. 40

CoMix Wave FILMS

Cut	Picture	Action	Dialogue	Time
つづき ↓		やがて振り返って歩き出す。 振り返り際に胸元で青い光がチカッと光る。 ←胸にあるペンダントが反射して。	(SE) チリーン	3+12
43		アスナの家の軒先(2F)の風鈴。 ゆるい風に吹かれて涼しげな音を出す。 (少年のペンダントが鳴るわけではありません)	チリン チリン	5+0
		f.o. 2+0 させるの一考 ← コンテの位置関係は基本的にこれに従っていますが、		
		家具位置などはテキトーになっています。 最終的にはツジツマあわせましょう。		
			c42〜43 2m.46s.15k	

<16:9>

(+)

No. 41

Cut	Picture	Action	Dialogue	Time
84		翌日、昼間。 松の幹で 鳴くセミ。 シルエットで 奥が明るい	SE ギィー	3+12
85	依頼	畑の脇の 道祖神、 人の植えたものと 自然がまじりあって いる風景。(ref. P1150445) BG only	山鳥の鳴き声 盛大に	2+0
86	ススキ	光 BG only ref P1150486 木造の橋と校舎。 昼下がりの静けさ。 渓流のせせらぎが 目立ってきこえる。 (川自体は見えなくてOK)	SE 川の せせらぎ ※ススキ、セルかフェーディングで上手くいくならCGで風に吹かせる。	2+12
87	青空	南向きの窓、 ほとんどが開け 放たれている。 (クーラーはない) 教師の声が きこえてくる	先生 次、 矢崎ユウ さん。	3+0
88 ↓ つづく	期末テスト結果 クラス目標	ユウ、答案用紙 をうけとった ところから。 ・先生、妊婦である。 産休中たモリけまが 代任するので、現在 引き継ぎ中。	先 その調子でね。 ユ はーい。	

<16:9>

(+)

CoMix Wave FILMS

No. 42

Cut	Picture	Action	Dialogue	Time
↓ つづき	←段に乗ってる	ユウ戻ってゆく。 先生、窓際の列に目をやって、	→ムジャキなかんじ (先)次、渡瀬アスナさん。	4+12
89	ケイコウ灯 窓	先生の方を見るアスナ。 学校ではとても真面目らしい表情。	こぼす (ア)ハイ。	
↓	ただの脇役	立ち上がる。	(SE) ガタン	2+12
90	結果 マクロ ホル	だいぶ望遠。	(先) 今回もアスナさんがクラスで	
	in もう1席	セリフ尻 アスナin。 背筋をのばしてキチンと歩いている。	一番です。 (生徒たち) おおー。(ざわつき)	4+0

→ ざわつきの時動きアリ　(+)

<16:9>

No. 43

※アスナの席が入らないように。

Cut	Picture	Action	Dialogue	Time
91		先生のセリフ背後に、陰口を叩く女子3人。ヒソヒソと ポーっと見とれる男子とか、無関心な子とか。	(先) よくがんばりましたね。(ミキ) さっすが委員長。(女A) ガリ勉してるもんねー。	4+0
92		席に戻ってきているアスナ 左手で椅子を引いて、	カゲ口つづく (SE) カタン。(イスを引く音)	
↓		スッと座る。アスナ追ってカメラつけPAN。陰口は知っているけれど表情に出さない。		
↓	白パチ1回	アスナはちょっと大人びているのです。	(先) では最後に注意連絡です。	6+0
93 ↓ つづく		先生黒板の文字を消しながら	(先) 最近何人かの生徒から、	

<16:9> (+)

No. 44

Cut	Picture	Action	Dialogue	Time
つづき ↓		教壇に戻って、	(先) オフ 小湖のあたりで クマのような動物 を見たという 報告がありました。	7+0
94		サワつく 生徒たち。 アスナも驚いている。 [アングル一考。 もうちょっと広く見せた方 が良いかも]	(先) 念のため 寄り道をしない ように。	2+12
95		[と97兼用] (SE) かぶる キーンコーン カーンコーン	(先) 家が近くの お友達と一緒に帰る ようにして下さい。 (先徒) ハーイ。	7+0
96	カダン ← セロテープ 所々コケむしている	2Fから見おろした 学校の玄関。 手前のガラスにヒビ入っていたり。 生徒たち賑やかに 帰宅中。 ふざけてたり走ったり様々。	こぼす (SE) ザワ ザワ ザワ ⋮	3+0
97 b つづく	スカート out →	玄関。女子2人組、 喋りながら fr. out。 カゲから出てくるように。 (男子でも可)	(生徒たち) (A) もうすぐ 夏休みだね〜。 (B) 海行きたいな〜。 (とか。テキトウに。)	

<16:9>

(+)

No. 45

CoMix Wave FILMS

Cut	Picture	Action	Dialogue	Time
↓ ワゴマ	in	アスナ、上履を靴箱から取るところ。 奥の廊下からユウがやってくる。	(ユ) あーすなちゃん。	
	全かご	アスナの方向にやってきつつ、明るくおさそい。	(ユ) 一緒に帰らない?	6+12
98		アスナ 申しわけなさそうに。	こぼす (ア) あ…… ごめん。	
↓	in	ユウ、止めずに	(ア) わたし、 ちょっと急がなきゃいけないの。	5+0
~~X~~		~~ユウAcつないで~~ ~~1歩で止まる。~~ (欠)	~~(ア)~~ ~~誘ってくれてどうもありがとう。~~ ~~(ユ) …うん。~~ ~~じゃまた今度ね。~~	5+0

<16:9>

(+)

No. 46

Cut	Picture	Action	Dialogue	Time
99		ユウ、一歩入って 自分の靴を とりつつ。 アスナ、靴を	(ア) 譲ってくれて	
↓		床に置きつつ。 奥の靴箱に入っていく他の生徒 2人くらい。	どうもありがとう。 (ユ) …うん。 じゃあまた 今度ね。	5+0
100	光 out アスナ	c.86 同ポジ 下校の生徒たち たくさん。 アスナ、1人走っている。 (BG、太陽の位置 変わっている)	※ Out後12k間。 逆算にスタート 位置を決めて下さい	5+0
101	follow	うつむき気味に 走っているアスナ follow. カット頭に 他の生徒を追い抜る。 学校での上手くできない振るまいを ふり払うように。		
↓		BGは陽に一面に 輝く畑。 マルチで。 ref. P1150455		3+12

<16:9>　　　　(+)

No. 47

Cut	Picture	Action	Dialogue	Time
102		〔96同ポジ〕 ~~木校の中坊3人が手前にout~~ いつもの踏切。		
↓	※カゲ色から出てくる in	アスナが 奥の木陰からin。 踏切にさしかかるころには中坊はoutしきっている。 アスナ歩をゆるめ 鉄橋の方向を見るが、		
↓	out in	再び走り出して手前にout スレ違いざまに(out直後か)車一台inしてくる。		
↓		ここまでいかるくてOK． アスナout後 1+0くらい見せる。		7+0
103	塩田の	古い味噌屋で米を買っている。 ref. P1150950 P1150952 P1150979 他	(ア) お米5キロください！ (店) いつもありがとね。	3+12

<16：9>　　　　(+)

No. 48

Cut	Picture	Action	Dialogue	Time
104		49同ポジ 大きな米袋を抱えて、家までの坂道を歩いているアスナ。足取り重そう! 子供をおぶった若い母親とスレ違う。 in/out 不要	(女性) アラ、大丈夫? (ア) だいじょうぶ、です!	4+0
105		勝手口に置かれる5kgの米袋。 持ち方どちらでもです	ドサ!	1+12
106		仏壇に向かって手を合わせているアスナ。 C61同ポジ トメでOK。 線香ケムリアリ	(SE) チーン	2+12
107		お風呂そうじ。 3回こする。 または リピートでなく アクションのアイデア あればおねがいします。	ゴッ ゴッ ゴッ	2+0
108		外に置かれた二槽式洗濯機を回している(同トレセル) その待ち時間に宿題をやっている。	ゴウン ゴウン ゴウン	2+12

<16:9> (+)

No. 49

Cut	Picture	Action	Dialogue	Time
109	外	台所で米研ぎ。 汗かきつつ一生懸命。 2回研いで水流す？	ザッザッ、 ジャー。	3+0
110		C62同ポジ 洗濯物を干している。 シャツのシワをのばしている。	パンッ パンッ!!	1+12
111	in トン	カラの洗濯カゴを持って家に入ってきて、 カゴを床に置きつつ ※頭2+0からBG	(SE) カランコロン (サンダル脱ぐ音) (ア) ふぅ・・・。 (一息つきつつ入ってくる)	
	サッシ閉める ※アスナ もう一寸小さく。	左手でサッシを閉めながら呟く。	(SE) (サッシ) カラカラカラ・・・ (ア) いいお天気・・・。	7+0
112 つづく		頭4+0、外みている。 大きく2歩くらいでリビングに入ってきて。	(ア) 今日こそ来れるかも・・・。	

<16:9> (+)

No. 50

CoMix Wave FILMS

Cut	Picture	Action	Dialogue	Time
↓ つづき	洗濯物 セル	3ヶ月くらいから 笑顔を見せつつ 駆け足になって。		
↓	out	手前を大きく outしていく。 広角25mmくらい なのでアスナぐっと 大きくなります。3D参考アリ	ドタ ドタ ドタ!	8+0
113		踏切脇の 道祖神。 手前の草にトンボが とまっている。	(SE) 山鳥・虫	
↓	竹のコップで トンボ out 草ゆりもどし	何かの気配を感じて 飛び立つトンボ。 手前の草、葉はセル。 BGうまくボカす。 植物群、資料にあたって種類特定すること	↓	3+0

<16:9>　　(+)

No. 51

Cut	Picture	Action	Dialogue	Time
114	スタート位置 道祖神	踏切、午後の 逆行気味の日差し。 農夫の乗った トラクターが のんびり右に outしていく。	ドドドド…	
↓	in 木陰でかくれた 入って out	outしきる前に、 アスナが樹の陰から inしてくる。 走りっぱなしで 手前にout.		5+0
115		木々に囲まれた線路。 ① 走っているアスナ（in不要） ② レールの上でバランス取りつつ歩き。 ③ 再び駆け足、だが上を見ながら 徐々に歩きになる。 （ふと何かに気づいたように）		5+0
	↓ 次ページへ			

<16:9> (+)

No. 52

Cut	Picture	Action	Dialogue	Time
116	follow BG 楕	ACつなぎ、 2歩くらいで 止まる。 止まるまでfollow.		
↓	アスナ 木陰の中 逆光	周囲を見わたす アスナ、アオリ。 「いつもと違う?」 といった風。 鳥の声がしないの です。	(ア) ……?	
↓	out	判然としない まま 再び駆け出して out		5 + 12
117	木陰の中	線路に耳を あてている。 (アスナ リュックなし です) 1+0くらい	(SE) 川の流れ	
↓ つづく	枕木・レールに 合わせてカゲブラシ	身をおこし、 しばらく後方 を見て、	(すぐ手前が川)	

<16:9>

※枕木は結構サイズが大きいので、
作画の際留意して下さい。

(+)

No. 53

Cut	Picture	Action	Dialogue	Time
つづき ↓	ラスト このへん	立ち上がって 歩き出す。 out 不要		6+0
118	山肌	小走りで 鉄橋を渡ってゆく。 カットいっぱい PANしっぱなし。		
in		P.up	(SE) 川の流れ 大きくなる。 鳥の声はしない。	3+0
119 柵 3D	BG スライド 山肌	アスナ早歩きfollow 何かおかしい、と思いつつ。 フレームちょっと上に		
↓		歩きながら 山側を見る。		2+12

<16:9>　　(+)

No. 54

CoMix Wave FILMS

Cut	Picture	Action	Dialogue	Time
120	BGスルムで→ 山肌 アスナ 気づいて顔	アスナの頭ナメの山肌 follow. 山肌は4～6段でスライドして巨大感を。 いつもと同じように見える深い山々。	(?) 鳥が鳴いてない…？	
	followも止まる。	顔を前に戻すと、何かに気づき、立ち止まる。 髪の毛ゆれもどり ↓	(?) …… !?	4+0
121	T.U しっくりで カゲ	AC つないで 目をこらしている。 目パチ1回 雲が陽を隠し、鉄橋の奥からサーっと影がやってきて、		
		全カゲ色 風が髪を逆立つように持ち上げる		4+0
122	山肌、最初から光あたっている	全カゲからスタート さーっと影と風が奥に抜けていって、 （スカートも風にゆらす）		

<16：9> フレーム修正 (+)

No. 55

CoMix Wave FILMS

Cut	Picture	Action	Dialogue	Time
つづき ↓	キラキラ光	光に照らされた先に、何やら黒いカタマリが。対岸の葉群、抜けていった風に吹かれてキラキラ光ってる。	(SE) (葉の音) ザアッ	
	ドクン	光に照らされた時に、カタマリの表面が脈動するように波打つ（無音で）	↓	4+0
123		一寸身を引くが動けないアスナ。ポーズに合わせ髪に逆立つような動き、カットいっぱい。	(ア) エ…!?	1+20
124	← 画面下、陽炎ゆらゆら	黒い毛のカタマリ（望遠）毛がサワサワと動いている。あるいは時折ケイレンする。	一秒	
↓ つづく		ゆっくりと立ち上がる 折りたたまれていた手のツメがパラパラ、と開くのが見える		

<16:9>　　(+)

No. 56

Cut	Picture	Action	Dialogue	Time
つづき	山肌	追ってPAN 異様な動物		
		一寸間があって (1+0)		
	ヨダレ	巨大な口を 開いて アスナに吠え かかる	グオオオoo!!	
	BG 山肌 to out 気味	その勢いで 前に倒れこむように カット尻まで望遠を意識するか、 あるいはラストでレンズを無視して 画面いっぱいまでせり出させるか？		7+12
125		Aにつなぎ、 両前脚を 着地させる。 (画面動?) 一寸間あって、	SE ドン!	

<16:9>　　　　(+)

No. 57

CoMix Wave FILMS

Cut	Picture	Action	Dialogue	Time
↓		大マタで 素速く、 アスナに向かって 歩いていく 3歩くらい。	(SE) ドスン ドスン ドスン	3+0
126		ACつないで、 モラゼンを追ってくる。 狂気じみている→ 柵にぶつかっても 意にも介さず。	ドスン (視線も 定まらない カンジ) ドスン	
↓	つけPAN		ガシャン!	1+20
		カメラ手ブレ風		
129		アスナ 恐怖・混乱 髪ゾワッと 逆立つ (これはっ[illegible])	SE かぶる ㋐ !! 声にならない 息	0+12

<16：9>　　　　(+)

No. 58

Cut	Picture	Action	Dialogue	Time
128		突然の恐怖に 身がこわばり。		
↓		足を少し動かすのがせいいっぱい。 広角の画です。		0 + 18
129		1歩で止まる。 画面動、各セル 微妙にタイミング ズラして奥行きを出す。 ケモノ、必ずしもアスナを見ていない。	ドスン！	
↓		ニオイを嗅ぐように アスナに顔を むける。 ヨダレ垂れてます。	（ケモノ） グルルル…	
↓ つづく		ユラリ、と立ち上がり。 つけてPAN。大きい！ 腹には文様らしきモノがあり 明らかに普通のケモノではないと 分かる。		

<16:9>　BG 緑の山肌ばかりですね。上手く省略化しましょう！　（　+　）

No. 59

CoMix Wave FILMS

Cut	Picture	Action	Dialogue	Time
↓		上身をかがめて アスナに顔を 近づけてくる。	(ケモノ) ルルル…	8+0
130	ヨダレ	ACつないで、 巨大な顔を よせてくるケモノ。 アスナ固まっている。		
↓		鼻息?で 髪が吹き あげられる	フー…	3+0
131		ACつないで、 髪動き		
↓		収まり、 恐怖の中で 呟く。	(ア) な、 なに、コレ ……!?	4+0

<16:9>　　(+)

No. 60

Cut	Picture	Action	Dialogue	Time
132	セル ズリワケ アスナの足	フカンで足元。 クモノのヨダレがたまっている。 粘性で厚みがある。 ジワーっと広がっていく。		
	逆の足 動かすか	ボタボタッと2粒落ちるヨダレ。 粘っこい重い波紋。 アスナ、懸命に足を動かし。	(SE) ボタ ボタッ (ア) や、	2+20
133		129同ポジ フレーム調整 Aとつないで、 駆け出そうとするアスナが、	やだ…!	
		足がもつれて転んでしまう。	(ア) キャッ!	2+0
134		Aとつないで! ハッとクモノに顔を向ける。		2+12

<16:9> (+)

No. 61

Cut	Picture	Action	Dialogue	Time
135	空 山肌	アスナ見た目 アオリ 必ずしも アスナを見ては いないが、		
↓		突如 巨大な口を 開き	(ケモノ) グオオオオーーー!!	
↓		激しく 吠えかかる (つけPANのかんじ? 西村さんおねがいします…)		3+0
136		C134同ポジ 少年の体が 飛びこんできて	(ア) !!	
↓ つづく		アスナを 抱えて fr.out	out	

<16:9> (+)

No. 62

CoMix Wave FILMS

Cut	Picture	Action	Dialogue	Time
↓	in	間髪入れず クモ1の足がin 足場の鉄板を破壊する。	グワッシャ!!	2+12
137		鉄板、 画面いっぱいから		
↓	川	はるか下の川面に落下してゆく。		
↓	カゲ	着水までいかずに次カット。		2+12

<16:9>　　　　(+)

No. 63

CoMix Wave FILMS

Cut	Picture	Action	Dialogue	Time
138		一拍間があって、鉄板が川に落ちた水音がきこえる	(SE) パシャン (鉄板が川に落ちた音)	
↓		目を開く	(ア) …?	4+0
139		少年に抱えられているアスナ。ケモノは動きゆっくり。	(ケモノ) グルルルル…	
↓		少年はそっと少女の体を離す ↓(AC)		3+0

<16:9>　　(+)

No. 64

Cut	Picture	Action	Dialogue	Time
140	枕木 アスナ頭	Aにつなげて	(少年) 下	
	腕	少年の優しく落ちついた声。 アスナ、驚いて少年を見ている。	がって。	
		自分の前に出る少年を視線で追う。 ここまで向けなくてOK		2+12
141		アスナ見た目 少年うしろ姿。	Aにつなぐかんじで、前カットからの動きがあればベスト。	

TK

<16:9>

(+)

フレーム位置をこのくらい引くかな？

No. 65

CoMix Wave FILMS

Cut	Picture	Action	Dialogue	Time
↓		振り向く。美しい少年。微笑みながら優しく言う。風が吹き抜け、少年の髪をフワッと一吹き	(少) 大丈夫。	2+12
142	西側の山門 カゲの中 / 2歩 / ウデ	少年の腕に押されるように2歩下がる。(1歩半で) 何が起こってるのかわからない様子。	(ア) エ…!?	1+12
143		少年、真剣な表情でケモノ側を向き、	(ア) あの…	
	つけPAN	どちら回りが良いか?	アスナの左前に進む。その方向への動きとめない。	3+0
144 ↓ つづく	枕木	少年の足アップして、		

<16:9>　　(+)

No. 66

CoMix Wave FILMS

Cut	Picture	Action	Dialogue	Time
↓	あし あし	枕木に乗り、左前に進んでいく。目で追うケモノ		
↓		このへんまでか。 ↓ ACつづいて		3+0
145		少年はケモノの注意をアスナからそらすために移動している。位置関係示す説明的フカンショット。	(既に東側の端に近い。)	2+12
146		少年を目で追っているケモノ		
↓ つづく	コブのサイズが背の方向に移動していくかんじ。	ゾワリ、と全身が再び脈打ち。	ドクン	

<16:9>

(+)

No. 67

CoMix Wave FILMS

Cut	Picture	Action	Dialogue	Time
↓		身を起こし (竹の方に行こうとしている)		3+12
147	アタマ	↓ACつなぎで スウッと立ち上がる。 つけPANイメージ		
		ヨダレアリ BG山肌ばっか	グルルル…	
		体起こす動きの途中で、首の付根がボコリとふくらみ。	グリュ…	
つづき		一寸の後、肉のカタマリが体液と共に落ちる。	ズルリ	

<16:9> ケモノ、ちょっと目を細める (+)

No. 68

Cut	Picture	Action	Dialogue	Time
↓	1歩	しかし 意に介せぬように 前に進む → 左足、着地する前まで (一連の動き止めずに)		4+0
148		枕木に落ちてくる肉塊。 全カゲから (ケモノの影)	ベチャ	
↓	IN/out	すぐに ケモノの左足がまたいでout。		
↓	影out レール	カゲもoutして、光に照らされる肉塊と体液。(一瞬)		2+0
149		<147の一歩、ここで着地。枕木のスキ間から落ちる体液、西陽を反射して光る。(透明、粘性)	(SE) ズドン! (左足着地)	2+0

<16:9> (レイアウト・フレーム位置一杯) (+)

No. 69

CoMix Wave FILMS

Cut	Picture	Action	Dialogue	Time
150 反転	空	驚きつつ、 どこか悲しげに 呟く少年。	(少年) 寿命 なんだ……。	1 + 12
151 反転 ※柵位置注意	柵ボケ 空 山	アスナ、 ショックで身を 引きつつ 目を離せない。 (※視線もっと左奥に。すみません)	(セリフこぼす)	2 + 0
152 反転	右手	150同ポジ 左に歩きながら 右手を胸元に入れて、		
↓	西陽 服の中	ペンダントを引き出す。 少年追ってカメラつけPAN。 光源との位置関係変化 Aとつないで		2 + 0
153	BG ボケた緑	ペンダントのアップ 金属の基に 磨かれたクラヴィスが 嵌め込まれている。 光反射してキラッと。	(SE) キン…… (小さく)	1 + 10

<16：9>　　(+)

No. 70

Cut	Picture	Action	Dialogue	Time
154	BGスライド	カット頭、ペンダントを右手に持つ動き。 上に投げて、 手の中に。 (首から下げたまま) 左に回りこみながらケモノに ペンダントを見せる少年。	パシッ	
↓		目で追うケモノ。 各セルスライドさせて、 望遠でカメラPANするイメージ		4 + 0
155	スタート	ぐっと乗りだして		
↓		ペンダントを 見せている		1 + 12
156 ↓		目を細めて ジッと見ている しばらく間 (1+12)	グルルル…	

<16:9>

(+)

0 ヨダレアリ

No. 71

CoMix Wave FILMS

Cut	Picture	Action	Dialogue	Time
↓		が、 叫えかねる。 (3回目が…)	グェェェェェェェェ〜〜〜ッ	4+0
157		155回ボツでいけるね ダメか！の感		
↓	out in	すかさず in してくる ケモノの手。 うしろにとびのく少年。		1+20
158	空	in 不要。 常人ではない跳躍力。 ストッと 枕木ギリギリに 着地して、		1+12
↓				

<16：9>　　(+)

No. 72

CoMix Wave FILMS

Cut	Picture	Action	Dialogue	Time
159	川面	ぐっと バネをためて		
↓	out	ドレ！ と駆け込む		1 + 12
160	山	ル気味から。		
↓	捌のみ3Dで カメラ動かす？	回りこみつつ 体沈め。		2 + 12
160 b ↓	空	AC ↓ アオリで。		

<16 : 9>

(+)

No. 73

CoMix Wave FILMS

Cut	Picture	Action	Dialogue	Time
↓		回転で イキオイ つけて。（素速く！） ↓AC	※蹴る前に 1回転！	0+12
161	あし	ケモノの脚を 蹴る！ えぐった様に 肉がそげる。 画面動。 カゲルラン	ズバッ	1+12
162	空 山	叫び声を 上げるケモノ。 ヨダレ盛大に。	グオオオ…	
↓		ギロリ。 という感じで 少年を睨む。		2+12
163 ↓ つづく	空	身を起こす 少年。	(少年) !!	

<16:9>　　(+)

No. 74

Cut	Picture	Action	Dialogue	Time
↓		スグに ケモノの 尾がin		
↓		はじきとばされる。 カモoutまで カメラ しっぽ	ドカ	1+12
164	枕木	in不要 BG 3D補助 + 全コマ美術レタッチ。		
↓	柵	ワンバウンド。 カット尻に 柵がフレームに入る。 AC	ガン	1+0
165	空 山	すみません、164-165 ポーズ合わせで C126でケモノがぶつかった時に 壊れた柵。 そこにはじきとばされたカモが。		

<16:9>　　　　(+)

~8/13

No. 75

CoMix Wave FILMS

柵、作画で揺らす

Cut	Picture	Action	Dialogue	Time
↓		柵に激突する少年。その時に壊れた柵で右腕を切りつけられる。血アリ。 ↓AC	ガシャン 画面動	1+8
166	空	苦痛にゆがむカオ	(少年) ク！	1+6
167	空 1歩	1歩踏み出しつつ、思わず声を出すアスナ	(ア) アアッ！ ↓こぼす	1+12
~~173~~		少年に迫っているケモノ 大きく1歩踏み出しながら		
↓		↓ つけPAN 巨大な口を開けて (ここまで素速く)		

<16：9> 次ページへ (+)

No. 76

フレーム、下図よりもっとぐっと寄せる。動き大きい方がヨイ。
ツッポさえ示せれば、他はよく見えなくてOK

CoMix Wave FILMS

Cut	Picture	Action	Dialogue	Time
168	空 ツッポ スタートフレーム	少年を殴打した 尾を見せつつ 大きく一歩を踏み出す ケモノ		
↓	BG→ (このぐらい手前まで)	※方向転換して少年に向かう 動きの途中です。(つけPAN) 動き止めない。左足を着せろ までいかない。 AC		1+0
169	カミつくリアクション 一寸と同時に	巨大な口を 開けて少年に 迫るケモノ	カット頭で着で	
↓	波紋トーン加え	喰らいつこうとしたところで 光のカベに防えぎられる。 同時にペンダントから光の 爆発。処理一考。 画面動。	ガキン!	3+0 2+10
170 ↓ つづく		ペンダントが 激しく光っている。 水流のような炎のうねりと、 火の粉のようなまたたくパーティクル。	(少年)!!	

<16:9>

(+)

No. 17

CoMix Wave FILMS

Cut	Picture	Action	Dialogue	Time
↓		ペンダントの光を押さえるように強く握るが、光は弱まらない。 セリフ言いつつ カット尻 ケモノを見る→	(少年) ダメだ!! 悲壮な表情で	2+12
171		カベに阻まれながらも、喰いつこうとする勢いを弱めないケモノ。ビリビリと力を込めてゆく。次々に現れては消える光の波紋。 (※← ションもうちょっと大きく)	(4+0)	
	下アゴ	ついに下アゴがくだける! はじけとぶキバ、肉片。(1+0)	グシャ!!	5+0
172		170同ポジ 悲壮な表情。目の前を飛び散る肉片と体液。 ペンダントの光急速に収まる。(カット内で収まりきらなくてヨイ。光源OL)	(少年) アアッ!!	1+12
173	スカート アスナ脚P あし	地に崩れおちるケモノ。画面動 ペンダントの光完全に消える。 アスナの脚P. ビクッとリアクションつけて下さい。	ズシン!	3+0

<16:9> 樹木みえる　※アングルこの限りではナイかも。　(　+　)

No. 78

Cut	Picture	Action	Dialogue	Time
174		アスナ 眼前の非日常に 声も出ない。	Ⓐ ……!!	
↓		しかし 後方からの音に 気づく。 （今までは非日常な 戦闘音で何も聞こえなかったのです。）	Ⓐ ハッ	
↓	バッ こちら側の山肌、十分遠くに。	フレーム		4 + 12
175 汽車 3D or セルのスライドで行くか	ディーゼルのケムリ作画 ラスト アスナ	素速く振り向くアスナ。 同時にPAN。 貨物が鉄橋に入ってきている。 結構迫ってきておる。 木材を運んでいるディーゼル貨車（要資料。DD51か） アスナに近づける。	SE ピイー（警笛）	2 + 0
176 両窓にアリ	ケムリ出る エントツ BG 山肌 DE10 1697	アアッという感じの 若い機関士。 身をのし出す動き ガラス窓にスーパーで空映し、 上に引くことで走行感を出す。 （望遠なので）。	SE 独特のディーゼル音らしいです。 ドルル ドル ドル…	1 + 12

<16:9>　点灯してる　車体セル1トーン　（　+　）

No. 79　逆光の中の山（夏の山）

Cut	Picture	Action	Dialogue	Time
177	CG	少年立ち上がり。 ・ケモノ、まだ息がある。呼吸上下動（モーフィング？） ・体液が至る所から流れ出て 涙にもみえる。ハイライト キラキラ ・アスナ、汽車を見たり少年を見たりオロオロ。	ゴトン ゴトン ゴトン	
↓	日があたっている 前足 レール 枕木	ペンダントを左手で 胸元に戻しつつ 崩れたケモノを見下ろす。 どんどん近づく貨車を 意に介する風もなく。	ゴトン ゴトン （警笛） ピイ	3+0
178		死にゆくケモノを じっとみている。（アオル） 彼に出来ることは 何もなく。	ピイー ゴトン	
↓	※BG. 西日を浴びた東側の山肌。前カットの山肌との距離の違いを明確に出すコト	わずかに頭を下げつつ 目をつむる。 貨車音迫るが、無視するように たっぷりと。 （2+12くらいか）	ゴトン	
↓	out	迷いのない 動作で、アスナの 方向に大股でout. （走らせない） out うで	カン キィー （ブレーキ音）	7+0

<16:9>　　（　+　）

No. 80

Cut	Picture	Action	Dialogue	Time
179 貨物CG	in / in気味 / 柵3D / レールと枕木	fixからスタート 大股で歩いている少年。(in不要) 貨物の先頭、 ブレーキしつつ inしてきて、	(SE) ギャ	
↓		少年がセンターに 来てから follow。 貨車スピード 落ちてゆくが、	イー ブレーキ音	
↓		offで ついにケモノと ぶつかってしまう。 (画面動) カットアウトが 入るまで。	ガツッ!!	4+12
180 橋も3D、動きます		止まっている貨車。 車輪のあたりに白いスーパーの煙。 (蒸気ではないが、「急停止した」というイメージ記号)。 衝突のせいで、 今まさに橋から落ちようとしているケモノ。	ズル…	
↓	ラストもうちょっと / out / follow	その体重が鉄柵を破り、 柵の破片もろとも遂に落下! 同時にカメラfollow。 (BG3D+美術マップで 特に橋と山肌の接点は要工夫です)	ガシャン	3+8

ケモノout後も1.2秒くらいPANつづける。(+)

<16 : 9>

No. 81　橋ゲタ、見えない方がイイか。

CoMix Wave FILMS

Cut	Picture	Action	Dialogue	Time
181		水面に着水したところから。 フカンから見た大きな水しぶき。	ドボーン！	
↓		難しければ横から望遠とかでも可		2＋0
182	※光源これが正解	179同ポジ アスナに向き合っている少年。 落ちたケモノへの注意は頭にない。 声も優しい	↓ここになる 1＋12間があって。 (少年) …怖い思いをさせたよね。	3＋12
183	遠い山肌	何を答えて良いのか分からないアスナ。 少年の率直な物言いにとりあえず首振って否定しちゃう。	(少年) ごめん。 (ア) え、あ…	2＋12
184 ↓ つづく	近い山肌	優しい笑顔で言いつつ ↓つづく	(少年) これで最後だから。	

<16：9>　　　(　＋　)

No. 82

Cut	Picture	Action	Dialogue	Time
↓		セリフ尻で かがみ込み。 ↓AC		2+0
185		1/2回ポン アスナを 抱きかかえる ↓	(ア) え、 あの、	
		抱えながら 反対方向に 向く ↓AC	4コット …	2+12
186		優しく穏やかな セリフ、だが 有無を言わせず。 次カットへの予備動作 (踏み込み)を つけPANで追う？ ↓AC	(少年) 信じて。 (ア) え…？	2+0
187 ↓ つづく		アスナの返答を 待たずに走り出す！ できればコンでなく 前カットから ACでつなぐ		

<16 : 9>

(+)

No. 83

Cut	Picture	Action	Dialogue	Time
6	out 直前まで ㊤	走りはジャンプのための助走。4〜5歩目でジャンプ！	SE バン！（鉄板をケル）	
		軽々と舞う体		2+12
188	① ② ③ ①↓②		ル不要。手前いっぱいから材木の上へ（①→②）	
			着地をそのままバネにして、鉄橋から飛び降りる！	2+0
	※①からだと、ジャンプした高さを強調しています。カットつなぎ不自然になってるなら、①−②の中間の高さからスタート。加えて、c187ラストのPANなしに。あるいは別アングル。		眼下は一面の山肌（東側の斜面）	

<16:9> あるいはケモノの落ちた桐の丸太間から飛び降りる。相談させて下さい。 (+)

CoMix Wave FILMS

No. 84

Cut	Picture	Action	Dialogue	Time
189	スタート モヤが出はじめている	飛び降りた2人。 空はもう夕空。	(カットいっぱい ゆっくりすい しても良いかい)	
		風をバタバタと 切りながら	ここから	
	もっとカメラ側にくる	ぐっと 迫る。	キャーとか 言いません。 (声も出ない)	
	in/out	カメラ いっぱいまできて out	ここまで一瞬!	2+0
			+ から12k ?	

<16:9>

(+)

No. 85

Cut	Picture	Action	Dialogue	Time
190	空 / 遠い山 / ガチャ / 回転	カット頭 すぐに貨車の トビラが開いて。		
	光 / ラスト	機関士が 慌てて出てくる。	バンッ!	1+12
191		AC 足場を使って 飛び降り。(高いので)。	SE 鳥の声 いつの間にか 戻ってきている。	
		車両の反対側を のぞきこみ、壊れた 柵から下を見る。 キョロキョロと慌てているかんじ。 ラスト首をひねるかんじか。		
	カットいっぱい T.B しっぱなし / スタートフレーム / ラスト	F.O. 2+0		7+0

<16:9>　　(+)

No. 86

Cut	Picture	Action	Dialogue	Time
192	Ⓐ Ⓑ Ⓒ Ⓓ Ⓔ			
		→ 世界の果てにある巨大な崖。 カメラがゆっくりPANしていくと、縁に 少年の人影が風に吹かれている。 ←フレームラスト。 AとB・C・D・Eの間でもっとぐっと離して、 PANの距離を長くする。		7 + 0
193	はるか遠くの崖。 空気でかすんでいる ←速くスライド	超望遠。 風に吹かれつつ 大気に向かって唄を うたっている少年。 →ゆっくりスライド カット尻 ナレーション。 F.O.(1+0)	※唄、実際に音を入れるか一考。 (少年) ……僕はきっと、	3 + 0
194	BK	岩場に横たわっているアスナ。 傍らの少年、すこし 身を起こす動き。 岩場のうしろは真黒。 少年の口パクなし。	きみに逢いに きたんだ。 (イメージカットに見えるように)	2 + 12

<16:9>　　　　(+)

No. 87

CoMix Wave FILMS

Cut	Picture	Action	Dialogue	Time
195	雲	満天の星空（資料にあたって下さい）。 くっきりとした天の川銀河。 雲がゆっくりと流れている。 BG only		4+0
196	ゆるやかな下り傾斜	岩にねかせられ、 星明かりに照らされているアスナ。 頭の部分は柔らかなコケ。 ぼんやりと目を開き、 まだボーっとしている。		
↓		左前の気配に気付き、 顔をかすかに向ける。		3+0

<16 : 9>

(　　+　　)

No. 88

Cut	Picture	Action	Dialogue	Time
197	→風	岩に腰かけて 星空を見上げている少年。 ゆるい風に髪がそよぐ。 美しく!		2+12
198		そのUP. すーっと 涙が一筋流れる。		1+20
199	暗い山脈	ゆっくり身を起こしながら、 驚いて少年を見つめるアスナ。 理由は分からずとも 深く胸を打たれている。 アスナの髪も、風がゆらす。		3+0
200		↓ 風の動きにつなげる 風が止んで。(2+0)		
↓		ゆっくり アスナを振り返り、 穏やかに言う。 アスナ、とまどいつつ 返答。	(少年) … 気がついたね。 (ア) あ…うん。	5+0

<16:9>　　　　(+)

No. 89

CoMix Wave FILMS

Cut	Picture	Action	Dialogue	Time
201		BG一面の星空。 顔に涙の跡はない。	(少年) もう危険はないから。	
↓	立つ つけPAN	立ちあがりながら。 （優しい言い方だが、半ば命令。）	安心して家に帰って。	
	ポーズ この手前くらいまで	セリフ終わりに去ろうとする。		4+0
202	暗い山肌	少年、ACあるいはin。演技都合で スタスタと歩いてoutする少年。 アスナ視線で追いつつ立ちあがり。	(ア) あの… 助けてくれたんだよね？	
↓		1歩くらい追いながら、 少年 アスナ 岩	ありがとう！	3+20

<16:9>

手前岩BOOK

低い段差、軽く飛び降りる。offで。ザッというSEアリ

(+)

No. 90

Cut	Picture	Action	Dialogue	Time
203	遠い山肌 近くの木々	振りむいて、		
	ややアオリ 斜面 キズ 衣ずれ	返事代わりに にっこりと微笑んでから、	(少年) この山にはもう 近づかない方が いい。	
		再び前を向く 時に ペンダント一瞬 キラッ。 ACつなぎ		4+18
204	星空	(ややアオリ) 岩の端まで 歩いて		
	ミミ in ミミ・ラスト out	飛びおりる。 アスナ追うように 1歩くらい。 その瞬間、 少年を追いかける ミミの姿がin	(ア) ア…! アスナ	3+0

<16:9>

→シュンにつけて 若干PAN

(一気に下まで飛ぶのでは なく、段差を降りてゆく。 少年out後も5まで 示すこと)

(+)

No. 91

CoMix Wave FILMS

Cut	Picture	Action	Dialogue	Time
205	in気味	パッと岩の端まで駆けていったミミ、さっと振り返る。闇の中で瞳だけが光っている。（緑のT光）		2+0
206		ヤヤアオリ、星空バックで。闇の中でミミとの確信が持てない。	(ア) ミミ!?	1+0
207	out	(204フレーム調整) ホーンと飛び降りていってしまう	1歩のり出す動き ↓AC	1+12
208		(206同ポジ) 一寸身を引きつつ不安げな表情をするアスナ。理解できないことばかりの一日。	(ア) ……。	2+0
209	星空 遠い雲 遠い山脈 車のライト 集落の灯り	西の対岸を背にひとり立ちつくすアスナ。遠くの集落に日灯がともっている。車のヘッドライト・テールランプ2台、彼方を走っている。		

つづく <16:9> 集落の灯り

カットいっぱいゆっくりT.B.（ + ）

（西の山際、かすかに夕焼の残光がある。）

No. 92

Cut	Picture	Action	Dialogue	Time
6	フレームラスト 木の川	カット尻、 町の方向を 見やるアスナ。		6+0
210		←国道	SE (ヘリコプター) バタ バタ バタ バタ	
	翌・早朝。日の出前 深い谷の里に立ちこめるモヤ。 遠くに山間を飛ぶヘリコプターの光。 →PAN不要か? ㊫ P1120608.jpg 回転灯回ってます	スライド処理	つづく	4+12
211	空	朝モヤの立ちこめる鉄橋。 黄色い作業車両が停車している。 →(資料ヨロシク) 何人かの人影。 位置関係 次カット以降に合わせる。トメで水。		2+12

<16:9>

(+)

fix1.2、PAN2.5 fix1.0

No. 93 カメラPANすると、 機関士がスーツの男に何事か ← PAN 説明している。 警官が何事か 話し合っている

Cut	Picture	Action	Dialogue	Time
212	ヘリコプター		ババババババ…	5+0
213		何かエラそうな ナゾの男（モリサキ）。 まだ顔を見せたくないので 帽子とサングラス。（…おかしい？ 西村さんおかしいよね！）	（モリサキ） …子供？	
↓	ラスト もっと 完全に向き きる	部下の声に 振り向く	（部下A） 中佐。 Ⓐ こちらへ。	2+20
214	Ⓑ Ⓐ	スーツの男2人。 Ⓐ、セリフ後に視線を足元に戻す。 Ⓑ 周囲に目をくばらせている。 2人とも山の影の中。 → BG、朝日の逆光で影の中になっている 近い山肌。前日とは違った表情を見せること。		
↓	IN	キビキビと歩いていくモリサキ。 途中でポケットから両手を出す。		4+12

<16：9>　　(+)

No. 94

CoMix Wave FILMS

Cut	Picture	Action	Dialogue	Time
215		朝の学校。 東側に山があるせいで、 朝はまだ全体が山陰の中。	(先生) …渡瀬さん?	2+0
216		(グランド見えてる) アスナの空席を見る 前後の生徒。 <c94 同ポジ> ※直射日光は差していない。ケイコウ灯がついているが、室内の光源はそれでも外光の方が強い。	(先) アスナさんは お休み?	2+0
217	・登下校の注意 ・代任の先生について ・休み中の菜園当番	先生、出席名簿 つけつつ。 ここの光源は 蛍光灯。 AC	(先) 具合が悪いの かしら、 心配ね。	3+0
218		→下光。 先生、名簿を閉じて 置きつつセリフ。 (カット91、ここと同ポジにしても良いかも) 先生のセリフ尻に 生徒たち反応アリ	(先) さて、 皆さんもう聞いた かもしれませんが、 昨日 小渕(おぶち)の鉄 橋にクマが出た そうです。	6+12
219 ↓ つづく	「アスナの席」	ザワつく生徒たち。 前後左右の相手と 話を始める。 キャラ割り振りよろしく です。 面倒なカットですが…。	(A) 知ってる、貨物に ぶつかったんでしょ。 (B) 警察が調べてるん だってよ! (C) でももう死んだって 聞いたぜ。 (D) 前もあったよね こういうこと。	

<16:9>

↓ (+)
ザワザワザワ…

No. 95

Cut	Picture	Action	Dialogue	Time
↓	in	雑談をさえぎるように 先生身をのり出して、	(先) とにかく、	6+0
220		214同ポジ 生徒たち、黙って先生の方を向く。 先生に威厳のある古き田舎の学校。	(先) 通学路の近くでもありますから、皆さん十分に気をつけて下さい。 (子供) ハーイ。	
↓		左（廊下側）に目を向けて。	(先) ユウさん。	6+12
221	ラクガキしてるアホな男子とか フレーム ろうか	ユウ、廊下側の一番前の席	(先) アスナさんにもそう伝えてあげて。 (ユ) あ、ハイ。 (先) それから、	4+0
222	空	先生、無意識にお腹に手をあてつつ。 ※ここでは室内に露出が合っていて、逆光弱い。	(先) 私の産休中の代任の先生が、明日から引き継ぎにいらっしゃいます。	4+0

<16:9>　　(+)

No. 96

Cut	Picture	Action	Dialogue	Time
223		窓の外から。 蛍光灯ト―カえ。 生徒たちとの会話、 手を挙げる子が いたりして にぎやかに。	(生) おおー。 （ザワめく） (男)その先生って 美人ですかー？ (先)残念、	
224	風鈴 → 空 くも	アスナの家、 南側のかべ。 風鈴が見える。 カット内では 鳴りません。 （P1150988）	男の方よ。 (女子たち) キャー。	6 + 0 2 + 0
225	外 マド	洋間のアスごなめ。 和室でタタミにゴロン となっているアスナ。 制服からは既に着換 えているのだが。	(風鈴) チリン チリーン	
↓	カゲんラン	むくり、と起きあがって しばらくボー。 カット尻 つぶやく。	(アスナ) …… やっぱり行こう。	7 + 0
226 ↓ ワく	消火栓	カラのBG （1+0） （P1150739、消火栓参考）		

<16：9>

（　　＋　　）

No. 97

CoMix Wave FILMS

Cut	Picture	Action	Dialogue	Time
↓		アスナ、 建物のかげから そっと顔を出す。		
↓	消火栓	前方をうかがうように。 緊張している風。 ※リュックあり ← ここまで 出てこなくてOK		3+0
227	B　A　背低すぎか?	いつもの踏切の 前に陣取って 雑談している オバチャンたち。 references/farmer/参照	Ⓐ この先の 鉄橋だって。	2+0
228	B　A	身ぶり手ぶり 交じえて、 妙に楽しそうな オバチャンたち。 小さな町の格好のニュースなのです。	Ⓐ 怖いねエ。 Ⓑ でも汽車はもう 再開したってね。 Ⓐ そりゃ2時間に 一本だもの。	5+0
229 ↓ つづく	消火栓 遠い山肌	鉄橋を渡りたいアスナ。 学校をサボっていることもあり、 オバチャンたちに 見つからないようにしているのです。 うしろから杖をついて歩いてくる おじいちゃん。 (田舎の風景は子供と老人ばかり)		

望遠です

<16:9>　↑消火栓　↑もっと近くから　(　+　)

No. 98

Cut	Picture	Action	Dialogue	Time
(229) ↓ つづき		アスナが見つからないように出てくるを。	(ジイ) オヤ アスナちゃん。	
	光源こちら。 アスナ先に入っていく、おジイちゃんもかげから出てくる。	アスナ びっくり。		
		おジイさんゆっくり歩いてきつつ会話。	(ア) あ…こんにちは。 (ジイ) 良い日和だねえ。 (ア) ハイ。	
	out	互いに会釈しつつ、アスナout。 赤くなっている。 どこか肉の抜けた会話。	(ア) じゃ…。 (ジイ) さようなら。	10 + 0
230	out	アスナはもう構わずに鉄橋の方向にかけてゆく。out。 2人は雑談を始める。 アスナout後もしばらく会話つづく。	(オバA) アラ佐藤さん。 (ジイ) こんにちは。 (オバB) ねえ聞きました？オブチ鉄橋に出たんですって、クマが。 (オジ) ああ、有線で言ってましたな。	5 + 0

入らなくてOK。

(+)

<16：9>

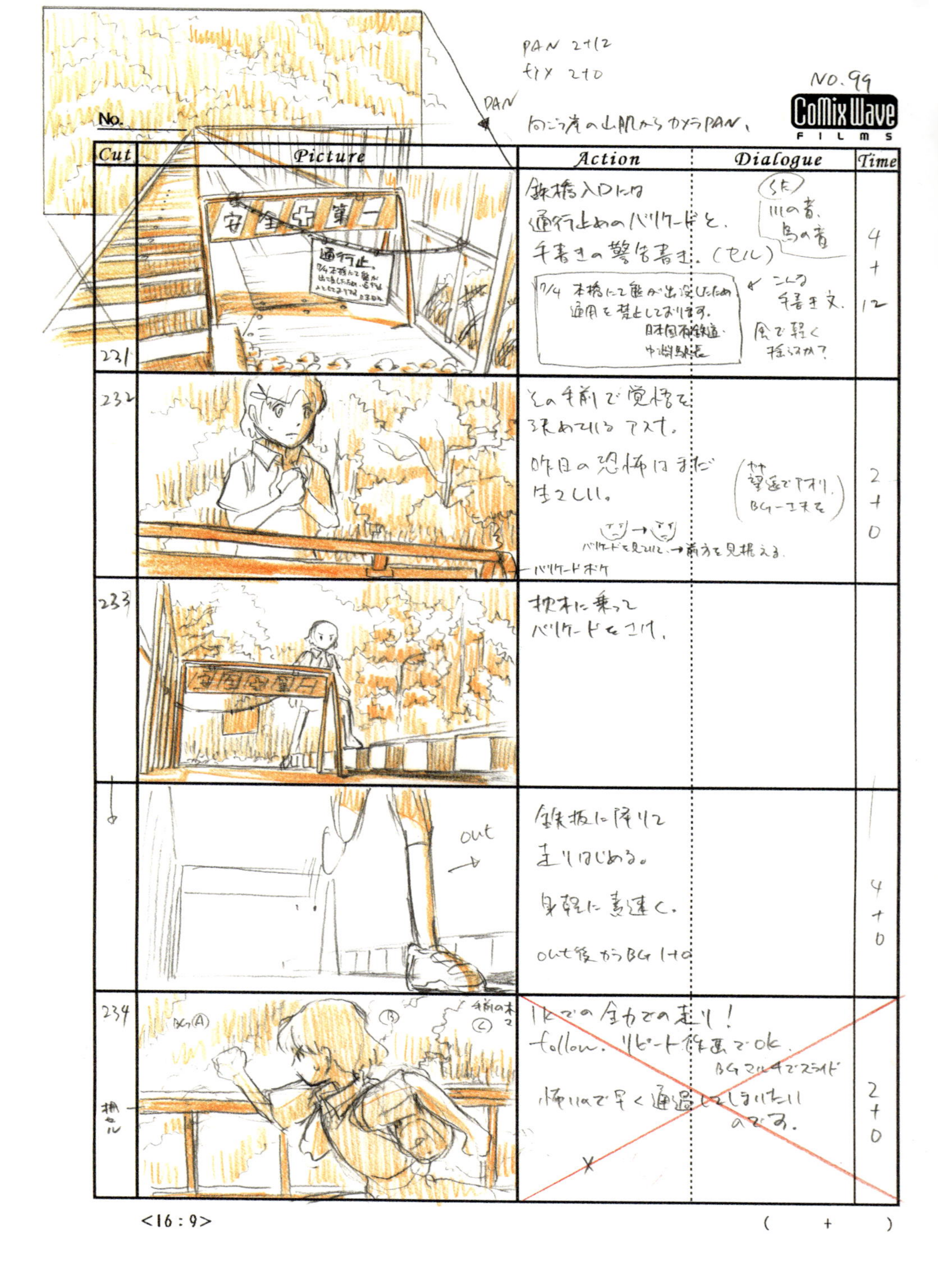
PAN 2+12
FIX 2+0
NO.99
CoMix Wave FILMS
No.
PAN
向こう岸の山肌からカメラPAN、
Cut
Picture
Action
Dialogue
Time
231
安全第一
通行止
鉄橋入口には
通行止めのバリケードと、
手書きの警告書き。(セル)
7/4 本橋にて熊が出没したため
通行を禁止しております。
日本国有鉄道
← これも手書き文。
風で軽く揺らすか?
(SE) 川の音、鳥の音
4+12
232
その手前で覚悟を決めているアスナ。
昨日の恐怖はまだ生々しい。
(やや望遠でアオリ。BG一工夫を)
バリケードを見つめて→前方を見据える。
バリケードボケ
2+0
233
枕木に乗ってバリケードをさけ、
out
鉄板に降りて走りはじめる。
身軽に素速く。
out後からBG 1+0
4+0
234
BG(A)
(B)
(C)
手前の木
1kでの全力での走り!
follow。リピート作画でOK。
BGマルチでスライド
怖いので早く通過してしまいたいのです。
2+0
<16:9>
(+)

No. 100

Cut	Picture	Action	Dialogue	Time
235	空 アスナ	深い谷に架かった鉄橋。 スゴイ望遠。 走っているゴマ粒のようなアスナの姿がかろうじて見える。		
↓			(SE) 川の音 ザー	
↓	Book out 大きな岩がゴロゴロ。		カメラPAN Down すると、川沿いをモリサキとスーツの男2人が歩いている。	
	流れ fix 2.0 PAN 5.0 fix 1.0	水流はさほど激しくない、深くない。		8+0
236 ↓	Book Ⓑ スタート Ⓐ コケ Book Ⓐ	川原の大岩群を湿った土手の間を歩いている怪しい一行。 スーツ姿の部下Ⓐに続いて、		

<16：9>　　　　(　　+　　)

No. 101

CoMix Wave FILMS

Cut	Picture	Action	Dialogue	Time
	モリサキ / out / Ⓐ	モリサキがin、葉陰から出てきて、再び葉陰の中に入りながらoutしてゆく。		
	Ⓑ / in / out	モリサキout した直後に部下Bの姿も見せる。ラスト もう1まくらい、顔見せなくてヨイ。		3+0
237	in	部下A、inで出てきて、画面右を指さし何事か叫ぶ。「ありましたァ!」→聞こえない。パクのみ。		
	このへんで葉陰から出る / モリサキ / Ⓐ / out / Book	モリサキが続く。意外に地道なコトをやってるアルカンジェリ。		4+0

<16:9>

(+)

No. 102

Cut	Picture	Action	Dialogue	Time
238	空 / 山 / in / A / 水	岩にひっかかっている ケモノの死体。(セルハーモニー) 体からいくつもの若木が生えている。 岩を軽く飛び移りながら Aがin.		
↓	B / A	・Aがモリサキに足場をゆずり. ・モリサキはケモノの前に立つ。 息を飲むかんじ。→ここ次カットか？ ・Bも周囲を気にしつつinしてくる. (フレームとっち)		7+0
239		興奮をおさえた 口調。 モリサキとて 本物のゲァルトルを 目にするのは初めて。	(モ) これは……！	
↓		ヒコバエのような 芽に触れる. ? 観客	(モ) …若木だ。 …ヴィータクアの チカラか。	
↓		セリフ言いつつ. 足元に目を やり. ↓ AC	……	6+0

<16：9>　　　　(+)

No. 103

CoMix Wave FILMS

Cut	Picture	Action	Dialogue	Time
240 川の流れ		しゃがみこむ 水流に接したあたりを覗いている。		2+0
241		体毛から結晶が露出している。 触れる指先、 ル不要 水、たまりになっていて流れ穏やか。	(モ) 結晶化している…。 指こっか。 オソルオソル。	3+12
242	岩	立ち上がり セリフ。 サングラスのブリッジをもちあげたりしつつ。	(モ) おそらく、何者かが地上に来ている。	
		沈黙と部下の方向で向き、言う。	(モ) 探せ。	
	out	fr.out		6+12

<16:9>　　(+)

No. 104

Cut	Picture	Action	Dialogue	Time
243		草むらで寝ているミミ。 羽虫が横切ったり。 耳がぴくっと動いて。		
↓		顔を上げる。 少年の声が 上から降る。	(少年) … やはり 来るのか。	3+12
244 花 種類特定して		ミミと並んで 座りこんでいる少年。 右腕には雑に布が 巻いてあるが 血がにじんでいる。 全体岩場の影の中。	(少) 忠告したのに。	
↓		少年の言葉を 理解したかのように。 ミミが少年に顔を 向けて一声鳴く。	(ミ)… ニャア。	
↓		かなわないな、 という表情に なって 頭なでてやりながら	(少年) … そうだね。	4+0

<16:9>　　(+)

No. 105

入口の丸田

奥の木々明るい

CoMix Wave FILMS

Cut	Picture	Action	Dialogue	Time
245		ややフカンで、ミミに心情を吐露している。	(少) 本当は僕もそう望んでいた。	
↓	広場	木々の間を人がやってくる音がして、そちらに顔を向ける。どこか寂しそうな表情	(SE) ガサガサ	4+0
246	光 in BOOK BOOK	枯葉や笹を踏みしめてアスナin. 息切っている。急な登り坂凸凹を歩いている感じで。(P1150299 反転)		
↓	つちっ	光の中に出てくる。少年の姿を目にして一瞬止まり気味に。 AC		3+0
247 ↓		再び逢えるという確信があるわけではなかった。少年の非現実さ、美しさに見とれ、とまどいつつも	(ア) ハァ、	

<16:9>

(+)

歩いてきた息をついて

No. 106

Cut	Picture	Action	Dialogue	Time
つづき ↓		ぐっと気持ちを固めて。(オドオドする必要なんかないんだ!)		
↓	のけぞ気味	登る。 こんな状態から、片脚をのばしきるまで		4+0
248	明るい山肌 フレーム	穏やかに言う少年。彼の胸中も複雑。逢いたかった相手だが、巻きこみたくはなかった。	(少年) 来ない方がいいと言ったのに。	
↓	ラスト位置	緊張しつつ礼してくるアスナ。やはりオドオドしてしまう。	(ア) だって… あ!	5+0
249 ↓ つづく	手 シュン	ヘーゼンとアスナを見ているミミ。(アスナ視点) アスナの声に反応してか、耳がピクッと。あるいは目パチして。	(ア) ミミ!	

<16:9>　　岩のベースに、枯葉、小石、雑草がこんもりと。BG難しいですが記号にならぬように　　(+)

No. 107

Cut	Picture	Action	Dialogue	Time
↓	ミミのサイズ、もうちょっと小さいか out	ジャンプするように カメラ側にout.		2+0
250	in	嬉しそうにシッポを 立ててアスナに駆け 寄っていくミミ。 （BG、奥に向かって 下に傾斜してます）	Ⓐ つになる。	
↓	もっとなでー ここは日なた。	しゃがむアスナに つけてPAN.Down. ミミ、お腹を上に向けて 完全に甘えちゃう。 アスナ言いながら お腹をガシガシ なでてあげる。	ウラギリ者！ 私にしか なつかなかった クセに！ ウツワもの、 節操なし！	6+12
251		薄く微笑みながら。 2人のやりとりを 見ている少年。	（にぼる）	
↓		アスナの声に、 表情一寸 反応	Ⓐ ・・・ここは	3+12

<16:9>

(+)

No. 108

Cut	Picture	Action	Dialogue	Time
252		ミミを転がす手を動かしながら、うつむき気味に思いきって言う。	(ア) もともと私の場所だもの。	
↓		少年をまっすぐに見て、必死な顔で。ホホ真赤。普段は誰かに口答えなんてしないけれど、言わずにおれない。	(ア) 誰かに来ちゃダメなんて言われたくない。	5+0
253		アスナの言葉を眩しく受けとり、	(少年) ・・・・	
↓		ふと、優しいような寂しいような顔になる。	(少年) 僕と同じだ。	3+12
254	c252同ポジ	少年の言葉、良く分からない。が、彼が真剣に話しているのは分かる。	(ア) え… (少年) 自分が来たいから来た。	3+0

<16:9>　　(+)

No. 109

Cut	Picture	Action	Dialogue	Time
255		少年、立ちあがって 歩きながら 名乗る。 （影から出てくる） C248同ポジ	(少年) 僕はシュン。 よろしく。	
↓		アスナも立ちあがり、 名乗る。	(ア) 私は… アスナ。	
	アスナ足 枯葉とか	そのままの ポーズのミミ。 アスナ、何事かに 気づき、	… (ア) あ・ねえ その腕！ ↓（言って かけよる）	
	あし out どうやって起きるのか…？ 西村さんおねがいします。 (欠)	前に出る（足 out）。 コロン、と起き あがるミミ。 動きの途中まででOK。 ※このカット不要かも。一考	ラスト ミミのそのまま	8+0
256	BG カゲの中 つづく	やや斜面を登る かんじで、シュンに 早足で寄るアスナ。 （まだ一寸遠慮・ 緊張が残る風に）	(ア) 血が出てる！ もしかして昨日の。 (シ) ああ、平気 だよ。	

<16:9>　　スタート in 気味　　(　+　)

No. 110

Cut	Picture	Action	Dialogue	Time
つづき	ガケの影	アスナにつけて ちょっとPAN させるか。	(ア) だって私の せいで……	5+0
257	ジュン	AC 布が巻かれた 傷口からは血が にじんでいる。 息を飲む	(ア) ……！	
	ムッと気味 / 腕下げる	何も言わず サッと左に 抜ける		2+0
258	スカート	AC 小部屋の入口に 向かって走る。 すぐ影の中に 入りきる。		
つづく	奥が明るい	入口をふさいでいる 板を外して 脇に置き、 ここまででOK	(SE) ガタン	3+0

<16:9>　　　　(　　+　　)

No. 111

Cut	Picture	Action	Dialogue	Time
つづき ↓	out	中腰で小部屋に入っていくアスナ。	このアクション不要か。	
↓		一寸間があって、ガチャガチャと何かを探す音が聞こえる。	(SE) ガタン ガタン	
259	鳥もっと大きく。	錆びてツタのからまった高射砲。鳥2羽が一瞬砲身にとまり、outしてゆく。 C111同ポジ	(SE) チチチ.. ピィピィ (ア) あとで	4+0
260	スカート	赤チン（マーキュロクロム液）の容器を傍に置くアスナの手。outする。 ※アスナ、ここからリュックなし	(ア) 病院で看てもらった方がいいよ。	
↓		ニオイをかぐミミ。		3+0

<16 : 9>　　(+)

No. 112

Cut	Picture	Action	Dialogue	Time
261	肌下の木立ち 地面 アスナは目白にいます ← 視線 アスナの向こう。	赤チンをつけたガーゼで傷の消毒をしている。 男の子の手当てをするのは初めて。 ちょっと照れた表情。 シュンはアスナの言葉に答えず、 奥の小屋を見て言う。	(ア) 私の母がそこで働いているの。 (シ) なんでも揃ってるんだね。	5+0
262	高射砲	アスナ消毒を終え、傷口に新しいガーゼを貼る。(感じでOK)。 シュン、カット尻で視線を元に戻す。 ここてきとうにするしく。(容器倒すとか)	(ア) …うん。でも役に立ったのは初めて。自分だけの場所が欲しくて、すこしずつ運んでたの。	6+12
263	明るい山肌 カゲの中の崖。	アスナ、自身の言葉の子供っぽさに恥ずかしくなって、語尾をにごす。 どこか寂しげな表情でそれを聞いているシュンの横顔。 (1フレーム、もう一回引いて下さい)	(ア) …なんとなく。	3+0
264	ガーゼ つづく	アスナ、スカーフを外しながら。 引っぱるだけでシュッと外れる。	(ア) それに、ここが一番良くラジオが入るんだ。	

<16:9>　　(+)

No. 113

Cut	Picture	Action	Dialogue	Time
↓		ガーゼの上に 包帯代わりに巻く。 一連の動作、素速く手慣れた感じに。 ↓AC	㋡ ラジオ？	4+12
265		[261 フレーム調整] スカーフを結びながら。	㋐ ハイ おわり！	
↓		お礼を言われて嬉しいアスナ。	㋡ ありがとう。 ㋐ フフ。	3+12
266		[262 同ポジ] そのイキオイ？で 座っていた石から ぴょんと降りて。 (ここも何となくつづく)		
↓		シュンに向けて言う。	㋐ 聴いてみる？	3+0

<16:9> (+)

No. 114

Cut	Picture	Action	Dialogue	Time
267		いつの間にかすっかり夕空。 気持ち良さそうに舞うトンビ。 カメラ PAN DOWN して		
		岩の上に座っている2人の姿。	(ア) この鉱石が ダイオードの 代わりなの。	5+0
268		真剣なカオで 右手の検波針を 調整している。 ねえ、カット尻で 何かに気づいたカオ (うしろにリュック)	(ア) 時間によっても 天気によっても 受信状態が 変わるんだ。	4+0
269		ゆっくり針を 動かしている。 カット尻、 ぴたっと止める。	(シ) ねえ、 その石…	2+20

<16:9>　　　　(+)

No. 115

Cut	Picture	Action	Dialogue	Time
270		268同ポジ と言ってから 右手を鉱から そっと離して 右耳のイヤフォンに 持っていき、	㋐ 入った!	
↓		身をおこしつつ (つけPAN) 外して シュンにわたす。	㋐ ハイ。	
↓		素直にラジオを 聴くシュン。 ※ 鉱石については 「なるほど」と思ったのか、 「どちらでも良いか」と 思ったのか。	㋐ 音楽番組 だね。 ㋛ うん。	5 + 0
271	空 リュック	うつむき気味に ラジオを聴いているシュン。 アスナは傍らに置いた リュックの中から サンドイッチをとりだして、		
↓	カット内でツバメが2羽よぎる	左手に自分の分を 持ったまま、 右手にシュンに 手わたす。 AC	㋐ たべる? ㋛ ありがとう。 お腹すいて たんだ。 └→次カットにずらす	7 + 6

<16 : 9>　　　　(+)

No. 116

Cut	Picture	Action	Dialogue	Time
272	山肌	それを聞いて アスナも 嬉しい。		
↓		大きな口で かぶりつく。 具がはみ出る くらいゴーカな サンドイッチ。		3 + 0
273	ツバメ一羽 飛ぶ 夕空 くも 山	その姿を ほほえましく 見てから。		
↓		アスナより ずっと上品に 一口かじる。		3 + 0
274		(272同ポジ) 一寸モグモグ したあと、 大切なことを 思い出すように 口を開く。	(ア) …前にね。	3 + 12

(+)

<16 : 9>

No. 117

Cut	Picture	Action	Dialogue	Time
275 夕日 まっすぐ →		日暮直前。 あたりは巣帰りしてる。 ツバメが乱舞し始める。 シュンは途中で一口食べる。 アスナはずっとセリフ。	ア 一度だけ、 不思議な曲が 入ったことがあるの。 今まで知ってたどの 音楽とも違う唄。	
	↓ ツバメ、 カット内で 次第に増える。		ア まるで… 誰かの心が そのまま音に	4 + 12
276		世界の縁で 唄うシュン。 193 兼用 ※あるいは、上手くらいの アップにするか？	ア なった	0 + 20
277		273 同ポジ アスナの言葉に 驚くシュンの髪を、 風がフワッと持ち 上げる。 この少女にはこれほど 強く自分の存在が 届いていたのだ、と。	ア みたいな。	1 + 20
278 ↓ つづく		272 同ポジ 同じ風がアスナの 髪も揺らす。 カット頭 一口小さく かじって、		

<16 : 9>

(+)

No. 118

CoMix Wave FILMS

Cut	Picture	Action	Dialogue	Time
↓		風に吹かれながら。 口の中にパン 放っていても いいかも?	(ア) あの時 幸せと悲しみが 一緒にやってきて、	
↓		空を見上げて つづける。 この数日、アスナには初めて識る感情ばかり。	(ア) 私は一人きりじゃないんだって 思えたの。	8+9
279		アスナの見上げた空。 夕雲と、大気に影をおとす ツバメ。	(ア) ずっと 胸にのこってる。	3+12
280	コード くも カットいっぱいT.B	カット内で 風、徐々に収まる。 夕陽をじっと 見すえ、何かを こらえているような シュン。	(ア) 私はもう一度、あれを聴きたいんだ。	
↓	フレームラスト	涙をこらえて ぐっと体を 折り曲げる (アスナの心に自分が残ることがうれしい)		5+12

<16 : 9>

(+)

No. 119

Cut	Picture	Action	Dialogue	Time
281	金星	陽は今にも山際に沈もうとしている。 一番星がまばゆい。 アスナがうつむいたシュンを心配して声をかけるが、涙があふれそうで答えられない。	(ア) シュン……くん…？ (シ) ……。	5+12
282	望遠気味	バッタを追いかけて遊んでいるミミ。 手前からPAN気味？ アングル、演技ともに作画裁量でOKです	(SE) ヒグラシ	2+12
↓		ジャンプするが捕れない。 カット内でヒグラシが鳴きはじめる。	↓ 大きくなっていく 288 夕日を浴びてるラジオ。パース効かせて (×) イヤフォン	
283	P1150523 / P1160005	陽の入りと共に、2人のいる山肌がみるみる影に覆われてゆく。 影を追うように PAN.UP. 岩が全て影に入るまで	イヤフォンはもう戻してある。アンテナコイルが夕陽で反射している（T光） ※BG 2枚 + マスク操作 + PSでのレイヤー構造を工夫する	6+0

<16 : 9>

(　　+　　)

No. 120

Cut	Picture	Action	Dialogue	Time
284		2人を覆う 影の速度で、 ザっと PAN UP	(SE) ヒグラシ 続いてる	
	アンテナコイルに 反射した 光も サっと 消える	カメラ落ちつき、 大きく風が ひと吹き。 ※ここからイヤフォン なし	風が 梢を揺らす ザアッ	
↓	2人全カゲ	空は澄みきった 濃紺、 いくつかの一等星が 風に瞬いている。 シュン、おだやかな 表情に戻っている。	(シ) アスナは、	4+0
285	山脈	超望遠で、 梢のスキ間を沈んで ゆく太陽。 葉の一枚一枚に さえぎられてチラチラと 瞬く。 時折フォーカスのボケた ツバメがフレームをすぎる	(シ) 僕に何も訊かないんだね。 (ア) え? (シ) きっと色々 ギモンがあるのに。 (ア) あのクマみたいな生き物のこととか?	9+0
286		空は次第に夜の 中に入ってゆく。 →まだ 陽をうけている 山肌 アスナ 明るく、 ツバメもこのへんから 徐々に少なくしていく。	(ア) うん…。 でも今はいいし。 ギモンだらけ だもん。 すごく長く なりそうだ から、明日 また ここに 来るね。 (シ) そう。 途中で ポーズ変える	7+0

<16:9> (+)

No. 121

Cut	Picture	Action	Dialogue	Time
287		「また」は無いことを知っている。 それでも優しく微笑み。		
↓	 カット内 予備動作までで OK	あおむけになる AC 286同ポ		3+12
288				
↓		アスナ空に目をやる。 シュンが語りはじめ、アスナ、シュンを見る。	(シ) … アガルタっていう遠い場所から。	5+12
289			(シ) 僕は来たんだ。 (ア) …アガルタ …	3+0

<16:9>　　　　(+)

No. 122

Cut	Picture	Action	Dialogue	Time
290	明るい山肌	アスナなめてシュン (もう一寸離れた方がよいか) アスナセリフ時一寸動き、 シュンはカット尻に ペンダントに右手をやり	(ア) …外国？ (シ) ん。	2+0
291		シュンの見ている空。 まだ十分に明るいが、 一等星が2つ。 時折ツバメ。	(シ) どうしても 見たいものと、	
↓	かすかに回す in	ペンダントを かかげて見る。 星の光はクラヴィス を通じて更に 明るい	(シ) どうしても 会いたかった人が いたから。 …… でももう、 思い残すことは、	6+12
292		星の光がチラチラと 瞳の周囲に光彩 を落としている。 涙のよう。 怖くないわけはない。 本当の気持ちは誰にも 理解できない。	(シ) なにもない。	1+20
293 ↓ つづく		カット頭でペンダント 戻す。 アスナ、彼の言葉に 不思議な重みを感じ 一寸黙ってしまうが、 明るく口を開く。	(ア)… 願いがかなったんだね。 (シ)…うん。 暗くなる前に、	

<16:9>

(+)

No. 123

Cut	Picture	Action	Dialogue	Time
↓	ツバメ カット内で3羽くらい	シュン体を起こしながら、 アスナ明るく、 シュン立ち上がりAC	(シ) 帰ったほうがいいよ。 (ア) うん。 ヒグラシが鳴き止んだら帰るよ。	8 + 12
294		シュンにつけて 若干PAN UP ツバメ、カット頭に一羽 サッとよぎる。 アスナ、立ち上がるシュンを目で追う	→BG スライド 距離感つける	
↓		※BGの木々はまだ完全に暗くなってはいないが、太陽は当たっていないが、空そのものの環境光に照らされて日中とは別の色で美しい (ツバメここまで)	(シ) ……アスナ。	3 + 12
295	くも	空に対してシルエットの背中 星の数が増えてきている。 セリフ尻に ゆるやかな風	(シ) 祝福をあげる。	2 + 0
296	モヤ モヤ	聞き返すアスナ。 言葉は知ってるけど……?というかんじ BG、遠くまで見える。 ・モヤが出はじめている。	(ア) え?	1 + 12

<16:9>　　(+)

No. 124

Cut	Picture	Action	Dialogue	Time
297	リュック	シュンは無言だが、うながされるように立ち上がるアスナ。 BGは影に沈んだ対岸。しかし厚い大気を挟んでぼんやりかすんで明るい。	立ち上がる前に間をたっぷり。	
↓		遠くの国道には車のヘッドライトが見える。 シュンの言うことは素直に聞いてしまうアスナ。	(シ) 目をつむって。 (ア) うん……。	
↓		シュン、セリフ言いつつ1歩でこのへんまで ↓ AC		7+0
298	BG空	前髪をそっと持ち上げて。 シュンの目元 髪で隠すか?		
↓ つづく		おでこにキスする。 間をとらずにスッとやること。		

<16:9>　　　　(+)

No. 125

Cut	Picture	Action	Dialogue	Time
つづき ↓		アスナ驚いて ハッと目をあける。 シュンはスッと離れて。 アスナの前髪が パラパラッともどる。 ↓AC		3+12
299	カミ 空 シュン	シュンの引く動きと 髪の戻りAC。 何がおこったのか 一瞬わからず、 目パチ一回。		
		すぐ悟る。 みるみる赤く。 汗もかく。	ア え、 い、い、今…	4+0
300	アスナ 空	微笑むシュン	あの… キ、キ…	2+0
301	空	顔全部が もう真赤。 シュンの優しげな 声。	ア キ、キス… シ アスナ。	3+12

<16:9>　　(+)

Cut	Picture	Action	Dialogue	Time
302		とても真剣に。	ツ ただ、きみに生きていてほしい。	2+12
303		しかしアスナは	ツ それだけでいいんだ。 ア え・あ、	
↓		もうパニック。 シュンにとっては微笑ましい。 今は分かってもらえずとも良いと。 アスナACのかんじで	ア あのっ…	4+0
304	空 シュンの脚 山肌 アスナ リュック	↓ ラジオをリュックつめて2人の脚	ア ごめん、	
↓	もう1歩	タッタッと駆け出してしまう(2歩)。	またあしたっ!	3+0

<16:9>　　(+)

No. 127

Cut	Picture	Action	Dialogue	Time
305	空	が、リュックとラジオを忘れていることに気づき、		
↓		あわてて戻ってラジオをサッとリュックに仕舞い、（ワンアクションで、厳密じゃなくてOK）		
↓	out	ダッと駆け戻る。out間際に振り返り、再度言う。	(ア) またあしたっ！	5+0
306	out 右足	アスナの右足IN気味から、画面中央を踏んでサッとout		
↓	?	眠っていたミミが顔を上げる。		2+0

<16 : 9> (+)

No. 128

Cut	Picture	Action	Dialogue	Time
307	フレームラスト	いつもの微笑みで アスナの去る 方向を見ている シュン。 カットいっぱいT.B（ゆっくり）	SE ヒグラシ（つづいている） アスナの足音 タッタッ… タッ…	
↓	キラッ	空はまだ明るいが、夜もすぐ上にせまってきている。 動きゆっくりと 余韻を含ませつつ		
↓	フレームラスト	西の空を見る。	ヒグラシ止まる	8+0
308 葉も特定すること。		影の中、葉にとまっているトモエガ。 目玉のような羽を ゆっくり動かす。 怪しい美しさ。		1+20
309 茂み	スタート位置	走ってくるアスナの PAN. 仰角気味から。 トモエガが一羽、 夕暮れ時にぼんやり 浮き上がるように舞っている。	SE ザッ ザッ ザッ	

<16:9> サトイモの葉　　(+)

No. 129

Cut	Picture	Action	Dialogue	Time
(つづき) ↓		斜面の 草原を駆け 降りている		
↓		もう一寸 カメラ手前まで。 混乱して まだ顔が 赤い。		2 + 12
310 空 西←→東		東側のフミキリ 火灯し頃、 地上は淡い影の 中にやわらかく 包まれている。	(足音) ザッ ザッ	
↓	in	全力で走ってきた アスナがin.	ザッ。 (ア) ハアッ。	
↓ つづく		息を整えて、 3回で 収まる	ハアッ、① ハア② ハア③	

<16:9>　　　　(+)

No. 130

Cut	Picture	Action	Dialogue	Time
つづき	4回目の最後の見で、東の山を見る。 追ってPAN。 先刻までいた岩場が見える。 岩場		Ⓐ ハァ④ …	
	岩場のサイズ一考が。	彼のペンダントの青い光が一瞬またたく 体を岩場に向けてなおもジッと見つめている。		12+0
	視線	フカンで、岩場を見ているアスナ。 1+12くらいそのまま見てて。	※一考。このカット省略すですが、場所の位置関係を明確にするため入れてます。後日再考します。	
	Ⓡ もうて歩くらいが	帰る。 ※と5同地びですが、バリケードやアスナの大きさはこちらに合わせることを	5に先行 ホロチャン… (おフロの水音)	

<16:9> (+)

No. 131

Cut	Picture	Action	Dialogue	Time
311	BGつ グラデーション 薄い緑 ↓ 濃い緑	お湯に沈んでいるアスナの頭。 ※ ・頭の位置トメでOK. ・水中のゆらゆら作画+ズリワケ ・ハモンの影も頭にのせればベスト ・ハモンには電灯の反射ハイライトつける	※撮影ディフュージョンのみ、湯気不要。イメージっぽく。	1+12
312	※波紋の反射	水中で息を止めている。 水を通じて自身の心音が聴こえる。 未だ高鳴っている速いビート。	トクン トクン トクン トクン トクン (8回)…	4+0
313		ザパッ と出てくる。 (限界まで潜っていた、という程ではない) 全体に湯気アリ (撮影)	(ア) ぷはァ。	
↓		一才もどる。 その時お湯が湯舟の表面を流れる。(そこだけセル) 流れすぐ細く。		3+12
314 (つづく)		ひとり呟く。	(ア) びっくりしたな…。	

<16 : 9> (+)

No. 132

Cut	Picture	Action	Dialogue	Time
(つづき)↓		右手でそっと前髪をはらう。(額に触れるかんじ)		3+12
315		リュンの名前を口にしてみる。嬉しげなかんじで言います。言いつつ口まで沈む。	(ア) リュン…くん… (off) (シ) あの子だったんだ。	5+0
316	夜空	右腕に巻かれたスカーフにそっと触れている。(動き一寸)	(シ) 最後の唄を聴いてくれていたのは。	3+0
317	星空 スライド 山2 スライド	ヒザの上のミミの頭を左手で撫でながら。	(シ) ミミって言うんだね、お前は。僕の代わりにどうか、アスナを善き場所に導いてあげて欲しい。	
↓	※カットいっぱいゆっくり右にPAN。岩場は3D+パースマップになるかも。	空を見上げる。	(シ) …今になって、	10+0

(+)

<16:9>

No. 133

Cut	Picture	Action	Dialogue	Time
318	BG → ←スライド	空を見上げている うしろ姿。 一寸動きつけて、	㋹ たまらなく、 怖いんだ。 でも…… 同じくらい、	
	もっちょっとアオリ気味がイイかも ※カメラ移動のアングル変化、作画するか？要相談。	(逢いたかった人に 逢えて、来たかった 場所に来れて、) ↓ AC ほどく	幸せでもある。	6+0
319 ↓	キラッ ミミ 山口	ここは膝から ピョンと飛び降りる。 見えなくなっちゃってOK. (立ち上がる時に ペンダント キラッと)		
↓	くも	立ち上がって 夜空を見上げる。 ゆるい風が吹きはじめ、 髪と服がなびく。		3+12
320 ↓ つづく		月も眩むほどの 天の河銀河。 色とりどりの 無数の恒星たち。 今までのどの夜よりも 豊穣である。	㋡ ……手が、	

<16:9> (+)

No. 134

Cut	Picture	Action	Dialogue	Time
(つづき) ↓		銀河の中心に	(ジ) 届きそうだ…！	
↓		右手を伸ばす。 風が星々を瞬かせている。		4+0
321		風が強くなってきている。 はためく服と髪。 手をぐーっと伸ばしている。 目パチ一回。		
↓		カメラT.U.ではなく、作画で寄せる。 星を映した瞳が輝いている。		2+12
322 ↓ つづく		星々が迫ってくる！ ※ブラー付けたい？ ワープのドップラー効果スターボウみたいな感じ？ アイデア募集です。		

<16:9>　　　　(+)

No. 135

Cut	Picture	Action	Dialogue	Time
↓ つづき		しかし不意に フォーカスが点滅するように ボケ、 BGが回転する。(ヒコンが倒れたのです) 天地がさかさになり、		4+0
323		青い光が 瞬きながら 崖から落ちていく。 out ギリギリ 手前まで	(SE) チリーン	2+0
324		さよう国ホッジ アスナの家の 軒先、風鈴が 鳴る。 F.O (2+0)	チリリン…	6+0
	Aパート おわり。			
	Bパート予定 ・朝、久し振りに会った母親に「友達ができたの」と言うアスナ。しかし高台にシュンの姿はない。 ・身元不明の少年の遺体が発見され、それは再び小さな町のウワサとなる。 ・母からスカーフと共に、シュンの死をきかされるアスナ。しかし信じることができない。 →	・そんなある日、 アスナは高台に光る青い光を目にする。 高台へと走るアスナ。そこにミミを笑いていたのは、 シュンのペンダントを身につけた、シュンそっくりの 少年だった。 ・そこへ襲いかかるアルカンジェリ。→アガルタへ。		

<16:9>

A・Bパートで
でも上編はおしまい。たぶん！

(+)

Bパート

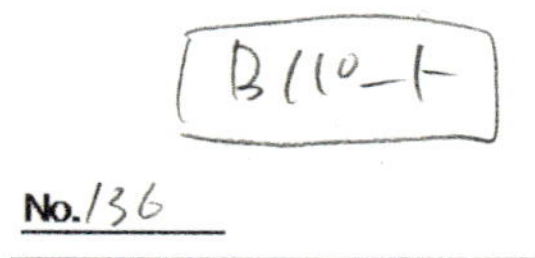

No.136

Cut	Picture	Action	Dialogue	Time
325		朝。 山の影の中を 走っている ホンダN360。 対岸は朝日を 受けて明るい。	SE ゴオッ (反対車線の トラック通過音 offです)	
↓		東側の山が切れ、 車が眩しい朝日の 中に入る。 車体、所々T光で ピカピカ。		3+12
326		まっすぐな朝日が 目を射て、 つかれた眉を ひそめる美しい女性。 A、Bは対岸の 朝日を浴びた山肌		
↓		右手で眉根を 押さえる。 (目閉じたら危ないので あけたままか?) ザアッと近くを 木立がよぎる。		3+12

<16:9> (+)

No. 137

Cut	Picture	Action	Dialogue	Time
327	カット頭からP.D	朝日に逆光になっているアスナの家(裏側)を、対岸の		
		東側の山肌。 車のドアを閉めるSE(off) ↓ カメラ下がっていき、	SE (ドア閉め) バン	
勝手口		↓ 女性が車に寄りかかってタバコに火を点けるところまで。 ↓AC	SE カチ(ライター)	5+0
328	山肌	点火直後から。ライターを持った右手をスッと下げ、		
↓ つづく		思いっきり深く一口吸い、		

<16:9>

(+)

No. 138

Cut	Picture	Action	Dialogue	Time
つづき ↓		長く煙を吐き出しながら、吸いさしを捨てる。(禁煙挑戦中) 疲れている。	㊛ フー…	5+0
329	スマート	足元に落ちてくる吸いさし。 古い吸い殻が他にもいくつか。長いのに交じって短いのも。		
	カゲ BG 地面 + 所々に雑草 ※まだ朝日当ってない。ぼんやり影の中	ザッと踏み消す。 ぐりぐりやらなくてOK。	(SE) ザッ	2+0
330	光源電灯 in	肩からカバンをおろしながら、台所に入ってくる女性。 アスナの母親(33歳)である。	㊛ ただいま アスナ。	2+0
331 ↓ つづく	外 外 湯気	アスナ、制服に着替えてお弁当を作っている。 ※制服+エプロン	㋐ お帰りなさい!	

<16:9> ここは光源は外。 (+)

Cut	Picture	Action	Dialogue	Time
↓ つづき	※母親のIN位置(入口位置)ウソですが、つながればOK IN	母親INしてきてアスナの手元を覗き込む。 アスナ作業に戻りつつ会話	(ア) 夜勤おつかれさま。 (母) うん。アラ、お弁当2つ? (ア) うん、	5+0
332	梅のツボ　ナベ　キヌサヤ　卵焼　フライパン　ひじき　ソーセージ　ウメ　タッパウ	最後の仕上げに卵焼きをつめている。 ※お弁当、この限りではありません。アイデア歓迎。	(ア) 友達のぶーん!	1+12
333	湯沸	ボーイフレンドかしら…?という会 目パチ	(母) へェ… (ア) お母さん、	
↓			朝ごはん食べるでしょ?(off) (母) うん、	3+12
334	アスナの朝食後の食器　脇手　シンク　米	お弁当の余りのオカズの入った皿を置きながらセリフ。 一寸ホホ赤い。 久しぶりの母親についつい甘えている。	(ア) (うつむき気味から) 私も一緒に食べてこうかなあ。	2+12

置く

<16:9>　　　　(+)

No. 140

T光

Cut	Picture	Action	Dialogue	Time
335		ややあきれつつ、 右手の腕時計にも目をやりつつ。	(母) 何言ってるの、あなたもう食べたんでしょう? (ア) もう一杯くらい食べられるよ。	
↓	→ out	ジャケットを脱ぎながら居間に向かう母親。 当然の返答。	まだちょっとオナカすいてるし。 (母) ダメよ。ちゃんと遅れないように学校に行きなさい。	6+0
336		ケチ、という表情	↓こぼす (ア) ……。	
↓		まああたり前か…とあきらめ、 お弁当のフタを閉める。 そこに母の言葉。	(off) (母) ……アスナ、今晩どっか夕食たべにいこうか。	
↓	※動き収まらなくてヨイ	母親のセリフ尻、パッと輝いた表情で振り返り。	私一日休みだから。	6+0

<16 : 9>

(+)

No. 141

CoMix Wave FILMS

Cut	Picture	Action	Dialogue	Time
337	全体が家の中 / 神棚 / スタート	ハンガーにかけた上着を壁にかけようとしているところ。 アスナの嬉しそうな声がきこえてくる。	ア (off) ホント!? じゃ6時までには帰ってくるから!	
↓		台所の方を見つつ	SE ガチャガチャ (食器をまとめてシンクに入れる音) 母 6時!?	4+0
338	←物置 / トイレ / ←台所 / 階段	廊下。(もう一寸狭い感じにして下さい。) と言うや、	母 (off) 今日土曜日でしょ、どこ行くの? ア (off) 友達のとこ! 行ってきまーす!!	
↓		ダッと走り出てくる。(エプロンを外し、リュックも持ってる) シュンのことも母のことも嬉しい!	母 (off) あ、ねえ あなた スカーフは? ア なくしちゃったの、	
↓ つづく		手前へ大きくout	購買で買う!!	

<16:9> (+)

No. 142

Cut	Picture	Action	Dialogue	Time
つづき ↓	(ドア閉くをBG光変化)	居間から出てきた母親。呆れ顔で娘を見送り。	(母) いってらしゃーい。 (SE) 靴を履く音 ガチャ、バタン (ドア開・閉)	
↓	out	やれやれ、という風に息をついて、台所に入っていく。冷蔵庫を開ける音。	(SE) ガコン	15+0
339	スタート 光	缶ビールを取り出したところから、扉閉めて、	(SE) バタン。	
↓	※70年代のビール缶にすること	感慨深げにつぶやき、プルトップを開ける。	(母) 友達か…。 (SE) プシュ。	4+12

<16：9>　　(+)

No. 143

Cut	Picture	Action	Dialogue	Time
340	くもり空 BGボケ	桑の葉?の下のセミの抜け殻。 BGはどこかの畑、 空はいつの間にかうすぐもり。 /reference/cicada/cicada_shell.jpg	(SE) (セミ) ジー	2+0
341	※外は暗く、ケイコウ灯が明るい アスナ	(223同ポジ) 先生がモリサキを代任として紹介している。 担任のOFFのセリフ、声はきこえない。 (森崎リュウジ先生です。先生、自己紹介をどうぞ)	教壇まで歩く 森 教壇	3+12
342	森崎竜司	ケイコウ灯 (ホコリとんでOK) マジメな表情で何事か挨拶している森崎先生。 声ナシ		2+12
343	窓開いてる 閉まってる	色めいている女子とか(カッコイイよね、とか) アスナも笑顔。 放課後が楽しみなのです。(スカーフあり) 声ナシ	光源は蛍光灯。	2+12
344	くも くも イチョウ 山 山	灰色の空、 低い雨雲が流れている。 カット尻、SE	(SE) (でんわ) ジリリリリン。	4+0

<16:9>　校舎　キボウル

(+)

No. 144

Cut	Picture	Action	Dialogue	Time
345	黒電話	C338同ポジ アスナの家の廊下。 ぼんやりと影の中。 光源は閉じた窓から。	(SE) ジリリリリン。	2+0
346	タオルケット	和室に薄い夏用布団を敷いて眠っている母親。 脱ぎすてたズボン、 読みさしのハードカバー。	(SE) ジリリリリン	
↓	だるい… 暑かったのでキャミソール?に短パン	むくり、と起きる	ジリリリリン。	4+12
347	PAN トイレ	カットいっぱいPANしっぱなし C345の切り返しアングル、 母親が電話で話している。 神妙な声。	(母) え、 それは確かなんでしょうか? …ええ、そうです。 ハイ、ハイ… … とにかく、 明日お伺いします。	9+0
348		左手を受話器を置く(前カットからAC) カメラ物置内から 思案顔しきり。 (1+12)	(SE) チン… (母) ……。	

<16:9>

(+)

No. 145

Cut	Picture	Action	Dialogue	Time
↓ つづき	結婚指輪	西川が受話器を取り 真剣なカオでダイヤルを回す。(最初の一回まで)	※地元警察から少年遺体発見の報。スカーフからアスナの身元判明。母は学校に電話。一連、推察できなくてOK (SE) ジーーコ	4+12
349	水面	交尾しているトンボが細枝にとまっている。 水面にポツン ポツンと波紋が現れ、		
↓		パラパラと雨が降り出す。 /dragonfly/copulation.jpg		5+0
350	うしろ山肌 ※校舎の中の蛍光灯だけ	学校正面から。雨煙にまるで中に浮いているような校舎 色とりどりのカサをさして下校している子供たち。	(SE) ザッ (チャイム) キーン コーン カーン	2+0
351	カサ ススキ	止め回ポン 同じく橋を渡ってゆくカサたち。 カサと校舎内の蛍光灯だけが鮮やかに明るい。	コーン …… (雨音のほうがずっと大きい)	2+0

<16:9>　　(+)

No. 146

Cut	Picture	Action	Dialogue	Time
352		雨に煙る山肌 雨足強まっている。 PAN DOWN して。	SE	
		アスナの岩場。 山肌のあちこちた 水蒸気のモヤが 立ち上がっている p1150494.jpg	fix 1.5 Pan 2.5 fix 1.0	5+0
353		小部屋の入口。 扉板が外れている。		2+0
354		外を眺めている アスナ。 (トメでok)	(ア)… また明日って 言ったのにな。	4+0
355		外みて、 視線をおとして 呟く。 カット尻に軒先にたまった 水がこぼれる。	(ア)… 雨だから、 かな。	5+0

<16:9>　　　　(+)

No. 147

Cut	Picture	Action	Dialogue	Time
356	タンス ポット 炊飯ジャー タバコ　灰皿　本	アスナの母、 じっと何かを考えているのか、眠っているのか。 テーブルの上にはタバコを吸った跡。	SE #（小さく雨の音）	
		玄関のドアが開く音と、 アスナの声。 ハッと顔を上げ、	ガチャ。 (ア) ただいまー。 お母さーん、 ごめん、	
	キャミソールの上にカーディガン ジーンズ	立ち上がる	タオルもらえるー？	8+0
357 藤カゴ・ドライフラワー		全身ズブ濡れのアスナ、 ポツンと立っている。 しずくポタポタとおちてる。	(母) まァ、 あなた	
	in	バスタオルを持った母親、やや速足でin。 全身カゲの中から、玄関の灯りの中に入ってくる	びしょ濡れじゃない！ (ア) エヘヘ…	4+0

<16:9> (+)

No. 148

Cut	Picture	Action	Dialogue	Time
358		言いながら アスナの頭を ガシガシと 拭くお母さん。	(母) カサ 持ってなかったの。 (ア) うん。 …エ、チョット、 自分で拭けるよ!	
↓		タオルを頭に かぶせたまま、 無言でアスナを 抱きしめる。 ギューっと余韻。	(ア) …お母さん…?	8 + 0
359		雨どいに収まらない 水があふれている。 ※構図わかりにくければ であれば、 /waterspoutの画像を 参考に、一案下さいませ	(SE) ザー ジャバ ジャバ …	3 + 12
360		母の言葉が 理解できない アスナ。 (おフロに入って、 髪を乾かし、 外食に出かけるため おしゃれもしている)	(ア) え…… なに…?	2 + 12
361 ↓ つづく		テーブルの上の タバコは片付けてある。 急須と湯のみ。 居間の設定 テキトウですみません。	(母) あなたのスカーフを 腕に巻いた男の子の 体が、下ノ淵の 河原で見つかったの。	

<16:9>　　　　(+)

No. 149

Cut	Picture	Action	Dialogue	Time
↓ つづき		アスナ無反応。 母親、もう一度繰り返す。	(ア) … (母) アスナ、その子は…亡くなったのよ。	10+12
362		前カットと全く同じ表情 目パチ一回して、	(ア) ……	
↓			(ア) それは… 人違いだよ。 だって…	5+0
363	外 カーテン	ロジカルに喋れない。 そんな娘がとても心配。	落ちたりしないもの。 (母) アスナ…。	3+0
364 ↓ つづく	外 外	361同ポジ アスナ妙に平坦。 外をみて、向きもどり。	(ア) 大丈夫、 違うもん、 心配しないで。 あ… 雨だし、	

<16:9> (+)

No. 150

Cut	Picture	Action	Dialogue	Time
↓ つづき	視線をビミョーに合わせづらいかんじ。	立ち上がりながら	㋐ 外食、また今度にしない？	
↓		outするアスナを	㋐ 私、宿題やっちゃうね。 ㊥ アスナ。 ㋐ 大丈夫だって。	
↓		目で追い。 しばらく心配そうに行先を見守ってから、 どうしたものかしら、という風。	SE (階段のぼる) タンタンタン…	15+0
365	① 外は晴れ 食材	エプロンをつけて料理中の母親。 何か始めている。 (できれば料理特定して下さい)	SE (前カット尻先行で) ジュー ジャッ ジャッ	
↓		料理しつつも2階のアスナが気になる。 つい上を見ちゃう。		4+0

<16:9>　　　　(+)

No. 151

Cut	Picture	Action	Dialogue	Time
366		階段の上。東に向いた小窓から外をジッと見ているアスナ。(止め) 階下がぼんやりと明るい	(SE) かすかな雨音	2+0
		※(カメラこのくらい右(台所側)に寄せた方がいいかも。) P1000180、P1160030あたり参考によろしくです		
367		じーっと外を見つめている。目パチ一回。窓の外は強い雨	(SE) 雨と雨だれ ザァ ポッ ポッ ポッ	3+0
368		黒々と闇に沈んでいる対岸の岩場。青い光は瞬かない。(+.0あるかな?)		5+0

<16:9> (+)

No. 152

Cut	Picture	Action	Dialogue	Time
369	カーテン	アスナの部屋（2階奥）で、隣に布団を敷いて眠っている母親。アスナの姿はない。差し込んだ日溜まりにスズメのカゲがよぎる。（心配で添寝したのです）	(SE)（スズメ） チュン チュン、 チチチ…	2+12
370	山肌 光の中 / 山のカゲの中	夏の早朝。鉄橋の上を全力で走っているアスナ。1kリピート 服は昨日のまま寝てます。（そのまま寝ちゃった）	(SE) 川のせせらぎ、朝の小鳥。 (所々水たまり)	2+0
371	ct / 朝日 / 小鳥 out / ct	夜までとはうって変わって快晴。青空に白い雲、小さな小鳥が飛びかっている。	fix 1.5	
	スタート	カメラ↓PAN DOWNすると、アスナが周囲を見ながら走ってきて、		
↓ ↓	汗まみれ / ここまで止めない	カメラ手前で立ち止まり大声で叫ぶ	(ア) リュンくん!!	

<16:9>　カゲの中　(+)

No. 153

Cut	Picture	Action	Dialogue	Time
つづき	out	画面駆け出して out		6+0
372		岩場を駆け登り、(急速に) 途端		
		勢いを殺すように ザッと立ち止まり、画面叫ぶ。	(ア) リュンくん!!	4+12
373		突き抜けた青空を雄然と舞うトンビ つけPAN	かすかにこだま ※ BGM、カット頭から盛り上がりピーク	
	カメラワーク次ページ			

<16:9>　　(+)

No. 154

Cut	Picture	Action	Dialogue	Time
373	② アスナの岩場をかすめるように飛び、 (タメ)	① はるか高空から画面奥に、 (加速)	※上空から山肌までのキョリもっと長く	
			山の下部はカゲの中。	
↓	③ 山肌を滑り降り、カメラに迫り、 (加速) ⑤ カメラからぐーっと遠ざかっていき、		④ ぐっとカーブして、 (加速)	
↓	(加速)	⑥ はるか彼方に夏の積乱雲 (タメ) 山脈	日を浴びた西側の山肌	

<16:9> (+)

No. 155

Cut	Picture	Action	Dialogue	Time
↓		カットラスト、 音楽聴かせるためのカットです。		12 + 0
374	まっ青	トンビの行った先を見ているかんじ。 既に気は落ちついている。		
↓	風	まっすぐ前を見る。 うしろからのやるい風に吹かれる。 一寸間をおいて(2+12)、 セリフ in	(幼いアスナ) …お父さん、 もう戻ってこないの?	6 + 0
375		雪の積もった山肌の墓地。 奥の墓前に、喪服姿の若い母と娘。 /graveyard フォルダ参	(ア) ねえ、 お母さん?	2 + 0
376 ↓ つづく		墓前にしゃがみこんでいる母、を見ている娘。 線香の煙、 舞う粉雪。	舞台 喪服参考	

<16:9> (+)

No. 156

※お母さんについて行く
クラヴィスをかけておくか？ 一考。

Cut	Picture	Action	Dialogue	Time
つづき ↓		カット頭から 母、無言で 立ち上がり		
		つけてPAN。 にこり、と 笑いかける。 無言。	母 ……。	5+12
377	青空 くも follow 桑の枯木	斜面を下りてゆく 2人follow。 周囲は畑だが、 雪が積もって雪原になっている。 空は冬の青空。 粉雪どこからか舞っている。	母 それを願うのは …… きっと、 いけないことを なんでしょうね。	6+0
378	follow 背動 or CG 雪から顔を出した枯草	雪道を大股で 楽しそうに歩いているアスナ。 頭上から降る母の 声は、半ば独白 めいている。	母 (off) 死ぬことは 生きることの一部 だと、 お父さんは 言ってたから。	
↓	ラスト	母親がついて こないことに 気づき 立ち止まり振り 向く	母 でも……。	7+0

<16：9>　　(+)

No. 157

Cut	Picture	Action	Dialogue	Time
379	スギ	両手で顔を覆っている母親。 声がつまる。 泣いている	(母) 私は ……!	
↓	ライト 息白い	その場で うずくまる AC		2+0
380		雪原にうずくまる母親。 青空を映した雪が眩しい。		4+0
381		ゆっくり 目を開く アスナ。 夢を見ていたのか、 思い出していたのか		2+12

<16:9> (+)

No. 158

Cut	Picture	Action	Dialogue	Time
382		岩場をフカンで。 太陽はもう高い。		
↓		起きあがる。 こんなポーズ アスナの他には誰もいない。 男の声がする。	(モリサキ) ――そのようにして、彼の妻は死んでしまった。	6+0
383		215同ポジ 午後の学校。 前出の同ポジカットとは光源が違うので見え方もガラッとかわる。 夏の光が木造の校舎にまっすぐあたっている。	(SE) セミ、 鳥、 夏の音	3+0
384 アスナ(3番目)	3つ力 184	教科書を手に、教室を歩いているモリサキ先生。	(モ) 悲しみに暮れたイザナギは、地の底にある黄泉の国へと降りることを	
↓	ラスト 柱のカゲにOUT気味まで	生徒たち、大人しく教科書に目をおとしている。 (余力あれば一寸動き)	決意した。	5+0

<16:9> (+)

No. 159

CoMix Wave FILMS

Cut	Picture	Action	Dialogue	Time
385	空き / 国道見える / 国語 / 校庭	真剣な表情で 教科書に 目をやっている アスナ。	(モ) 死んでしまった 妻、イザナミを 生き返らせる	
↓		カット尻、 教壇側の モリサキに 思わず目をやる。	ために。	4+0
386	古事記を読む 「黄泉国」 / 月 / 日 / 右手 ポケットに	アスナ見た目 モリサキ。 （後ろ髪、 試みに短くして みます）	(モ) 深い地の底で 遂に再会した 夫に、妻は こう言う。	4+0
387	T.U.	教師の言葉に 聞き入っている アスナ。 カット頭に教科書を 机にパタンと置く。	(モ) 『私は既に 死者の国の住人 となってしまいました。 でも、黄泉の神の 許しがあれば、	4+0
388 ↓ つづく		OL (3+0) 濃紺の闇。 ブクブク…と、 いくつもの泡が 昇ってゆく。 はるか上には水面 らしき光。	↓(つづく)	

<16:9>　　　　(+)

No. 160

Cut	Picture	Action	Dialogue	Time
ツヅキ	水面	カメラ、ぐーっと下を向いてゆく	(モ)(ツヅキ) あなたの許に還ることができる。	
		深い洞窟のような壁面が闇に溶けている。	そのためにはひとつだけ条件があります。	
		ずっと深い場所から泡が湧き上がっている。	わたしが神と話しをしている間、	
			決してわたしの姿を見ないで下さい」――と。	
つづく	in	カメラが下に向いたところで、アスナの足がinしてくる。		

<16 : 9>　　　　(+)

No. 161

Cut	Picture	Action	Dialogue	Time
6 つづき		闇に沈んでゆくアスナ。 自由落下ではなく、水中を沈むかんじ。 闇の中で少女の肌だけがぼんやりと明るい		12 + 0
389		沈んでゆくアスナ follow. BGはほとんど闇. 不安げな表情.	(モ) しかしイザナギはその約束を破ってしまう。 黄泉の扉を	
		が、不意に底から光が射す。 (青い)	開けてしまったのだ。	16 + 0
390		洞窟の端らしき場所に立ったシュン。 ペンダントが光っているが、	(モ) 妻はついに、 イザナギの元へは	
		こちらに背を向けると同時に光が消えて、 全て闇に沈む。	戻らない。	4 + 0

<16:9> (+)

No. 162

Cut	Picture	Action	Dialogue	Time
391	「古事記」を読む 「黄泉の国神話」 パタン	386同ポ 教科書を閉じつつ、目を伏せつつのセリフ	(マ) 「古事記」に描かれた神話の一節です。	3+0
392	暗い緑 ボケ	彼岸花にとまったカラスアゲハ		
		フワッと花から離れる		2+0
393	空 スタート	c87 BG兼用 校舎横を舞っているカラスアゲハ	(モ) 恋人を蘇らせるために地下に赴くという同型の神話や伝説は、世界中に散見されます。	7+12
394	MoMo カゲ	窓辺にとまろうとしているアゲハのカゲ	(ア) 黄泉の国。	1+12

<16:9>　　(+)

No. 163　　※ 常夜(トコヨ)、ニライ・カナイ.

Cut	Picture	Action	Dialogue	Time
395	空 山	スッと窓辺にとまるアゲハ.	(モ) 冥府。	1+8
396		どこか哀しげな先生。	(モ) ハデス、シャンバラ、アガルタ。	2+0
397		ハッと見開くアスナの目元 (BG 真黒) ここで地下のイメージから覚めた、というかんじ	(ア) ……!	0+12
398	空 山 アゲハ 手前ボケ	驚いてモリサキを見つめるアスナ.		1+12
399	古事記を読む 「黄泉国神話」	視線に気づいてアスナ(カメラ)に目をやるモリサキ		1+12

<16:9>　　(　+　)

No. 164

CoMix Wave FILMS

Cut	Picture	Action	Dialogue	Time
400		自分の 無遠慮に 気づいて、 (398同ポジ)		
↓	OUTしてもしなくても。	バツが悪そうに 視線をそらす。 アゲハ、再び 飛び立つ		3+0
401		モリサキ、 教壇に登りつつ セリフ	(モ) ―呼び方は 異なりますが、	
↓	右手ポケットに入れたまま。		全て地下世界の 存在を伝えて います。	5+0
402		(C89同ポジ) チラッと モリサキに 目をやる。	(モ) ―かつて 人は、	1+12

<16:9>

(+)

No. 165

CoMix Wave FILMS

Cut	Picture	Action	Dialogue	Time
403	川の流れ	浅い川の流れの中で、ゆらゆら揺れている クラヴィスのアップ。	モ（off）地下に こそ、	1 + 12
404		その口ング。川辺、陽を反射してキラキラと光っている クラヴィス。その上をアゲハが ゆらゆらと舞っている。	モ（off）人間の死の 秘密があると 考えたのです。	
↓	in ラスト	奥の雑草の間から 歩いてくる足元（シン）。最後一歩（左足）、ためらわず流れの中に 入れたところで 止まる。		4 + 12
	＊DSC_0237（ヒロサワ） DSC_0201（アオキ） DSC_0261（ヒロサワ） PICT0182（ホンダ） DSC_0239（ヒロサワ） あたり、川辺の参考になるかと。			

<16:9>　　（　+　）

No. 166

Cut	Picture	Action	Dialogue	Time
405	空	見上げた校舎。 スピーカー。 空はだいぶ 日が傾いている。 窓ガラスに空が 映っている。	(放送) 全部収まらなくてOK みなさん、 下校の時刻と なりました。 校内に残っている 生徒は、 電気を消して、	4 + 0
406	out	放課後の図書館。 アスナ、書架の前を 何かの本を探して 歩いている。 (手前に一歩) 男子一人、カット頭に	窓を閉めて、 車に気をつけて 帰りましょう。 (BGM) 「家路」(遠き山に 日は落ちて) or 「今日の日はさようなら」	
	手前に一歩。 ↑ もう一寸良いアングルあるか？	fr. out。	(以降 つづける) (女担任) アスナさんが どうかしましたか？	3 + 0
407	教頭 湯気	職員室。 書き物を中断 してモリサキの 方を見ている 女担任。	(モ)(off) いえ、ずいぶん 熱心だったので	2 + 12
408	作業中	モリサキと会話。 皆、帰り仕度の かんじ。	どんな生徒 なのかと。 (担) そうね、 大人しくて、 とても良い子ですよ。	5 + 0

<16 : 9>　　　　(+)

No. 167

Cut	Picture	Action	Dialogue	Time
409	創世神話大全 ギリシア神話大 オルフェウスとエウ ギリシア神話入 地下世界の ジュール・ベルヌ ウェルズの 海底の王国 日本神話と常夜 古事記たる イザナギとイザナミ 日本神			
	ペラ	カメラPANすると、 真剣な表情で厚い 本を読んでいるアスナ。 カット内1ページ めくる。	(担)(off) でもお父さまは早くに 亡くなられているし、 お母さまは看護婦と してお忙しいみたいだし、 聞き分けがいい分 ずいぶん無理してるん じゃないかしら。	9 + 12
410	作業中 担	モリサキ 言いつつ	(モ) そうですか ……。	
		机に戻ろうと するところで、 担任のセリフ	(担) それに以前、 身元不明の少年の 遺体が見つかった ことがあったでしょう?	
		少し戻りつつ。 表情がわずかに 鋭くなる。	(SE) ここまで下校の 校内放送 つづいている	6 + 12

<16:9>　　(+)

No. 168

蛍光灯off

Cut	Picture	Action	Dialogue	Time
411	(2F)	階段をのぞきこんでいるユウ。 2Fの廊下には夕日が入っている。 奥に立ち話している生徒2人。	(ユ) アスナちゃん。	
↓	1歩降りる	セリフ言いつつ、 階段降りようとする処、 一歩降りるか。	帰るのー?	2+0
412		踊り場に立っているアスナ。 降りてくるユウを目で追いながら。	(ア) ユウちゃん…。 私ちょっと、 モリサキ先生に 聞きたいことがあるの。	
↓		ユウ、 小走りに 降りてきて。	(ユ) 私、あの先生 ちょっと苦手。 今日の授業も なんか怖くて。	
↓		並んで 階段を 降りる。	(ア) 怖い?	10+0

<16:9>　　　　(+)

No. 169

Cut	Picture	Action	Dialogue	Time
413	給水タンク	職員室への渡り廊下を歩いている2人。校舎のかげになっていて全体うすぐらい。	(ユ) ウワサなんだけど…。先生の旦那さん死んじゃってるんだって。	4 + 12
414		歩いている2人 follow 驚くアスナ	(ア) エ…	2 + 0
↓		一寸 視線外す		
415		カット頭、引き戸を開けて職員室から出てくるアスナ。 セリフ言いつつ頭下げて、戸を閉める。	(SE) がらがら… (ア) 失礼します。	
↓	全体うすぐらく、蛍光灯ついている。が、外光もまだ入っている	待っていたユウと会話。	(ユ) どうだった? (ア) もう帰っちゃったって。	5 + 0

<16:9> (+)

No. 170

Cut	Picture	Action	Dialogue	Time
416		トンボが水面をチョンチョンと叩くように産卵している。 水面には夕空が映っている。		2+0
417	夕空 下から歩いてきた	今しも別れようとしているアスナとユウ。 手を振りあってい	(ユ) じゃあねー (ア) また明日ね	
↓	アスナ 走ってout ユウ out →	それぞれ out. ここまで止め作らず.		
↓		BGカラになるが、 1+12ほどして、		
↓	かげに入ってout	アスナ出てくる. 走ってきて手前にout. (途中まででもいいが.)	※P1150443 + P1000084の柵.のかんじ	8+0

<16:9>　　(+)

No. 171

CoMix Wave FILMS

Cut	Picture	Action	Dialogue	Time
418	ペーパーホルダー kami-no-fuch... it seems to be ...ere germinat Some s...pling The Quet...al	英文タイプライターの印字ヘッドアップ 高速ルタイプ。 Quetzal␣Coatl 13タイプ	SE カシャカシャ カシャカシャ	2+0
	※文面こんなかんじ I found a body at kami-no-fuchi-Machi; it seems to be a type of Quetzal coatl. Some saplings were germinated from the body and Vita-Aqua was crystallized on the hairy surface. The Quetzal coatl	訳 上ノ淵町にてケツァルトルを発見。 体表からは若木が発芽し、 ヴィータアクアが結晶化していた。 そのケツァルトルは… 修正よろしく。		
419	GREECE THE ARC	アパートの一室。 一面本に囲まれタイプをしているモリサキ。 ひたすらタイプしてい		3+0
420		左手でタイプライターの紙の位置を中央に戻す	SE ジイー ガチャ	
↓ つづく		タイプした文面を見つめながら何事か悩み。		

<16:9>　　　　(+)

No. 172

Cut	Picture	Action	Dialogue	Time
↓ つづき		机の上に置かれた むき出しの小さな オルゴールに 手をのばす。 ↓AC		4+0
421	カーテン	手にとって、		
↓		ハンドルを回す。 錆びついた ぎこちないメロディ	(オルゴール) キン …… カラン	3+12
422	指	手のひらの中の オルゴール。 ドラムがゆっくり 回転して音を かなでる。	コキン カラン コロン …	2+0
	妻の形見。 手回し式オルゴール 実物あります。	昔はこんな 木の箱に入っていた。		

<16:9>　　　　(+)

No. 173

Cut	Picture	Action	Dialogue	Time
423		何かに想いを馳せているように、ゆっくりと音を鳴らしている。	(SE) キン、コロン、コン	2+0
424		最後に回して、一音響く。そのまま手止めてるところに、ドアチャイム	コロン…… (チャイム) ピンポーン	3+0
425	全体カゲ 本 段ボール マフラー	玄関のドアを	(ドア) ガチャ…	
↓	マフラー	開く。		2+0
426		ACで開くラストーす。ドアの外に向かアスナ。思いがけない訪問者に驚くモリサキ。キンチョウしているアスナ。	(モ) きみは…。 (ア) あの、すみません。私、先生にお聞きしたいことがあって…	

<16:9>　　　(+)

No. 174

Cut	Picture	Action	Dialogue	Time
つづき ↓		もりかず 一寸考え。 そう言って ドア閉める。	(モ) …ちょっと 待っていて くれるか。 (SE) バタン	8+12
427		クローゼットの 鍵を閉める。 (中にマシンガンが 入っている。 判らなくてOK.)	(SE) ガチャン	1+12
428		勢い良く 引き出しを開ける。 ハンドガンが入っている。 (内容物慣性で 手前に動く)	(SE) ジャッ	
↓		右手で 引き出しの 鍵を取り。		
↓		鍵を閉める。 素速く!	(SE) ガチャン。	3+0

<16:9> (+)

No. 175

Cut	Picture	Action	Dialogue	Time
429 →夕日	空いてる 書斎	夕日がまっすぐに 差し込む アパートの居間。 書斎の方向に 目をやっているアスナ	(SE) 開いたサッシ から虫の音、 ヒグラシ？	
		台所からモリサキ。 あわてて答える アスナ	(モ)(off) コーヒー 飲めるかい？ (ア)あ、ハイ！ ミルク入れて いただければ。	
	in	モリサキ、 コーヒー2つ持って inしてきて。	(ア)ありがとう ございます。	
		アスナの前に コーヒーを置き、 テーブルに回り 込み。	(ア)あの、急に お邪魔しちゃって すみません。 池田先生からお住 まいを聞いて。 (モ)見ての通り一人 暮らしだ、遠慮は	
つづく		立ったまま 一寸話す。 書斎に目をやったり しつつ。	要らないよ。 …越してきて 間もないのでね。 本くらいしかないのだが。	

<16:9>　　(+)

No. 176

CoMix Wave FILMS

Cut	Picture	Action	Dialogue	Time
つづき	座る時にわずかにPAN	モリサキ 座りながら。	(モ)…… それで、	22+0
430		逆光の中で 笑顔を見せる。	(モ) どうしたんだい? (ア)あ、 あの……	3+0
431		オドオドしている アスナ。 上手く話せない。 モリサキが 口をはさむ	(ア) 今日の授業の ことで……。 (モ)(off) きみは	
↓	奥は書斎。 積まれた本		ずいぶん 熱心に 聞いていたね。	4+0
432		モリサキ、 冗談ぽく言うが 眼光鋭い。 眼鏡が夕日を うけて光っている。	(モ) …… 生き返らせたい 人でもいるのかな。	3+0

<16:9> (+)

No. 177

Cut	Picture	Action	Dialogue	Time
433		驚くアスナ	(ア) え……！	1+12
434		埃っぽい室内にモリサキの影が落ちている。	(モ) アガルタから来た少年に会ったというのは、きみか。	
↓		どう答えてよいか分からないアスナ。 モリサキ立ち上がる。 時間経過アリ	(ア) え…あ… (SE) ガタン。	6+0
435	 CASE FILE-C 1973	モリサキからファイルを渡されたところ。 モリサキの手out	(モ) これを見つけた。	2+0
436 ～ つづく		モリサキの書斎にいる。 イスは居間のを持ちこんでいる。 光源デスクライト		

<16:9> (+)

No. 178

Cut	Picture	Action	Dialogue	Time
ファイ ↓		ファイルを開く。		3+0
437		川に流れついた発芽したケモノと、その結晶の写真。キャプションは英語。		
↓		一枚めくると、（指入らなくてOK）		
↓		どこかに運びこまれたケモノの体の写真。体は緑と結晶に覆われている		4+12
438 ↓ フォロ		アスナの反応を見て、モリサキの声が入ってくる。	(ア) アッ…！ (モ) 我々はそれを	

<16:9>　　　　　　　　（　　＋　　）

No. 179

Cut	Picture	Action	Dialogue	Time
↓ つづき		顔を上げて モリサキを 見る	㋲ → 「クァルトナル」と 呼んでいる。	4+0
439	外 ライト	モリサキは 机の前に座っている。 見たことがあるんだろ? という風	㋲ アガルタへの 入口を守る門番 だよ。	
↓	外はまだ ぼんやり明るい	別のファイルを どこかから取り出し、(スミユセン) アスナに渡す。 うけとって、	㋲ もうひとつ、これをどう思う?	
↓		開く。		7+0
	↓			

<16:9>　　(+)

No. 180

Cut	Picture	Action	Dialogue	Time
440	Ancient Sumer	アスナ主観。 PAN・DOWN ↓ 神像フィクションにします。	(ア) さっきのを ちょっと 似てます… (モ) 3000年前の ↓	5 + 12
441		真面目なカオで 語りはじめる。	シュメリアの古い 神の像だ。 かつて世界には あらゆる場所にこのような 神々がいて、 まだ幼なかった人類を	9 + 0
442 居間	外	モリサキの不思議な言葉に、 なぜか引きこまれていく。 BL04	導いていた。 (モ) それが ケツァルトルだ。	3 + 0
443 ↓ つづく	ARCHEO	※443のフレームを引いたかんじ モリサキの 話はつづく。 次第に熱が 入ってゆく。	(モ) やがて人類は成長し 神々の存在は不要になり、役割を終えた ことを悟ったケツァルトルたちは 門番を残して地下に 潜った。	

<16:9>

(+)

No. 181

Cut	Picture	Action	Dialogue	Time
↓ つづき		モリサキ ポーズ変え 1回くらい。	(モ) 幾つもの民族を従えてね。 (ア) しぞく？	13+0
444		モリサキの机付近。壁に地球空洞説の図面が貼ってある。	(モ) 少数の人間がケツァルトルと共に地下に降りた、ということだ。	4+0
445		弱い夕日が木立のスキマに光っているが、やがて消える。（光源はずっとデスクライト）	(モ) それが地下世界、アガルタだ。アガルタには失なわれた神々の英知が未だ残され、あらゆる願いが叶う場所があるという。	9+0
446		熱弁の果てた一瞬狂気じみた表情を見せる。	(モ) ……死者の復活さえも……！	2+12
447		ハッとするアスナ。一寸顔を髪がもちあがるかんじ。本能的な恐怖と畏怖。	(ア) ……！	1+8

<16：9>　　(+)

No. 182

Cut	Picture	Action	Dialogue	Time
448		445同ポジ アスナは思わず 口を開く。	(ア) アガルタって…	2 + 0
			本当に…?	
449		右手を口元に。 わずかの間、 考え込む風		
↓		不意に 相貌を緩める。	(モ) サア、 ただの伝説 かもしれない。	5 + 0
450		450 困惑顔のアスナ ?	(モ) 様々な説は	1 + 12
451	439同ポジ	リラックスしたように 喋るモリサキ	(モ) あるが、 私はただ研究 しているだけだから ね。	
↓	無線機 でも	カット尻、 無線機が カタカタ音を立てて ランプが点灯する。 アスナは気づかない。 モリサキは気づくが 表情変えず。	(ア) でも… (SE) ガガ、ピッ	5 + 12

<16:9>　パッ　(+)

No. 183

Cut	Picture	Action	Dialogue	Time
452		モリサキ 立ち上がりながら。 窓の外に夕日はもうない。	(モ) もう帰りなさい。 暗くなってしまう。	3+12
453		426同ポジ アパートの出口 空だけはまだ明るい。 アスナの声がきこえる。	… (ア) ありがとうございました。	
↓		ドアが開き アスナ出てくる。 続いてモリサキ。	(モ) あまり役には立てなかったかな。 (ア) いえ…。あの…	7+0
454	ドアボケ	(ア) うつむき気味から 顔を上げて、 思い切ったように言う。	先生、 私は アガルタって	2+20
455 ↓ つづく		強い物言いにちょっと驚く。	(ア) きっとあると思います。	

<16:9>

(+)

No. 184

Cut	Picture	Action	Dialogue	Time
↓ ツヅキ	かがんでいた上半身をおこす。 ヤやつけPAN カゲに入るかんじ	アスナのセリフ尻、スッと驚きの表情をおさえ、やや厳しい顔。		3+12
456		アスナの言葉に正面から答えず、	(モ) …アスナ、すぐに夜になる。	3+12
457	follow	金網にパラパラと触れながら歩いている、アスナの左手。 ※金網は3DCGか、金網のうしろはカゲの中の木々、フカン	(モ) 寄り道せずに	1+6
458	Book follow	思案顔のアスナ 金網越しfollow、 ※下り坂に！ うしろは道一本挟んで民家。	(モ) 必ずまっすぐ	1+12
459	下ってゆく	ユウと別れた道をとぼとぼと下ってゆくアスナ。 地上はすっかり影の中、 空はまだ明るい。	(モ) 家に帰りなさい。	7+0

<16:9>　out 不要　※カメラ上にPAN、上空にゆくヘリコプター。　（　＋　）

No. 185

Cut	Picture	Action	Dialogue	Time
460	スタート ネコ	いつものフミキリ。夕方の帰宅列車（キハ58）が通過している。仔猫が手前の道を歩いてきて、	(SE) カン カン カン ゴトン ガタン	
↓		ちょこんと座る。	カン カン カン カン ゴトン ガタン	
↓	out	キハ58通過すると（1両でいいか?）反対側にアスナフミキリ待ち。猫に気づく。	カン カン … ゴトン …	6+0
461		驚くアスナ、一寸前に出る動き。	(ア) あ！	1+0
462 ↓ つづく		アスナを見上げているミミ。久しぶりの登場です。	(ア) ミミ!?	

<16:9> (+)

No. 186

Cut	Picture	Action	Dialogue	Time
↓ つづき	タッ	逃げるように 駆け出す out気味		1+16
463	out	114同ポジ カット頭バー上がりはじめる。 ミミ、カメラ手前にout。 アスナ、バーをくぐるようにミミを追いかけ	Ⓐ ねえ、	
↓	ラスト	てくる。 アスナはout不要。 (ネコ、人、軌道それっぽく おねがいします)	ちょっと ミミ!	3+12
464	レール位置スタート follow	タタタタッと 走ってゆくミミ。 follow. レールから サッとそれて、		
↓	レール	カット尻に 草の中にほぼ 隠れるかんじ。 BG+Bookのスライドでいけるか？		1+12

<16:9>

(+)

No. 187

Cut	Picture	Action	Dialogue	Time
465	空 / follow	うしろの木々は だいぶ暗く なってきている。	(ア) 待ってよ！	1+20
466	in / ラスト	鉄橋の たもとまでやって くる。 ラスト止め。 ↓AC		2+0
467	空 / アオリ	あたりを 見回す。 ※フレームもう 一寸引いて	(ア) ミミ、	
↓	振	前に1,2歩 出てきつつ。 カット尻 何かに気づく ↓AC	どこ？ ……！	2+12
468		髪の動き戻り？ 遠くに何事かを 見つけハッとする 表情		0+20

<16:9> (+)

No. 188

Cut	Picture	Action	Dialogue	Time
469	空	影に沈んだ対岸の山肌で、 チカチカッと青い光がまたたく。カット内消える。		1+20
470		光った場所をじっと見ながら歩きはじめる。 follow.		
↓		5、6歩目くらいでつまづいて手をつくが、 視線は釘づけ。 AC		4+12
471		動き止めず、 立ち上がり 走りはじめる。		
↓ つづく		全力に!		

<16:9>　　(+)

No. 189

Cut	Picture	Action	Dialogue	Time
↓ つづき		カメラ、アスナの顔をfollowして 高さと角度(Pitch)変化させる。 (従ってBGは3DCG)。		
↓		正面を向いて、 画面いっぱいまで、 グワッと迫る! out後2k・BGカラ	上手くいかなければ 最初から↓の位置 スタート	3 + 0
472	トモエガ	c006同ポジ 道祖神に とまっている トモエガ。		
↓	in	アスナの足 in/out 蛾、前後に フワッと飛び上がるか?	ザッ ザッ	1 + 20
473 ↓ つづく		木々の中を 全力で走る。 follow マルチ。		

<16:9>　　　(　　+　　)

Cut	Picture	Action	Dialogue	Time
↓ つづき		木立深く 入ってゆく。		
↓		ラスト 姿隠れる ところまで。		4+0
474		岩場の頂上。 地上は影の中だが、 空の雲にはまだ 光があたっている。 0+12k。		
↓		下から 手が入ってきて。		
↓ つづく		ぐっと体を 持ち上げる アスナ。 顔がフレームを よぎるのは一瞬。		

<16:9>

(　+　)

No. 191

Cut	Picture	Action	Dialogue	Time
↓ つづき		止め作らず、 一気に		
↓	ラスト	岩の上へ。 Ac	ザッ	2 + 12
475	山肌	大きく肩で 息をしている。 じっと正面を 見ている。 ゆっくりT.U.つけるか？	(ア) ハアッ、 ハア、 ハア、	3 + 12
476	アスナ	カメラ左に移動 すると、	ハア …	
↓	ラスト BG→	マントを羽織った 人物の姿。 アスナの肩の息、 カット内で収まる。 （アングル変化、アスナは作画（＋スライド）。 他はスライド。		5 + 0

<16:9>

(+)

No. 192

Cut	Picture	Action	Dialogue	Time
477		前カットのポーズから、 振り向く少年。 スカートやっくり、 最後キッと睨むかんじ		
↓	カメラやや 手持ち風?	風の音もなく ブワッと吹いて、 シュンそっくりの少年を 胸元のペンダントを 明らかにする。	(SE) キリン…	3 + 0
478	フカン	同じ風が アスナの髪も揺らす。 今にも泣き出し そう。 ワナワナ…		
↓	out ダッ	駆け出す。		2 + 0
479 ↓ つづく	スタート	駆け寄る アスナにつけて やや 左にPAN		

<16:9>　　　　(+)

No. 193

CoMix Wave FILMS

Cut	Picture	Action	Dialogue	Time
↓		少年の両腕を つかみながら、歓喜の表情の アスナ。 AC	(ア) シュンくん、シュンくん!	3+0
480		↓ 一方でケゲンな表情の少年。	(ア) やっぱり!	
↓		アスナを振り はらう。 AC	(SE) バッ	3+0
481		↓	(少年) 誰だ、おまえ!? (ア) え…?	
↓			(少年) …あいつ、地上人(ビト)を接触したのか…?	5+0

<16:9> (+)

No. 194

Cut	Picture	Action	Dialogue	Time
482		空も除々に晴となってきている。	(ア) リュンくん…? (少年) ……。アイツはもういない。起きたことは、	4+0
483	T.U.	混乱するアスナ。	全て忘れろ。 (ア) え…? (SE) バババ	4+12
484		突如2人の目の前にヘリコプターが現れる！	バリ バリ バリ	
		機体3DCGで。AH-1コブラをベースにアレンジか。 飛び散る木葉。	バリ バリ	3+0
485 ↓ つづく	カゲのびてくる	眩しいライトと強い風にさらされている2人。 ヘリが上昇してカゲがうしろに延びていく。	バ 20k (少年) アルカンジェリか！	

<16:9> (+)

No. 195

Cut	Picture	Action	Dialogue	Time
↓ つづき		と言って、 駆け出す少年。	(少年) オレは もう行く。 (ア) え!?	4 + 0
486	スタート BG空のみ	↓AC が、 眼前に何かを 見つけて ピタッと止まる。	(少年) ウッ!	1 + 20
487	マント はためいている 足 ボケ 山肌	少年の足ナメ、 銃をかまえた黒服。 中央から、 今しも岩場に 登ってくる黒服リーダー。		2 + 0
488	空 山 部下A (マシンガン) リーダー	↓AC		
↓ つづく	部下B (ハンドガン) 立つ	低く呟く 黒服。	(黒服リーダー) …アガルタの 少年か。	

<16:9> (+)

No. 196

CoMix Wave FILMS

Cut	Picture	Action	Dialogue	Time
↓ つづき		右手を のばし、	(リ) クラヴィスを 渡してもらう。	5 + 0
489		アスナ少年に駆け寄っている。 少年は口元を隠し、	(ア) 何、この人 たち…! バ	
↓		アスナを素早く見やる。	バ バ バ バ バ	2 + 12
490		ヘリが旋回して 一行をシルエットにする。 睨み合う両者。	バババ	5 + 0
491		不意に 少年の手が アスナの手を とり、(一瞬)	バ	0 + 12

<16:9>

(+)

No. 197

Cut	Picture	Action	Dialogue	Time
492		ぐっと手前に 引っ張られる アスナ。 (一瞬)		0 + 10
493	 空 山	↓AC	⑦ エ!?	
↓		ダッ と大きく駆け 出す。 以上3カット大きな動き!		0 + 20
494	 山肌	銃をわずかに 持ち上げる2人。 撃つな!の 手振りで右手を 上げるリーダー	⑪ 撃つな! (セリフ不要か?)	1 + 0
495 ↓ つづく		アスナの手を 引いて走る 少年。		

<16:9>　　　　(+)

No. 198

CoMix Wave FILMS

Cut	Picture	Action	Dialogue	Time
〃 つづき		一気にカメラ 手前まで きて、（4歩目くらい？）		
〃	空	ダッ と崖から ジャンプ！	(ア) キャ、	
〃	空	空中に踊り 出る。 空にはいくつかの 星が出はじめている。	キャア ー	
〃	空 地上	落下しながら アスナをぐっと 引き寄せ、 抱きかかえ、	ー！	
〃		眼下の森に すいこまれてゆく。 ↑ これくらいのサイズまで		4+12

<16 : 9>

(+)

No. 199

Cut	Picture	Action	Dialogue	Time
496		少年が山中に着地した途端、	ザッ	
	着弾FX 弾道	手前にヘリからの着弾が注ぐ。 湧きあがる土煙、木々の破片が舞う。	ドガガガガガガ！	
		弾道につけるようにカメラ左にPANすると、斜面を駆け登ってゆく少年の姿。 木々の間にout気味まで。		3+0
497	BG 山肌 スライド	ヘリのガトリング砲のマズルフラッシュ。 カット頭ですぐに打ち方終了。	ガガガ。	1+12

<16:9>　　　　(+)

No. 200

Cut	Picture	Action	Dialogue	Time
498	ホケ Ⓐ out Ⓑ	カット頭、部下Aがザッとフレームアウトして、		
	空 B B 山肌	リーダーが上空を見てヘリに指示を出している。その間に部下Bもフレームアウト	⑪ 当てるなよ。	2+0
499	POLARITY CARIBRATION COMPASS SENSOR follow	ヘリの赤外線暗視モニター画像。木々の間を走ってゆく2人の姿だけが白く見えている。	⑪（無線風） このまま追いつめて案内させる。	2+12
500	星空	バンクしてカメラから遠ざかってゆくヘリを追ってPAN. いつの間にかすっかり夜。	山間の里に似合わぬ不穏なローター音 バババ…	6+0

<16:9> (+)

No. 201

Cut	Picture	Action	Dialogue	Time
501		大岩を押している少年。 ペンダントが光源になっている。 ビクともしないが、		
↓		ペンダントの光が爆発するように弾け、 岩が動きはじめる。	ゴッ！	3+0
502		洞窟の中にいる2人 （アスナは巨石を押す少年を見ている。 ※アスナポーズ要注意）	ズズズ・・・	
↓		大きな一歩で閉める！ 途端、画面動 天井から岩クズ パラパラ。 ペンダントの光、スッと小さくなる。	ズン！	3+12
503 ↓ つづく		アスナの方に少年は歩いてきている。 光源移動を影の変化で。 BG OL、あるいはCG処理するか？	Ⓐ その石… （少年） クラヴィスか？ 俺はこれを取り戻しに地上にきたんだ。	

<16:9> (+)

No. 202

Cut	Picture	Action	Dialogue	Time
つづき	out	スタスタとアスナの前を通りすぎる少年。	(少) これでヤツらは入ってこれない。朝を待って家に帰れ。	
	out 気味	を、追いかけていくアスナ	(ア) て地上って、	10+0
504	in	少年、腰かけようとするところ。アスナ小走りでinしてきて、	(ア)(offから) やっぱりアガルタは地下にあるの？	
		隣に腰をおろす。シュンだと思っているので嬉しい。	(少) そんなコトまで聞いてるのか？	4+12
		ここの会話も不要か？	(ア) シュンくん、もしかして記憶ソーシツ？ (少) あのなあ…	8+12

<16：9>　　(+)

No. 203

一枚岩

Cut	Picture	Action	Dialogue	Time
505		壁面を照らす ライトにつけて、 カメラ下にPAN		
		枯葉の積もった 腐葉土に、 巨石をひきずった 新しい土を、 いくかの足跡が。	※BG2枚を マスク ＋ 小さな影変化 を作画。	2+0
506		マグライトで 足元を照らして いるリーダー、		
		顔を正面の 壁面に向けて、	(リ) この中だ。	
		立ち上がる カット尻に スッと レーザーポインタが 入ってくる。 AC		3+0

<16:9> ラスト (+)

No. 204

Cut	Picture	Action	Dialogue	Time
507		手前にOutしてゆく黒服3人（リーダー最後尾）。 リーダーが調べていた巨岩にポインタがあたっている。		
↓	起点が変わってゆく。	ポインタの赤がゆらゆらと揺れている。間が1+0ほどあって。		4+0
508		マズルフラッシュ！	ドガガガガ	
↓	空	一瞬の間があって山肌に着弾する。	ガガガ!!	1+12
509 ↓ つづく		旧い鳥居がまたたく間に粉砕され、	ガガガ	

<16 : 9>　　　　（　＋　）

No. 205

PAN ←

CoMix Wave FILMS

Cut	Picture	Action	Dialogue	Time
つづき				
		その奥にある巨石も弾着の煙に覆われる。	ガガガガガガガ	2+12
510		咄嗟にアスナを抱えこむ少年。	(ア) キャア!!	
		激しい土煙と震動。時折岩のはじけ飛ぶT光が光る。		1+12
511		20kほどで射撃終え、離脱する (out気味)	がががが。	3+0

<16:9>　　　　(+)

No. 206

CoMix Wave FILMS

Cut	Picture	Action	Dialogue	Time
512		煙の中から走って出てくる2人。 奥は煙が立ち込めており、天井が	ゴオオオン…… (少年)クソ!	
↓		崩れたのか光が差し込んでいる。 少年がアスナの手を引いている。 手前にOut.	ヤツら入ってくるぞ!	
↓		更に天井から大きな岩が崩れ落ちてくる。 接地して画面動まで。	ガラ… ズン!	6+0
	次回につづく 次こそアガルタに!行く予定。			

<16:9>

(+)

No. 207

Cut	Picture	Action	Dialogue	Time
513		暗い洞窟の縦穴。薄い水を踏む足音と、細い水流の音が響いている。	(足音) パシャン、パシャ、パシャ、パシャ、…	
	→細い川	カメラ P.Dしていくと	(時折水滴) ピチョン、ピチョン…	
		岩場を降りていく2人の姿。クラヴィスの光が細い水流や濡れた岩面に反射して移動している。	(細い水流) チョロチョロチョロ…	8+0
514	in	段差を降りてくる少年の足元、in 薄い水を踏む。波紋、クラヴィスの反射 ホライモリ2匹 out	パシャッ (右足)	
	左足を in/out.m カカトつけずに out BG 暗→明→暗 2枚でOL.	段差を降りた勢いでそのまま抜けるかんじ。タタッと。波紋を一寸のこす	パシャ (左足・off)	2+0

<16:9> (+)

No. 208

Cut	Picture	Action	Dialogue	Time
515		早速で歩いていく少年、追うアスナ。	(ア) ねえ、	
↓	パシャン / out	アスナとて山育ちなのでそれなりに身軽。足場は所々水たまり。	一体 どこまで ……	
↓		前方の何かに気付いて止まる AC		3+0
516		髪揺れ戻し びっくりのカオ	(ア) あ……!	1+0
517	T.B?	眼前のカベには、太古の海竜の化石が露出している。2歩ほどで少年立ち止まり、振り返って言う。	(シ) 早く来い。追いつかれるぞ。	

<16:9>　　セリフ言って out　　(+)

No. 209

Cut	Picture	Action	Dialogue	Time
↓ つづき	光源移動 BG3枚 OL ラスト out 不要	アスナ 少年を追い はじめる。	ア シュンくん、この洞窟って…… 少 (off) 言っただろう。オレはシュンじゃない。	7+0
518		忌まわしげに吐きすてる 少年、follow BG、単なるスライドではなく、CG処理でいけないか カベ	少 本当は オマエを助ける 義理だって ないんだ。	3+0
519	ムッ	カチンとくる アスナ。 follow (2人小走り) カベ 処理同様に?		
↓			ア じゃあ	1+12
520 ↓ つづく		奥に小走りの 少年。 追うアスナの声。 BG OL 4.5枚か。	ア ちゃんと 説明してよ。(offから)	

<16:9> 所々水滴 (+)

No. 210

Cut	Picture	Action	Dialogue	Time
↓ つづき	in / out	穴の奥に消えていく少年。追ってアスナin		
↓		このへんまで。	(ア) シュンくんじゃなきゃ誰なのよ!	5+12
521	in	歩をとめて外をうかがっているような少年。アスナがinしてくる		
↓		片手を上げてアスナを止める。	(少) …静かに。オマエはここにいろ。	
↓	out	少年の気配に押されて素直に従ってしまうアスナ。それにつつ少年は前に出ていく。クラヴィス外しつつ。	(ア) なに…? (少) …門番だ。	6+0

<16：9>　　　　(+)

No. 211

Cut	Picture	Action	Dialogue	Time
522	in	そこは広間になっている。 クラヴィスをかかげて入ってくる少年。 それとは別の、湿った足音が近づいてくる。	(近づいてくる足音) … ヒタ、 ヒタ、	
	ヒタ、ヒタ… 背 Book	ヌッ、と入ってきたのは奇妙に長い頭。 少年立ち止まり。	ヒタ、 ヒタ ヒタ …	
		そのケモノがクラヴィスに鼻先をよせる。 魚のようにも犬のようにも見えるブキミな造形。		6+0
523		穴（通路）から顔を出しているアスナ。 その光景にびっくり。	(ア) ……！ (少) (off) …門番ってのは、	2+12
524 つづく		ケモノの肌は無毛で白い。 永い年月を経てヒビ割れのようになっている。 少年、クラヴィスを手首に巻いている。	(少) ずっと昔、 人間の導き手だったんだ。	

<16:9> (+)

No. 212

Cut	Picture	Action	Dialogue	Time
↓ つづき		ぐっと体を前に出してクラヴィスに目を近づけるケモノ。 ↓A.C.	(シ) でも地上の濃すぎる大気のせいで、今ではほとんど心を失っている。	8+0
525		クラヴィスを見つめるケモノの瞳。 目ヤニのようなモノあり。	(シ) 思い出してくれればいいが……。	
↓		※クラヴィスの光らせ方、ひと工夫しましょう。 ←小さなパーティクルを波紋のように生成してる、とか スッと目を細めるが、		
↓		不意にカッと見開き、光彩の深みがスッと消える。	ドクン！	5+12
(欠)		ハッと見開くアスナの瞳	(ア) …！	0+12

<16:9>　　　　(+)

No. 213

Cut	Picture	Action	Dialogue	Time
526		少年の瞳のアップから。 カメラ一気に引き。	(カ) …!!	
↓		同時にケモノの口が グバワオッと 入ってくる		1+10
527		咄嗟に腰物を素速く抜く!		
↓	→ 右手にクラヴィス	カメラがその軌道を追うかんじ。 ダイナミックに。	シャリーン!!	
↓		BG 木村 地平線		0+20

<16:9>　　　　　　　　　　　　　　　　　　(+)

No. 214

CoMix Wave FILMS

Cut	Picture	Action	Dialogue	Time
528	火花、ダエキ	ケモノの歯を剣で受けとめる。 が、力で押され PAN	ガッ	
↓	ドン	↓ で地面に押しつけられる。 激しい画面動、カメラ手振れ。	チン!!	2+0
529	IN	思わず駆けよるアスナ	(ア) シュンくん!	
↓		少年の強い怒鳴り声にハッと立ち止まる。	(シ) そこにいろ!!	2+0
530 ↓ つづく		ゆっくりと押されている右手。 クラヴィスの光が…		

左右反転?

<16:9> (+)

No. 215

Cut	Picture	Action	Dialogue	Time
↓ つづき		ブワッ と広がる。		3+12
531		それを見て 舌打ちする 少年。	…チッ!	
↓		ぐっと体を 丸めるように 両脚を引き 寄せる。		2+0
532		ケモノの 目のあたりから スタート。	ドカッ	
↓		蹴り とばされる! 牙 いくつか 折れる ※左右反転		1+6

<16:9>　　(+)

No. 216

CoMix Wave FILMS

Cut	Picture	Action	Dialogue	Time
533		下アゴを蹴りとばされたケモノ		
↓		少年はキックの勢いでバク転して		
↓		起き上がり、ケモノ倒れて画面動か、土煙を吹く！	ズーン	
↓	out バッ	すぐさまケモノから離れる	ロロロ	3+12
534 ↓ つづく	in タッ	駆け寄るアスナがin.すぐに少年もinしてくる	(ア) 大丈夫!?	

<16:9>

(+)

No. 217

Cut	Picture	Action	Dialogue	Time
↓ フブキ		少年は素速く アスナに向き合い、 光るクラヴィスを アスナの首にかける。	(少) まだ終わりじゃない。 クラヴィスを 持っててくれ。 (ア) え？	4 + 0
535		AC ↓ セリフ言い つつ	(少) 殺したく ないんだ。	
↓	out	サッとアスナから 離れる。 止め作らず、 急いでいる風。		
↓	1歩	少年を追う ように1歩 出る。	(少) (off) なんとか	3 + 0
	T.B	~~去っていく 少年を見つめて いるアスナ (欠)~~	~~(ア) …！ (少) (off) なんとか ↓~~	1 + 12

<16：9>　　(+)

No. 218

Cut	Picture	Action	Dialogue	Time
536	follow	走っている 少年、フカン。	(少) 眠らせる！	
		セリフ尻に ジャンプして out。	ザッ	1+20
537 in	ザッ	ケモノがのそり、と 起き上がった処。 少年が左から すべるように inして くる。		
	暗闇で 目が怪しく光っている	巨大な口を 開けて 吠えかかる。	ギュイイイイイ……	3+0
538		ケモノ。		

<16:9>

(+)

No. 219

Cut	Picture	Action	Dialogue	Time
6 つづき		駆け出す！ 巨大に似合わず 素早い動き	ドスン、 ドスン	
		シッポまで outしきらなくても ok.	ドスン ドスン	2+12
539		迫る両者.	ドスッ ドスン、	
	サッ	ケモノの口を かわして側面に 回りこむ少年. ケモノの牙が 岩をくだく.	バガッ	2+0
540		アオリ. ぐっと体を ひねって、		

<16:9>　　→フレームこのくらいで、カメラ激しく振る.　　(　+　)

No. 220

Cut	Picture	Action	Dialogue	Time
↓		渾身の力で ヒジを打ち込む 正面から。 これ。	ズドン!!	1+0
541		地面に パパッと ケモノのダ液と 体液が染み をつくる。(in)		
↓	in ゆび5本	態勢を支える ための ケモノの足が in。	ザザッ	1+12
542		カット頭4K程で 急速T.B. (ここで剣を 手に取っている)		
↓ つづく	一回転	倒れ込んでくる ケモノを 間髪入れずに		

<16:9>　　　　(+)

No. 221

Cut	Picture	Action	Dialogue	Time
↓ つづき		剣の柄で 突く！	ズン!!	1+12
543		12k カット頭 すぐに PAN. 吠えつつ のけぞっている ケモノ.	ギュオオオオ	
↓		すぐさま ジャンプする 少年.	ここで剣を 腰に戻す. 見えなくてOK.	2+12
544 ↓ つづく		カメラ手前から 落下の少年.		

<16:9> (+)

No. 222

Cut	Picture	Action	Dialogue	Time
↓ つづき		ケモノの頭に 着地、同時に両拳を 思いきり振り 上げて、		1+12
545		アオリで、パースきつめ。 フレームこのくらいで 拳につけるかんじで 手ぶれ。		
↓		打ち降ろす! 今まで一番大きな 画面動。	ドン!!	
↓	out 気味	その勢いで 再びバクテン ジャンプ。		1+12
546 ↓ つづく		宙を舞っている 少年。		

<16 : 9>　　(+)

No. 223

Cut	Picture	Action	Dialogue	Time
つづき	※546こちら スタート.		宙を舞う 少年の体. 空中で 回転しつつ	
			くるくると 体をひねり,	
		着地する. たてつづけの攻撃にケモノ. 今しも…		
		倒れる!	ズシーン	
	キュー	気を失ったことを 見とどける.		5+0

<16:9>　　(+)

No. 224

Cut	Picture	Action	Dialogue	Time
547		大きく息をつく少年。 (2+12)	(少年) フウ…	
↓	out気味	背を向けて歩き出す。 マントがフレーム内におさまるくらいまで。		4+0
548	しっぽ	ケモノの尻尾が		
↓		グググッと動く。 お決まりの展開ですが…		3+0
549		に、気づくアスナ インサート	(ア) ……!?	1+0

<16:9>　　(+)

No. 225

CoMix Wave FILMS

Cut	Picture	Action	Dialogue	Time
550		カメラがぐっと少年に迫る。		
		ケモノの尻尾につけているイメージ。 (BGどうしよう?)		
	しっぽ	同ポジでフレームにケモノの尻尾入り。		
		はじきとばされる!	バキィッ	1+12
551		顔アップ follow一瞬。 頬が切れて血が出ている。		0+10

<16:9> follow (+)

No. 226

CoMix Wave FILMS

Cut	Picture	Action	Dialogue	Time
552		吹きとばされるシルエット一瞬。(5kくらい)		
↓		アスナのすぐそばのカベに叩きつけられる。 カメラ動き	ズガン!! (ア) キャア!!	1+12
553		土煙たちこめている。 駆け寄るアスナ。	(ア) シュンくん!!	
↓		少年は動かない。 土煙 F.O.	シュンくん! (ケモノ) ギュオオオオ!	
↓		ケモノの雄叫びに振り返るアスナ。	(ア) ハッ!	3+20

<16 : 9>

(+)

No. 227

CoMix Wave FILMS

Cut	Picture	Action	Dialogue	Time
554	follow	狂ったように突進してくるケモノ。手前からアオリでfollow 4歩。BGっドーが 体大きく振りながらの走り。	ドスン ドスン ドスン ドスン	2+0
		上手くいくようなら、ラスト数歩はfollowではなくてカメラにグワっと迫る。		
555	ラスト	アスナつめのケモノ もう眼前! カット内1歩。	ドスン	1+0
556	PAN	カット頭 目を見開く少年。	(少年) …!	
↓	ガバ	咄嗟に守るように少年に覆い被さるアスナ。 体のスキマからもれる光。	(少) バッ……!! (続) ガンカアン	2+12

<16:9>　　そこに響く銃声2発。　(+)

No. 228

CoMix Wave FILMS

Cut	Picture	Action	Dialogue	Time
558		左に大きく傾くケモノ。飛び散る体液。	(ケモノの体を支える足音) ズ〇〇ン。。	
↓		アスナはハッと振り向く	ア&シ ……!!	2+12
557		頭に着弾したケモノ。		0+20
559		アスナたちが入ってきた通路の前に立っているリーダー。カット頭すぐに銃を下ろす。		
↓		続けて入ってくる部下A・B。 ※リーダーは左腕にマグライト、部下2人はマシンガンの銃身に装着している	リ …… ケツァルトルがいるとは。	3+0

<16:9> (+)

No. 229

Cut	Picture	Action	Dialogue	Time
560		かすかに視線を左に向けるリーダー。 アスナたちを見るかんじ。	(リ) やはりここが入口だ。	2+0
561		リーダー主観。 2人今しも起き上がる処。 カナ、アスナの肩を貸りている。	(クモノのうなり) グルルル……	
	クモノは黒服たちをニランでいる。 カット内で前に一歩出る。 2人はそのスキにクモノの後ろを回り込んで その場から離れる。 2人につけてPAN。(リーダーの目線っぽく)	つけPAN	(リ)(off) コイツは… 絶滅したはずのハロキケトゥスか。	4+12
562		アスナの胸元で揺れるクラヴィスのアップ。 followです。	(SE) チリン…	0+12

<16:9>　　　　(+)

Cut	Picture	Action	Dialogue	Time
563		アスナの胸にクラヴィスがあることで、ゴーグルの中で目が笑う。(メガネアリ)	部下A (off) …何です？	2+0
564		ケモノに向かい合っている3人。部下A・Bは臨戦態勢。が、3人とも余裕がある。	(リ) 五千万年前の太古のクジラだ。殺せ。 (A) しかし骸は全て回収しろと。	
↓			(リ) クラヴィスが手に入れば文句は出まい。	
↓	銃に合わせて PAN	部下のうしろを大股で歩きながらセリフ。 部下2人、銃を構える。	(リ) やれ。 (SE) チャッ。	9+12
565		少年、大きく身をのりだしつつ叫ぶ。	(シ) やめろ!!	1+0

(+)

<16:9>

CoMix Wave FILMS

Cut	Picture	Action	Dialogue	Time
566		勿論やめません。 マズルフラッシュ！	ドドドドド	0+16
567		銃弾の雨を浴びるケモノ。 ハイコンになったり天井が明るくなったり、派手に！	ガガ	
		一歩のみ踏み出せるが	ガガガガ	
		それ以上進めない。	ガガガ	2+12
568 つづく		歩いてくるリーダー。 その背後で1+0秒程銃撃つづく。 リーダー、ハイコンになったり、明滅派手に。	ガガガガガ	

<16:9> (+)

No. 232

Cut	Picture	Action	Dialogue	Time
↓ つづき	土煙立つ / ラスト / 左腕にマグライト	ケモノは遂に倒れる。止む銃撃。リーダー意に介さず歩いてくる。カット尻銃を持ち上げる動き。	ズシン…　→動きの途中でOK。	4+0
569		少年、アスナから離れて。		
↓	in	剣を抜く。銃を構えた黒服リーダーがin。アスナに向けて言う。	(リ) クラヴィスを持ったままこちらに来い。	4+0
570		腕つけている少年。視線そらさず、低く鋭くアスナに囁く。	(リ)(off) さもなくば少年を殺す。 (少) 行くな。	
↓		途端、銃声。少年の髪をかすって背後の岩に着弾。表情を変えない少年。アスナは恐怖。	ガァン!	3+12

<16:9>　着弾後、フレーム修正PAN.　(+)

つづく

次回こそ! アガルタに行きたい。

No. 233

Cut	Picture	Action	Dialogue	Time
571		銃口からは 薄いケムリ。 おたた。	(リ) ここで2人とも 殺すことも できる。	3+0
572		少年を不安げに 見るアスナ。	(ア) シュンくん ……。 (シ) ……。	
↓		チラッと アスナを見て、 再び前を 見るから、		
↓		苦しげに言う少年。 他にどうしようもない。 小さく頷くアスナ。 少年を信頼している。	(シ) …スキを見て 助ける。 (ア) うん…!	
↓	out気味まで 3歩	黒服にむかって 歩きはじめる。 ※シンの明暗変化。 BGは全体暗いまま。		7+12

<16:9>　　　　(+)

No. 234

CoMix Wave FILMS

Cut	Picture	Action	Dialogue	Time
573		Aにつなぐかんじで、歩いていくアスナ。 BGは暗く沈んでいる。 が、		
↓		アスナが歩むにつれ、奥の壁の下から もれるような光が ぼんやりと輝き はじめる。		4+0
574		follow 歩きながら 光に気づく アスナ。	(ア)…!	
↓		胸元のクラヴィスも 光を増している! 思わず歩をゆるめ たところに 黒服のセリフ。	(11)(off) とどめだ 来い。	3+0
575 ↓ つづく		倒れたクモノに 更に銃弾を2発 撃ち込む(A) (ハンドガンに 持ち換えている) 奥の光が 見えている	ドロン ドロン!	

<16 : 9>

(+)

No. 235

Cut	Picture	Action	Dialogue	Time
↓ つづき	ラスト	光に気付き、素速く走り出す2人。	B 行くぞ、という手振りをしてから	3+0
576	光 スタート	近づいてくるアスナ。		
↓	in in	リーダーの前で立ち止まる。すぐにinしてくる部下2人。		3+12
577	A B 光	リーダー、銃の狙いは少年に定めたまま、部下Aにわずかに視線だけ向けてセリフ。	(リ) ここで少年を見張れ。	
↓ つづく	A	銃を構えるA・B。リーダーはアスナの背中を向けて左腕をつかむ。A、視線を固定したまま会話。	(A) あれが扉ですか。 (リ) おそらくな。南極の例では ↓	

<16:9>　　(+)

No. 236

Cut	Picture	Action	Dialogue	Time
↓ つづき		奥のカベに向かって、アスナを押すように歩いていくリーダー。	↓ (リ) 爆薬も削岩機も効かなかったそうだ。	8+12
578		鋭い目で黒服たちを睨みつけている。		
↓	一瞬ギラッと	アスナの行方を目で追う。 カブったAc		3+0
579		↓		
↓	ラスト	アスナたちが近づくにつれ、2人の正面のカベに光が集まっていく。 ※処理一考。		3+0

<16：9>

(　+　)

No. 237

Cut	Picture	Action	Dialogue	Time
580		そこだけ質感の違う巨大な一枚岩。 てんが近づいていくにつれ、その正面に光が集中していく。		
↓	in	岩の正面で立ちとまる。 ※光処理一考。 X線のように岩の構造が透けて見えると良。複数レイヤーを重ねて岩の厚みを出す、等で	一拍（1+0）。	6+12
581		戸惑いの表情のアスナ。 黒服の冷静な声。	(リ) クラヴィスで その光に触れてみろ。	2+0
582		光の中では岩が透けているように見える。 結晶構造そのものが発光している。		
↓	in	オズオズと入ってくるアスナの指。	(リ) どうした、やりなさい。	

<16:9>　　(+)

No. 238

Cut	Picture	Action	Dialogue	Time
つづき ↓		黒服リーダーの声に押されるように、光にクラヴィスを触れさせる。	キー	
↓		途端、さざ波のような光の波紋。	ン‥	6+12
583 ↓		カット頭急速T.B.（0+20k） 一瞬、岩壁の構造が光の筋のように浮き上がり、		
↓		空気に溶けるようにフッと壁が消える。内部は青緑の光に柔らかく満たされた広大な空間。	(SE) 風。 ビュ	1+20
584	風	ドッと葉や苔の切れ端が舞う。生あたたかな風。 驚愕の表情、瞳を見開くアスナ。興奮を抑えきれない黒服リーダー。	オッ‥	1+10

<16:9>　　(+)

No. 239

CoMix Wave FILMS

Cut	Picture	Action	Dialogue	Time
585		消えた扉の奥は 巨大な人工の 空間。 かつて壮麗であっただろう建造物は しかし半ば緑に覆われている。		
	PAN DOWN	空間の奥には 地底湖が ぼんやりとした青緑の 光を放っている。 PAN 1.5 FIX 3.0	(リ) … 狭間の 海だ…!	4 + 12
586	T.U.	緑の光は 少年も照らしている。 苦しげに眩む目 に力を込める少年。	(リ) (off) ついに 手が届く …!	3 + 0
587		驚いている 部下2人。 そこに銃を構える 金属音が響く。 驚きのリアクション不要。	(SE) (off) チャッ。	1 + 12
588		銃を部下2人に 向けている。 アスナの向きを 変えているところ	(リ) 同行 ご苦労。	2 + 0

<16:9> 急速PANカット頭。

(+)

No. 240

CoMix Wave FILMS

Cut	Picture	Action	Dialogue	Time
589	ボケ	黒服リーダーの銃ナメ。	(A) …中佐! 何を…!?	
↓	動き途中で ok.	黒服リーダー、後ろ足に一歩引きながらセリフ	(リ) ここからは	3 + 0
590		586同ポジ ゆっくりと体を右側（アスナ側）に向けていく。	(リ) (off) 私一人で行く。	1 + 12
591	in	扉の内側には原始の植物の姿。 リーダーの足が、	(リ) (off) エウロパの老人たちによろしく伝えてくれ。	
↓		中に踏み込む。 旧い形の昆虫が一羽飛び立つ。 AC	SE サク… 次カットへこぼす	2 + 12

<16:9>

(+)

No. 241

CoMix Wave FILMS

Cut	Picture	Action	Dialogue	Time
592		588同ポジ 右足を一歩ふんで止まる。2人の手前に再び光の格子が現れる。		2+18
593		少年の足 Ac ほぐく	ザッ	0+12
594	BGドンガCGで	足のバネで一気にダッシュある!		
↓		グワッとカメラ直前まで カメラも一引く。		0+18
595 ↓ つづく	土煙 着弾	手前から奥に一気にマシンガンの着弾が走り、	ドガガガ	

<16:9> (+)

No. 242

Cut	Picture	Action	Dialogue	Time
↓ つづき		!ガガガガ	ガガガ	
	着弾の先には 扉に向かう少年の姿。（一瞬視認できれば OK）			1+12
596	こちら側 流線BG ←洞窟	→PAN OK	ハザマの崖→	
↓ 逆ポジかも。	in 水滴もアリ	境の地面。一瞬で内部にPANして、ザッと少年の手が苔の上に滑り込み、その勢いで	タ	
↓	手前植物もっと大きく。 out	ジャンプする。 ジャンプ!	ン!	1+12

<16:9>　　(+)

No. 243

Cut	Picture	Action	Dialogue	Time
597		着地する少年に つけてPAN down		
↓	部下 A.B	つけ PAN 驚く黒服リーダー。 ずっと奥には 部下A・Bの姿 一瞬見えるが、	(SE) ザッ	
↓		すぐに壁が出現して 遮られる。 黒服リーダーは 即座に銃を向ける。 少年のマント破れている。 (壁に同化してしまった？)	銃構えるSE チャッ	2+0
598		↓AC 腕のつけつつ 剣を構える		1+0
599 ↓ カく		少年に銃を 向けている。 が、 ↓	(T) シュンくん!	

<16:9>

(+)

No. 244

CoMix Wave FILMS

Cut	Picture	Action	Dialogue	Time
↓ つづき		スッと 銃を下ろす。 AC		3+0
600		怪訝に思う 少年。	(少) !?	
↓		銃を放る。		2+20
601		地面に 落ちる銃。	ガチャ	
↓		旧い植物相。羽虫が舞っていたり甲虫が岩のうしろに隠れたり。		1+12

<16 : 9> (+)

No. 245

Cut	Picture	Action	Dialogue	Time
602		優しく アスナを押し出す 黒服。 アスナ不思議に 思うが、		
↓	out クラヴィス光弱まっている。	少年にかけよって 右out.		3 + 0
603	in 奥が明るい	アスナ 手前から in.		
↓		少年はアスナを うしろに押しやり ながら言う。	(少)…… どういうつもりだ。	4 + 12
604 ↓ つづく	ズーム	片手で ヘルメットを 脱ぐ黒服		

<16 : 9>　　　　(+)

No. 246

Cut	Picture	Action	Dialogue	Time
↓ つづき		ワンアクションで 全部脱げちゃう。 何故かマスクも 取っちゃいましょう。	ガバッ	
↓		現れたのは 教師モリサキ である。 2人を見る目には 既に敵意がない。	(SE)(off) ヘルメットが 地面に落ちる 音。	3 + 12
605		ハッとして呟く アスナ。 少年、アスナをチラっと 見て、再び黒服を 見る。	(ア) …モリサキ 先生…!? (モ) ここまで来た以上、 きみと敵対する 理由はない。	4 + 12
606		対峙している3者。	(モリサキ) 私はアガルタに 行きたいだけだ。	
↓		セリフ入りに 軽い動き おねがいします。	([illegible]) アガルタは滅び 行く場所だ。 おまえ達アルカンジェリ が期待するようなものは 何もない。	8 + 0

<16:9> (+)

No. 247

Cut	Picture	Action	Dialogue	Time
607		とても真剣に語る。	(モ) 私が欲しいのは不死の秘密でも古代の英知でもない。	3+12
608		訝るようにモリサキを睨んでいる少年。	(モ)(off) ただ、	0+20
609		モリサキの切実な物言いに、無意識にも心を揺らされているアスナ。	(モ)(off) 妻を生き返らせたいだけだ。	2+12
610		606同ポジ 無言の間が一寸。 (3+0)		
↓		剣をしまいつつ投げすてるようにセリフ	(カ) どうしようと勝手にしろ。	5+12

<16:9> (+)

No. 248

Cut	Picture	Action	Dialogue	Time
611	ツ ア 四十鈍	木の根	(ナ) 俺の役目は クラヴィスの回収 だけだ。	
		セリフ言い終わらぬうちに、 アスナの首のクラヴィスに 手をかける少年。 ↓AC		3+0

<16:9>

(+)

Cut	Picture	Action	Dialogue	Time
612		クラヴィスをアスナの首から外し。 そのまま	(少年) お前、 名前は？	
↓		自分の首にかける少年。 アスナ、戸惑いつつも自分の名を答える。 AC	(ア) …アスナ。	3+0
613	アスナ ボケ		(少年) 俺はシン。	
↓		顔を上げて言う。	(少年) シュンの弟だ。	2+20
614		シュンの死を告げるシンの心情は、声からは伺えない。	(ア) シン…？ じゃあシュンくんは。 (シン) …兄は死んだ。	4+0

<16:9>　　(+)

No. 250

Cut	Picture	Action	Dialogue	Time
615		アスナ目ハイライト、瞳の潤み。心の深くでは判っていたことを、遂に告げられてしまった。	(シ) 地上では長くは生きられないことを覚悟で、掟を破って外に出たんだ。	4+12
616		黙って2人のやりとりをきいているモリサキ。	(モ) ……。 (シ) (off) …俺はもう行く。	3+0
617		フレームひとまわり引く 言いのこして。	(シ) 出口はクラヴィスでも開く。	
↓	ラスト	スタスタと奥の湖に向かって歩いていく。		4+12
618		行ってしまうシンを見送ることしかできない。 陽射に出る間。	(ア) …… あ……。	1+12

<16:9>　　(+)

No. 251

Cut	Picture	Action	Dialogue	Time
619		歩いていく シン。 3歩で立ち止まり		
↓		振り向きながら マスクを下ろし、 アスナに言う。	(シ) 巻きこんで 悪かったね。	5 + 0
620		自分でも分からない 感情が湧きおこる。 シンの名を呟く アスナ。 BG 618兼用	(シ) アスナ。 (ア) …… シン……。	3 + 0
621		名を呼ばれ、 どこか哀しそうな 微笑みをフッと うかべるシン。 まだ幼なさの残る 少年である。		
↓		↓ きびすを 返す。 動き途中で ok.		2 + 12

<16:9>　　(+)

No. 252

Cut	Picture	Action	Dialogue	Time
622	IN	水辺。 幾羽か蛍のような 羽虫が舞っている。 (カラ2+0) リンがINしてきて、 膝だけ水中が見える。		
↓		静かなる湖面に そのまま入って いく。 6歩くらいか		9 + 0
623	out	岸辺ごしに湖に 消えていくリン。		
↓		水面は何事も なかったかのように 穏やか。 蛍のみがキラキラ 舞っている。	㋲(off) きみには	
↓		背後からの モリサキの言葉に 振り返る。	怖い思いを させたな。	5 + 0

<16 : 9>　　　　(+)

No. 253

Cut	Picture	Action	Dialogue	Time
624		モリサキ、 銃を拾おうとしている処。 アスナの声、 戸惑いと怒りを 帰れ。	Ⓐ (off) モリサキ先生、 どうして……。	
↓		銃を腰のホルダーにしまいつつ。	Ⓜ アルカンジェリ、 という名前を 知っているか？	5 + 0
625		首を振るアスナ。 戸惑いと憤りの 表情で、歩いてくる モリサキを見ている。 BG. 623位置調整して兼用	Ⓐ イエ……。 Ⓜ (off) アガルタの存在を 把握している唯一の 組織で、	3 + 12
626		水際の風景。 苔に覆われた地面も 元は人工物であった ことが見てとれる。 羽虫、澄んだ水の中 には小魚がキラキラ と光っている。	Ⓜ (off) 地下世界の 英知を得て 人類を善き方向に 導こうとしている。	4 + 12
627 ↓ つづく		モリサキが歩いて くると、 アスナ反射的に 2歩後ずさって しまう。	Ⓜ 私はその一員で、 十年間アガルタへの 入口を探していた。	

<16 : 9>　　　　(+)

No. 254

Cut	Picture	Action	Dialogue	Time
↓ つづき		距離をとって立ち止まるモリサキ。 アスナの言葉をうけて、入口の方を見る。 AC	(ア) …でも、一緒にいた人たちは。	8 + 0
628 ↓		↓ 苛立ちをにじませて言う。	(モ) アルカンジェリの実態は、空疎なグノーシス主義者の集まりだ。神や世界の真理に、私は興味は	
↓		アスナを見て言う。 神の摂理をも恐れぬ、異様な純粋さ。	ない。 目的は妻を蘇らせることだけだ。	10 + 0
629 ↓		教師の気配に圧倒されているアスナ。一寸間（1+12） モリサキ歩き出し、	(モ)(off) 私はこのままアガルタに行き、	
↓		目で追うアスナ。 合わせてカメラ若干右へ PAN 完全に切れるまで FIX	その方法を探す。	5 + 0

<16 : 9> (+)

No. 255

CoMix Wave FILMS

Cut	Picture	Action	Dialogue	Time
630		アスナを背にして湖面に向かっているモリサキ。	㋮ 危険な目にあわせて	
↓		モリサキ 手前にout	すまなかったね、 アスナ。	
↓		思わず二歩ほど前に出るが、		
↓		立ちつくしてしまう。 しばらく間 (6+0) カットいっぱい T.B しっぱなし	(SE) (遠ざかる足音)	9+0

<16:9>

(+)

No. 256

Cut	Picture	Action	Dialogue	Time
631		IN 気味から。 既に水の中に 入ってきている モリサキ。 水の中は苔に覆われた階段。 (セル水中色ヌリワケ)		
↓	※ 蛍、羽虫 アリ	片手で水をすくって 一口飲む。 …!	(モ) …やはり ヴィータクアだ。	
↓	※光源は水そのもの。 ※ここから腰(背中)のマシンガンはなし。リュックに仕舞ったのです。	そこにアスナの声がきこえてくる。 たっぷり間をとってから(2+0)、振り返るモリサキ。 (他人の都合に振り回されたくはない)	(ア) 先生!	9 + 0
632		アスナの走り、 足から大きく IN		
↓		全力で走ってゆく。 左図あたりまで、 到着しなくてOK。		2 + 12

<16:9> (+)

No. 257

奥は暗い岩壁（ずっと遠く）

Cut	Picture	Action	Dialogue	Time
633		やってくる アスナを見ている モリサキ、厳しい表情。 目 → 目 ↑ 目をグッと細める。	…… （目の前に到着して） Ⓐ off 先生、	2+0
634	モリサキナメ	アスナ 思い切って 言う。	Ⓐ 私も 行きます！	1+12
635		切実な理由が ないならば来るな、 と思っているのです。	Ⓜ なぜ。 死んだ少年を 生き返らせたい のかい。 Ⓐ (off) それは…	5+0
636		どうすべきかは 自分でも分から なかっ が、	Ⓐ 分かりません けど…	
↓		このまま何もかも 忘れるなんて とてもできない。	Ⓐ でも…！	3+0

<16：9>　　　　（　＋　）

No. 258

Cut	Picture	Action	Dialogue	Time
637		635同ポジ ジッとアスナを見つめるモリサキ。目元の表情がわずかにゆるむ。	㋲ ……。	2+0
638		モリサキの言葉に対して強く頷くアスナ。	㋲ 危険な旅になるかもしれないし、いつ戻れるかもわからないぞ。 ㋐ハイ。	
↓	虫アリ。	アスナに手をのばすモリサキ。 歩きはじめるアスナ、2歩くらい。	㋲ 来なさい。	4+0
639	スタート	↓のAC 足元はジュウタンのような柔らかい苔に覆われた階段。 かすかなためらいの後、		
↓ つづく	古代魚っぽい子魚。	最初の一歩を水中に入れる。	チャポ…	

<16:9>

(+)

Cut	Picture	Action	Dialogue	Time
↓ つづき	fr. out / 落に波紋	普通の速度になってout. out後もSE一考.	ジャボ、ジャボ、ジャボ、(off) ジャボ	5+12
640		足首ほどまでの深さが急に腰までになり、小さく悲鳴を上げつつモリサキの手をつかむ。	(ア) キャッ バシャ (モ) これは ヴィータクアという太古の液体だ。	
↓	ラスト	歩き出すモリサキ。除々に深くなっていく。追ってPAN.	浮力がほとんどなく、肺を満たせば呼吸もできる。	9+0
641		モリサキ、アスナに有無を言わせず引っぱるように歩いていく。	(モ) アガルタはこの底にある。 (ア) え、先生	
↓ つづく		驚きと恐怖のアスナ。モリサキはアスナに考えるスキを与えない。	ちょっと待って…! (モ) 大丈夫だ、水を飲めば息が出来る。	

<16:9> (+)

No. 260

Cut	Picture	Action	Dialogue	Time
↓ カキ	out	今にも顔まで 沈みそうになり 画から out		8+0
642	水面 水中	アスナ視点、 歩いているモリサキ	(モ) 大切なものを 取り戻す ためだ。	2+0
643	follow	まるで 溺れている よう。	(モ)(off) 覚悟を決め なさい、 アスナ！	
↓		顔を向けたまま 水中に入って しまう。 ※自分から入ったの ではないように。	ザブン!!	3+0
644 ↓		水中、 階段についている アスナの足。 ↓		

(+)

<16:9>

No. 261

CoMix Wave FILMS

Cut	Picture	Action	Dialogue	Time
↓ つづき	fr.out	ザッと 苦しそうに蹴る。 砂煙立つ		1+0
645		口を閉じているが、 カット頭スグに、		
↓		残りの空気を吐き出してしまう。 更に反射で 水を思いきり吸ってしまう	ゴボ	
↓		↓ 苦しそう!		2+12
646		水面には音もなく 波紋がひとつ、 やがて消える。 羽虫たちが ゆったりと舞っている。		5+0

<16:9> (+)

No. 262

Cut	Picture	Action	Dialogue	Time
647	アス モリ	モリサキの手が そっとアスナの 手を離す。		1 + 0
648	アスナ	ゆっくり目を 開くアスナ。 ↓ Aにほぐ		1 + 12
649	モリサキ うで	顔を上げる 見ている! 天井は光る水面 服も髪も水中で ゆらゆらしている。	(ア) ……!	3 + 0
650		微笑をうかべて アスナを見ている モリサキ。		
↓	1歩	前に向きなおり 階段を降り はじめる。 1歩。		2 + 12

<16:9>

(+)

No. 263

Cut	Picture	Action	Dialogue	Time
651		光る水面の下を、甲冑に覆われたような古代魚がゆうゆうと泳いでいる。 ↓カメラP.D.していく		
		都市廃墟のようにも見える巨大な壁。		
		闇に向かってつづく階段を下りていく2人の後ろ姿。	fix 1.5 pan 5.0 fix 1.0	7+12
652	魚	→follow 降りていく2人、驚嘆の表情で周囲を見わたしている。	アオリで顔回しながら歩く。	3+0
653 ↓	スタート	階段の終点。 大股でもりけす、 in気味から。 アスナ小走りで追ってinしてくる。		

<16：9>

(+)

No. 264

Cut	Picture	Action	Dialogue	Time
↓ つづく	途中から追って PAN	fix 1.0 Pan 6.0 fix 2.0		
↓		穴の底を 覗きこむ2人。 濃い青が闇に 溶けている。		9+0
654		あまりの深さに 怯えているアスナ。 モリサキの表情は 変わらない。		
↓ つづく		不安そうにモリサキを 見るアスナ。 モリサキは黙って アスナの手をとる。		

<16：9> (+)

No. 265

CoMix Wave FILMS

Cut	Picture	Action	Dialogue	Time
つづき		一瞬だけ 笑顔を見せる モリサキ。 直後、		
		闇に踏み出す。 引かれるアスナ。		5+0
655		↓AC ほぼ自由落下の 速度で落ちて ゆく２人。		
	途中まで影アリ	↑アオリ ↓フカンへ。		
つづく		闇の底に 落ちてゆく。		

<16:9>　　(+)

Cut	Picture	Action	Dialogue	Time
つづき		姿が闇に 溶けた直後、 小さな青い光が 光る。		4 + 12
656		X		
	follow	このへんから スタート。 逆さまに落ちて いくアスナ。 大気中を落ちるように 髪と服がなびいている。	※意識 あるのかないのか 分からなくてOK。	
		カット頭から すぐにカメラ 引いてゆく。 アスナのポケットの中の鉱石が 光っている。		
つづく		このサイズまでカメラ 一気に引く。 背後には苔にのまれた 太古の建造物がぼんやり見えている。 手前をアーチのような構造物がよぎる。		

<16：9>　　Book　　（　＋　）

No. 267

Cut	Picture	Action	Dialogue	Time
↓ つづき	BOOK	ゆっくり回転しながら落下していく。 落下のスピードは速い。	回転	
		全体もっと長くしましょう。 美術設定、BG先行作業。 古代都市 ↓ 神像群 ↓		
		化石群のかんじで。 未だ発見されていない、忘却されてしまった文明の痕跡が眼前を流れてゆく。		
(656)		やがてはクラヴィスの光も見えなくなる。 f.o.	Bパート終わり	15+0

<16:9> (+)

Cパート

No. C・1　Cパート

Cut	Picture	Action	Dialogue	Time
	Black	暗闇に かすかな鼓動が 響いている。	(SE) 鼓動 トクン、トクン、トクン、	
		優しく穏やかな 男性の声が 聞こえてくる。	トクン、トクン …… (男の声)「もうすぐ会えるね」	8+0
657		62・110同ポジ まだ新しいアスナの家。置いてある物もすこし違う。縁側で若々しい男女が話している。 FIXに資料アリ 安楽イスとマガジンラック	(女)「そうね。この子の人生が祝福と共にあることを願うわ」	5+0
658		妻のお腹に優しく手をそえている夫 ※指輪アリ	(男) 大丈夫。	1+12
659		そのまま妻の左手を握る。幸せそうな表情の、若きアスナの両親。	(男) 産まれ落ちるというだけで、命はもう十分に幸せだよ。 (アスナ) ……そうだ。	7+0

<16:9>　※イメージシーン、線画タッチで。　ラスト、視線をお腹からお互いに向けて微笑み。　(　+　)

No. C・2

Cut	Picture	Action	Dialogue	Time
660		赤みがかった暗闇。 ずっと上、あるいは ずっと下に、水面の ゆらめきのようなものが 見える。	Ⓣ わたし、 そろそろ 生まれなく ちゃ……!	
	光のパーティクル アリ	そのゆらめきを掴む ようにinしてくる。 胎児の丸みを帯びた 右腕。 (BG、星雲のようにも 見えるかな?)	(セリフ後) (※C32のの シュンの動きを 連想させる。)	
		光があふれる ようにして White Out. [FTP]		8 + 0
661		White in. 石造りのドーム型天井。 天井は青く塗られ、 星々の絵がちりばめられ ている。 中央に、チラチラと水の 反射が映ってゆらめいて いる。 [FTP]	(SE) かすかに水の チャプチャプ音	8 + 0
662		ぼんやりと目を開けて 呟くアスナ。 リュックを枕に、雑草の 生えた石床の上に 寝ころんでいる。 アスナの顔あたりだけに 光が差しこんでいる。	Ⓣ 星……。	

<16:9>　　アスナをずっと見つめていたミミが、　(+)

No. 6-3

Cut	Picture	Action	Dialogue	Time
	嬉しそうに ホッペ寄せてて。	ホホに顔をすりよせる。 笑顔を見せてセリフ。 右手をミミの体にそえる。	(ア) ミミ…。	7 + 0
663				
	ゆっくりおきあがるアスナ。ミミはとび降りる。 カメラ右にPAN。そこはドーム型の古い建造物の中。 所々崩れて、巨木や草木に浸食されている。 四隅には上につづく階段らしきものがある。 （ここでは2つ見えるのみ）。 崩れたカベから美しく外光が差しこんでいる。	→ PAN.	fix 4+0 PAN 6+0	10 + 0
664		まだぼんやりしているアスナ。 モリサキの声が入ってくる。	2+0 (モ) 目が覚めたか。	
	※背後のカベには星座らしきペインティング。	声の方向に顔を向ける		4 + 12

<16 : 9>

(+)

No. C-4

Cut	Picture	Action	Dialogue	Time
665		銃を背負ったモリサキが歩いてくる。光の筋に入ったり出たり。	(モ) それはきみのリュックから出てきたんだ。	
↓		※アスナ、まだ座っている。※モリサキ リュックナシ。(ラストこのへん、スタート逆算して下さい)	↓ の	3+0
666		モリサキの口調にはかすかに苛立ちが含まれている。ミミがサッとアスナに登る。―床、いくつか日だまり。	(モ) きみが連れてきたのか？ (ア) イエ…	
↓		アスナ、まだどこかボンヤリしている。ミミ、アスナの肩の上をくるっと回って、気まずそう？	アンタ、いつの間に…。 (SE)(off) ガチャ。(モリサキが銃を置く音)	4+12
667		黒服の上着を脱ぎながらアスナに言う。	(モ) 最後まで連れていく余裕はないかもしれんぞ。	

<16:9> (+)

No. C-5

Cut	Picture	Action	Dialogue	Time
↓		このへんまで 見せる。 黒服の下は Tシャツ。		2 + 12
668		666同ポジ 目パチ一回	(ア) 連れて……?	
↓		突然、 自分がいる場所を 思い出す	(ア) ハッ!!	2 + 12
669		アスナ、はじかれるように 立ち上がってセリフ。 フカン、2人の横には 巨大な円形のプール。 光を反射してキラキラ きらめいている。 こっち見てセリフ	(ア) 先生、 ここって……! (モ) ……向こうの 階段は通れそうだ。 行こう。	
↓	このへんの カベ崩れている 至、狭間の海	モリサキ、セリフ言って 歩きはじめる。 アスナ、あわててリュックを 背負う。 →床には太陽の ペインティングの?	※ 丹治サマ、 神秘的にカッコ良く して下さい…… FTP	6 + 0

<16 : 9>　　　　(+)

No. C・6

Cut	Picture	Action	Dialogue	Time
670		木の根が浸食して だいぶ崩れている 階段。 どこからか光が線 筋に差しこんでいる。 壁は宇とも人工とも つかず、青の空を		
		黄の星で壁画が 描かれている。 PAN　PANすると、 出口らしき光に向かって 歩いている2人。	FIX 1.0 PAN 4.0 FIP	5 + 0
671		旧い植物の葉ムし の奥に、 階段の出口。 カラ 1+0	(SE) 足音	
↓		入ってくるモリサキ。 行く手に何かを認め、 慎重に前に出る。 腰に下げた ハンドガンを とりながら。	(モ)　!!	
〃		アスナも入ってきて 同じくハッとする。 (※光は崩れた穴から 差しこんでいる筋状	(ア)…！ 何かいます…。 (モ)ああ。	6 + 0

<16：9>　　　　(　　+　　)

No. C・7

Cut	Picture	Action	Dialogue	Time
672		2人視点。 出口らしき門の前に うずくまっている 恐ろしき巨大なケモノ。 頭をかすかに持ち上げ、長大な角が キラッと光る。	(モ) おそらく門番… ケツァルトルだ。	3 + 12
673	ジャキ	緊張する2人。 モリサキ銃身を引いて 弾を装テンする。 ※やや アオリ。 天井とかべのスキマに 空が見えている。	(ア) こっちを見てる…。 (モ) 正面から行くしか ないな。 (SE) ジャキ!	
↓		突然 ミミが 飛び出していって しまう。 驚いて前に出る アスナを、モリサキが 止める。	(ア) あ、ミミ!	6 + 0
674	スタート、in 不要	672同ポジ! ケツァルトルに 向かって トトトッと走ってゆく ミミ。		2 + 12
675 ↓	in気味 (2) (ミ) in	in気味にケツァルトルの長い首が のびてきて。 ミミがためらいない 風にトコトコと inしてくる。		

<16:9>　　草ナメ　　(　　+　　)

No. C.8

Cut	Picture	Action	Dialogue	Time
↓		鼻先を くっつけたりして、		
↓		なんと 登っていって しまう。 ↓AC		4+12
676		頭の上で 角の周囲を くるっと回って、		
		目をのぞきこんだりするミミ。 カット頭から、頭を上げるケツァルトル。 [つけPAN]	※差し込んでいる光が空気にかげをおとしている。神々しい眺め。	3+0
677 ↓ つづく		びっくりの 2人。 目パチして。	(ア)&(モ) …！	

<16 : 9>　　　　(+)

No. C・9

Cut	Picture	Action	Dialogue	Time
↓ つづき		チラッと顔を見合わせる。 (モリサキはほとんど視線をうごかすのみ)		
↓		モリサキが1歩先に。すぐにアスナも続いて歩き出す やや手前に向かって OLも気味		4+0
678		カット頭、近づいてくる2人に目をやり、		
↓		立ちあがるケツァルトル。 用心しながら近づいてくる2人。 モリサキは両手でハンドガンを持っている。		
↓		ケツァルトルから視線をそらさず、途中早足で抜けるモリサキ。 アスナは途中で歩をゆるめ、ミミに呼びかける。(立ち止まらず!) ケツァルトルは無言でただ2人を見ているのみ。	(ア) ミミ、おいで! (モ) アスナ! →たしなめるモリサキ。「いいから来い!」というニュアンス	7+0

<16:9>　　(+)

No. C-10

← カメラじわPAN 密着マルチ

Cut	Picture	Action	Dialogue	Time
679	BG→ ケツァルトル→ ←アスナ	アスナ、必死に呼び掛ける。 ※望遠、密着マルチで各レイヤーをスライドさせて、カメラ移動を奥行き感を。 アスナをやっぱり目で追っているケツァルトル	(ア) ミミ！	
↓	ジャンプ!	ミミ、おもしろうにジャンプしてアスナの肩にとびのる		4 + 0
680		↓ AC ホッとするアスナ。	アスナ、肩の上のミミを追って首を回す	
↓		不思議に思ってケツァルトルを見上げる	(ア) ……。	3 + 0
681		じっとアスナを見つめているケツァルトル。 瞳には知性の瞬きがある。		2 + 0

<16:9> (+)

No. C-11

Cut	Picture	Action	Dialogue	Time
682		何かを感じているアスナ。 ※クラヴィスを通じてケツァルトルの声が届いている	(ア) ……。	
		モリサキに呼ばれてハッとする。	(モ) アスナ!	
683		駆け出すアスナ。	(モ) 行くぞ!	
		内に入ったのを見届けて、モリサキも大股に歩きはじめる。		3+0
684	follow つづく	モリサキ、アスナの歩幅を気にする風もなく大股で歩きるから。不敵にひとりごちる。	(モ) 存外、役に立つかも知れんな。	

<16:9>　　(+)

No. C-12

Cut	Picture	Action	Dialogue	Time
↓ つづき	カメラfollowはずっと等速。 / out / ☆カメラマップ	顔を上げて、更に歩幅を広めてout.		3+12
685		乾いた岩場、自然に埋もれるようにして石窟された神殿がある。 ↓カメラ PAN Down	☆岩肌から緑筋か水流アリ?	
		岩のスキマのような出口から、モリサキが出てくる。 in 不要.	fix 1+0 PAN 4+0 fix 0+12	5+12
686		驚きの表情で立ちつくしているモリサキ。 アスナ、小走りでやってくる。		
↓	out	モリサキ、影から出つつ手前にout、大股で。 アスナも眼前の眺めに驚いて立ち止まる。 (もう1度 歩き始めつつ中央寄りに。)		4+12

<16:9>　　(+)

No. C-13

Cut	Picture	Action	Dialogue	Time
687	T.B.	モリサキin不要。 アスナin気味。 眼下に広がる広大なアガルタの世界！ 細い川が地平線まで延び、その周囲には低い木々。 地上とは違う色の空。 彩り深い雲がいくつも湧き立って ゆっくりと流れている。	fix 12k T.B 9+0 fix 1+12	11 + 0
↓				
688		目前の大地に 息をのんでいる。 (1+12)	(ア)&(モ) ……！	
↓ ↓ つづく		フト、 何かの予感を感じる 2人。高揚の中に スッと哀しみがかすかに 差しこまれる。 やわらかい風が髪を揺らす。 モリサキが思わず呟く。	(モ) …… アガルタ。	

<16:9>

十年探しつづけた場所なのだ。 (　　+　　)

No. C.14

CoMix Wave FILMS

Cut	Picture	Action	Dialogue	Time
↓ つづき	ミミ先行で気づく	モリサキの呟きの直後、ミミとアスナが空の何かに気づく。	ア ！	4+12
689	in	カット頭すでにアスナin、続いてモリサキin。雲間を指さすアスナ。何かがゆっくりと飛んでいる。	ア 先生、あれ！	3+12
690		複雑な文様を描いた巨大な船が、移り豊かな雲の間を飛んでいる。	SE コオオオオ……	2+12
691		モリサキ、思わず数歩駆け出しつつ。畏怖に満ちた声で言う。	モ シャクナ・ヴィマーナ！神が乗ると言われている舟だ。	3+12
692 ↓ つづく	雲	空を見つめる2人と一匹。	モ 文献の通りだ……！ ア 神サマ……。	

<16:9> (+)

No. C-15

Cut	Picture	Action	Dialogue	Time
↓ つづき		アスナのセリフ尻で、ポケットが光りはじめる。ミミが先に気づいて、		
↓	ポケットの光	アスナも気づく。光は強さを増す。	(ア) エッ!?	
↓		ポケットから取り出したのはラジオの鉱石。クラヴィスと同じ青い光を発していた。モリサキ、驚いて歩いてきながらセリフ。	(モ) それは…!	8 + 0
693		くすんでいたはずの鉱石が、内部から溢れるような光を発している。		1 + 12
694	地面 / in	鉱石に見入って驚くアスナ。モリサキ カット頭からセリフ先行。INしてきて思わず右手をのばす。	(モ) クラヴィスの光! どこでそれを…!	3 + 0

<16:9> (+)

No. C-16

CoMix Wave FILMS

Cut	Picture	Action	Dialogue	Time
695	空	※クラヴィスはヴィマーナに反応している。 狭間の海でも光っていましたが、触れずとも良いか。 モリサキ、迷いつつも手を収める。	ア ラジオの鉱石です。 お父さんの形見だって。 ずっと前お母さんから…。	
		アスナの言葉が終わるあたりで、光はすーっと小さくなってゆく。 光源OL。	モ 形見…？	
	雲	ハッとヴィマーナを見るモリサキ。 アスナもつられて空に視線を。 (クラヴィスにまだ光は残っている)		7+12
696		雲間に去ってゆくシャクナ・ヴィマーナ。 しばらく見入っている2人。 モリサキがOを向く。	モ …アスナ。	3+12
697 つづく		カット頭、モリサキはアスナの方に顔を向けつつセリフ。	クラヴィスとはヒブリュウ語で「鍵」という意味だ。 今後、私たちの助けになるかもしれない。 大切にとっておきなさい。 ア ハイ。	

<16:9> (+)

No. C-17

Cut	Picture	Action	Dialogue	Time
↓ つづき	消える	モリサキ、再度 ヴィマーナを 見やりながら。	(モ)… あの舟の 向かう方向に 行こう。	11+0
698	風に吹かれている2人。 モリサキのセリフ途中から アスナにPAN開始 PAN		(モ) 何かがあるはずだ、 私たちの求めるものが。	
↓	花 T.U.	ぐーっと表情に 力がこもってゆく。 強く強く 気持ちを固める アスナ、息を大きく 吸うかんじ。瞳潤んでゆく。	fix 1+12 PAN 4+0 fix 1+0 T.U. 1+12	8+0
	ここまで アガルタ到着編 42cut	※ ここ、立っていた 方が良い かも。		

<16:9>

(+)

No. C・18 <ここからアガルタでの旅編>

Cut	Picture	Action	Dialogue	Time
699	空 / 光の中 / 雲海 / 雲 / 岩肌 / 所々の木	山肌を下りている2人のシルエット。モリサキの方が歩が速く、アスナとの距離は離れてゆく。	音楽つながってはいるが、ここから別展開。	6+0
700	青空 / 雲 / スタート / カゲ wラフ	岩の露出した山肌 所々に低木。モリサキがずんずんと歩いてきて		
↓	out	fr/out。アスナに気をつかう様子はない。※ここから上着を着てます。		
↓	in	間があって(10k)。ようやくアスナがinしてくる。モリサキに追いつくために小走り。		
↓	ハアッ	トップで膝に両手をついて大きく2、3度息をつぐが、負けるか!という風に再スタート。手前にくるところまで。		10+0

<16:9> 汗かいて必死です。 (+)

No. C-19

岸には
流木がたまっている。

Cut	Picture	Action	Dialogue	Time
701	out	川を渡っている 2人。 アスナはリュックが 濡れないように頭の上に 乗せている。 モリサキはスタスタと fr/out.		
↓	バシャッ	アスナ、 深いところに 足を踏み入れて しまう。 大変そう。		4 + 12
702	アスナ	一面の湿地を 歩いている2人。 所々に湖(水たまり)。 重々しい雲が地上に 影を落として流れて いる。 彼方には2人が降りてきたらしい山々.		6 + 0
703		うまい棒的な 駄菓子の袋を 開けるアスナの手。(焼化味) (下には開いたリュック、 中には駄菓子がいろいろ入っている。)		
↓	光。 ポキン。	半分に割る。 AC		2 + 12

3+0 ?

<16:9>　　(+)

No. C.20

CoMix Wave FILMS

Cut	Picture	Action	Dialogue	Time
704	空	半分をモリサキに手渡すアスナ。 笑顔です。 手帳に何か書いていたモリサキ、左手をのばして受け取る。 うしろの岩には消えかけた壁画。 →焚き火用の石組。	※外は夕暮れ時	
↓		モリサキ、干し肉を両手でつかみ一口で食べる。 アスナ、くわえつつひとかけらをミミに分ける。 ミミは肩から飛び降りてたべる。		3+0
705		ケツァルコアトルを模ったような神像が並んでいる。 その下で焚き火をしている2人。 日暮れ、鳥のムレ 何羽か。		4+0
706	in	朝。全体もやっぽく光が拡散している。 ~~(直射はまだしていない)~~ 丸まって眠っているアスナとミミ。 モリサキの足が inしてきて、(2+0後、ただし影先行)		
↓		アスナの背中を軽く蹴る。		4+0

☆ モリサキ、地図えがきものに定規で線を引く、か？ この場合 5+0 くらい。

<16:9>

(+)

No. C.21

Cut	Picture	Action	Dialogue	Time
707		起き上がるアスナ。 モリサキが見下ろしている。 周囲は朝もや。		
↓	→朝日 out	モリサキ、 リュックを背負って 先に行って しまう。 アスナ、焦る風でもなく のびをして、		
↓	out	ササッと 靴を履いて リュックを背負い、 シーツをつかんで 駆け出す。 元気に！	※699でここまで 音楽のみで つなぐ。	9 + 0

<16:9>　　(+)

No. C.22 〈廃村〉

CoMix Wave FILMS

Cut	Picture	Action	Dialogue	Time
708		青空にかかった古い石組みのアーチ。スズメのような小鳥が2羽飛び立つ。	(鳥) チチチ。ピイ。	
	青空	P.D リング状の門である。	fix 1.0 PAN 3+0 fix 2+0	
	in	P.D しきる前にアスナが駆けこんでくる。アーチを見上げながら。	※ここから2人の服 すりきれて ほつれつつある	
	ミミ in	次に門の奥を見やる。ミミも in。 やってきた方向に目をやり。 AC		6+0

<16:9> (+)

No. C-23

Cut	Picture	Action	Dialogue	Time
709		モリサキ 登ってくる。 (コレ不要) アスナ、モリサキに 向かってセリフ。	(ア) やっぱり 村の跡(アト)が ありますね。 (モ) どこまで行っても ハイキョだけだな。 (ア) 畑が残ってるかも。	5 + 0
710		歩いてくる モリサキに、 元気に告げて、 喋り切らないうちに	(ア) 私 見てきます。 おいでミミ!	
	out ミミ	駆け出す。 ミミはジャンプして アスナにとりつく。 モリサキ、一寸歩を緩めて 「ずいぶん元気だな」的な表情を見せるか。	レイアウトこちらにしましょうか。 ㋐ アスナ、脚で元気に演技させる。 脚の動き、止めずにバタバタと!	
		再び大股で。 アーチをチラッと 見上げ。		
	もう一歩くらい	前方を見すえて そのまま 歩きつづける。 out しきらずとも ok.		4 + 0

<16:9>　　　(+)

No. C.24

Cut	Picture	Action	Dialogue	Time
711	A B C D E in	走って丘の下に outしていくアスナ。 入れかわるように モリサキついて歩いてゆく。 FTP		
↓	※マルチでスライド しっぱなし C D E	眼下には 丘の斜面に何株かの屋根の落ちた 廃屋。 ゆるやかな丘の 連なる世界。	(Dは村。 Cは石の柵のある 牧草地。 B.Aは広漠とした丘。)	5+0
712		黄ばんだ紙の束 (とじられていない本のようなもの)。 書かれているのは古いアルファベット。 モリサキの右手親指が 一番上のページをめくろうとしている		
↓	文字ハリコミ	くっついてしまっている 紙を慎重に めくっていく。	SE ベリ。	
↓		両手で持ち上げて 完全にはがす。 下の紙にも同じような 文字。	バリン！	2+12

<16:9>　　　　(+)

No. C.25

Cut	Picture	Action	Dialogue	Time
713		文献に目をおとしているモリサキ。 画面外ではがした紙を奥に置いて、右手をくわえたタバコにそえて、煙を吸う。		
↓		ジジ、と光るタバコ先端。 煙をひと吸いした後、タバコを持った右手 out		3+12
714	空 book PAN →	カット頭ケムリ吐き出しつつ、鉛筆を持って手帳に何やら書きつけているモリサキ。 ぬいた紙 本 火		
714		フーッと煙を吐きつつ 手元の手帳に何やら書きこんでいるモリサキ。 FTP 屋根の落ちた廃屋の中。 正面の壁には書架。 床には雑草がしげり、 朽ちた家具が散らばっている。	↓ 3+0	
↓	IN	斜面を駆け登ってきたアスナが窓からヒョコっと顔を出す。 言い終わらぬうちに手前に駆け出す。	(ア) 先生、見て！	5+0

<16:9>　　　　(+)

＊望遠風の画面が良いかも。

No. C-26

CoMix Wave FILMS

Cut	Picture	Action	Dialogue	Time
715	リップ	崩れた壁を回りこんで元気に走りこんでくるアスナ。 モリサキは右手のペンを手帳に置き、	FTP (ア) 今夜はゴチソウ	
↓	ペン	同じく右手に持っていたタバコを口に。 アスナ、両手に何か抱えている。 A.C	かも！	3+0
716		大きなヤムイモのようなものを抱え、全身泥だらけ！ 立ち止まって笑顔でセリフ。	(ア) ホラ！	2+0
717	草に埋まった本棚	視線はアスナに向けていつつも タバコを一息吸い。 フレームこちら	FTP	
↓	つづく	ケムリ吐きつつ喋る。 アスナ素早くさえぎるように。	(モ) 芋類なら毒があるかもしれない。念のため… (ア) 水で毒抜きします！	

☆ ミミ？

<16:9>

(+)

No. C.27

Cut	Picture	Action	Dialogue	Time
↓ つづき	フレームこちら	アスナにさえぎられて ン、という カオをする。		
↓		気を取り直して、	(モ) それから その服…	
↓		アスナかぶしつつ セリフ。 モリサキは ム、というかんじ。	(ア) 先生のもだいぶ よごれてますよ！	10+0
718		715同ポジ セリフ 言い切る前に 動きはじめて	(ア) あとで洗うので 着換えといて くださいい！	
↓	out	画面右に 走ってout。 嬉しそうに呟きながら。 モリサキ目で追う。	(ア) おイモだぁ。 ↓ (ヤヤ こぼれる)	3+0

<16：9>　　　　(+)

No. C・28

Cut	Picture	Action	Dialogue	Time
719		カット頭すぐに アスナ fr.out. モリサキ 目パチクリして。		
↓		タバコをくわえながら 膝に目をおとして。 （そんなに汚れてるだろうか…）		
↓		再び文献に 向かいはじめる。 鉛筆を持って メモ書き。	☆ 715〜719 余力があれば アスナの跡を追って ついてまわるミミを 入れて下さい。 省略可ではあるけれど…	6+0
720	空 くも	空はすっかり 夕刻。 木の枝に洗濯物 が干してある。 陽はもう沈んでいる。 FTP	☆モリサキの 上着とズボン、下着 タオル。 アスナの上着とスカーフと スカート。 全て画面に入らなくて OK.	3+0
721 がく ↓	ゆらゆら	大きな葉でくるまれ ヒモでゆわえられた 蒸し芋、ナベから 出されて床に置かれたところから。 全体から淡い湯気。 葉の表面にはハイライト と水滴。		

<16:9> ☆地面にじわーとゆらゆらで水が染みていく。

(+)

No. C-29

Cut	Picture	Action	Dialogue	Time
↓ つづき		アスナの手が ひもを ほどいて、		
↓	こっちは自動で	葉を開くと、		
↓		きれいなクリーム色に 蒸しあがった 芋が、 たっぷりの湯気と 共に現れる。 美味しそう！	イモ こっちめ? 皮はすでにむいてある。 1/2くらい ハッキリ芋見せて下さい。	5+0
722	ペラ	メモを片手でめくり ながら、無造作に 蒸しイモを口に運ぶ モリサキ。 背後のカマドでは お湯をわかしている。	ランニングに短パン、 ハダシ等。 モリサキのリュックには最低限の着替が入っている	
↓	スタート モグ	モグモグと して、驚いた 表情を見せる。	(モ) ！	

<16:9> (+)

No. C-30

Cut	Picture	Action	Dialogue	Time
カゲ		メモを持った手を下ろし、しみじみと呟く。	(モ) ……うまいな。	5+0
723		両手でイモを持って嬉しそうなアスナ。うしろには斜面に立つ廃屋が見える。	(ア) よかった！	
		モリサキのTシャツ（ダボダボ）、ハダシ。	(ア) 台所にお塩もすこし残ってたんです。	
		うれしそうに口いっぱいにほおばる。熱いのでハフハフ食べるかんじ。	(ア) ん――。（おいしいよー！の意）	6+0
724 つづく		(722同ポジ) 最後の一口を口に入れて、		

<16:9> (+)

No. C-31

Cut	Picture	Action	Dialogue	Time
↓ つづき		食べつつ、 (とんがる左手でブリッジを持ちあげるように。自然にできればやる。) 目を向き、アスナを観察するように見る。	(モ)……	2+12
725	アスナ	ミミも草をほおばっている。 なめてからかじるとる、とか。	(モ)(off) …意外だったな。 (ア)え？	4+0
726		自分では考えもしなかったことを訊かれて一瞬とまどい、 肉をたっぷり(3秒くらい)	(モ)(off) きみはこの旅が楽しいのか？ (ア)え…	
↓		迷いつつも、自分の気持ちを言葉にしようと試みるアスナ	あ… (ア) …わたし、	8+0
727 ↓ つづく	カチャカチャ	あまり自信のなさそうなアスナの語りを聞きつつ、 画面外でカップをスプーンでかきまぜ、	(ア)(off) 一人でラジオを聴きながら、	

<16:9> (+)

No. C-32

Cut	Picture	Action	Dialogue	Time
↓ つづき	湯気アリ	茶を飲みながらアスナの方を見る。	ア (off) どこか遠い、違う場所に行かなきゃってずっと思ってたんです。	5+12
728		2人がいるのはどこかの廃屋の台所らしき場所。カマドにかけられたポットから白い湯気。日は暮れているがまだ夜ではない時間帯。	ア わたしがいたい場所はここじゃない、見たこともないどこかなんだって。そしたら不思議な男の子と出会って、その人を追ってここまで来て…。	10+0
729		726同ポジ 自分でもよくわからないことを喋っていると思いつつも、	ア アガルタにきてから わたし、なんだか、	
↓	喋りつつ手に力入っていく	しかし確かにハッキリと言えることもある。	ア ずっとドキドキしてるんです。	5+0
730		727同ポジ アスナの言葉を聞きつつも、目を伏せて何かを想っている風。	ア (off) だからこの先になにか、	2+0

<16:9>　　(+)

No. C-33

Cut	Picture	Action	Dialogue	Time
731		不安と期待の中に消え入るアスナの言葉。 消えかけのカマドの火がはぜて音を立てる。	(ア)(off) きっと……。 (SE) パキン…!	3+12
732	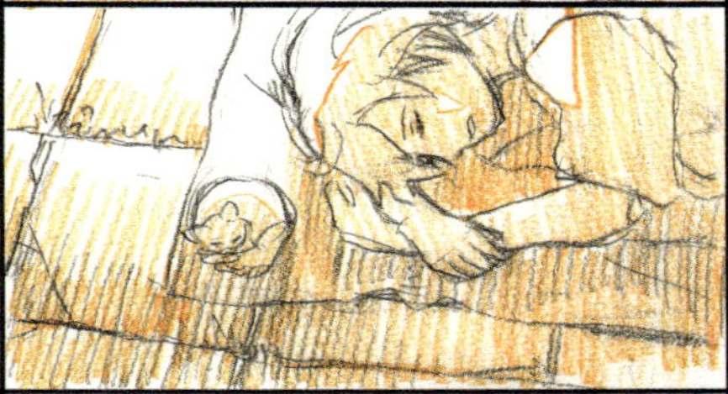	↓その光源に照らされて眠っているアスナ。 [夜] 731から時間経過アリです。 遠くからかすかに	↓パキ… (オルゴール) キン、コロン、	
↓	 カマドの光、BG変化大きめ	オルゴールの音が聞こえてくる。	コン、カラン、 キコン…	4+12
733		草深い斜面を小走りで降りてくるアスナ。 3歩ほどタタっと来て、	♫♪… オルゴールのメロディ続いている	
↓	 明るめの夜空。	2歩ほどで立ち止まる。 前方を見つめている。		4+0

<16:9> (+)

No. C-34

CoMix Wave FILMS

Cut	Picture	Action	Dialogue	Time
734		夜の雲が流れている。 その向こうに不思議な光が舞っている。 カメラP.Dして ↓	オルゴールのメロディ ♫ ♪ ♫	
		アガルタの星のない夜空にまばゆいオーロラが。 CG？どうしよう？	fix1.5 PAN4.5 fix1.0	
		石組みの上に腰かけているモリサキのうしろすがた。		7+0
735	オーロラ	ゆっくりと手回し式のオルゴールを鳴らしているモリサキ。 何を想っているのか。 アスナの足音がかすかに聞こえて。	SE キン、 コン、 コキン ： 草を踏む音 ガサ	
↓		慌てる風でもなく、オルゴールを左手で画面外のポケットにしまいつつうしろを向く動き。 AC		4+0

<16:9>

(+)

No. C-35

Cut	Picture	Action	Dialogue	Time
736	アスナ	無言でアスナを見るモリサキ。 キンチョウするアスナ。	(ア) あの…。	
↓		モリサキ空を見上げて、誰にともなく言う。	(モ) 星が見えない夜というのは、なにか不安なものだな。	5+0
737	アスナ	壮麗な空のカーテン。 アスナはモリサキの言葉を聞きながら何歩か近づく。	(モ) 人間がどれ程孤独な存在なのかを、思い知らされてしまう。	
	↓	2人のシルエットに、老人の声がかぶる。	(村のオサ) ルン・クアーナン・プラエセス。	8+0
このへん眩しい		※ オーロラ。 光の筋みたいな風でも良いか。 いろいろ検討。		

<16:9>　　　　(+)

No. C-36　＜リンの出立・編＞

Cut	Picture	Action	Dialogue	Time
738		朱塗りの台座に置かれたクラヴィスの広角気味アップ。 小さな灯籠に火が灯っている。	（長老） クラヴィスの回収、まずは大義であった。	3+12
739		真剣な表情で直立しているリン。 長老の部屋。 奥のカベには刺しゅうのされた布が柱にかけられている。		
↓		その奥には本棚と窓。 長老の言を聞いて、ナニ、という風な表情を厳しくする。 心中を隠せない程に、まだ未熟な少年。	（長） だがそなたは過ちを犯した。	3+12
740	クラヴィスの台座	リンの対面に3人の指導者が座っている。長は中央。 部屋は石のカベに木の柱、いくつもの布が垂れている。 光源は窓（夜）と、	（長） 地上から来た男と少女が、クラヴィスを手に生死の門を目指しておる。	
↓	人物の周囲に灯明。	床に置かれたいくつもの灯明。 長の言葉に思わず体を動かすリン。 （足位置はそのまま）	（リン） な…しかしクラヴィスはここに… （長） 別のカギを持っていたのだ。	9+0

＜16：9＞　（　＋　）

No. C.37

Cut	Picture	Action	Dialogue	Time
741	BGうすくボケ	そんな！ という表情の シン。 ※ BGは739の部分拡大 + フォーカスボカシでOK。	㋛ ！ ㊎ (off) そなたは地上人(ども)を みすみすアガルタに 招いてしまった。	4 + 0
742		長老は盲目の 女性である。 背後には石に 彫られたレリーフ。 顔料で塗られて いる。	㊎ おおきな 過ちじゃ。	2 + 12
743		741同ポジ 失礼をかえりみず 思わず身を 乗り出してしまう。	㋛ でも俺の ↓	1 + 0
744	Ⓐ ㊎ Ⓑ	シンをいさめるのは、 シンよりもずっと幼い まだ頬紅い少年。 しかし社会的位置は シンよりもずっと高い。	いただいた 役目は… Ⓐ ツメオ 弁明は要らぬ！ 皆まで言わねば 分からぬか！	
↓		続いて口を開く 青年も、シンとそう 歳も変わらぬ程 若い。	Ⓑ かつての繁栄は もはや遠く、 我々は今や 永い黄昏を生きて いる。	9 + 12

<16:9>　　(+)

No. C-38

Cut	Picture	Action	Dialogue	Time
745	ARCADIA	長老のうしろの壁に刻まれた壁画。 鮮やかな顔料で塗られている。	(B) このまま生命の終点たるアストラムに溶けゆくのが我らの望み。	
↓		船に乗った天帝(オーバーロード)、シャクナ・ヴィマーナの巨人になった姿、 その翼の中には、中央に空洞と	しかしひとたび門が開かれれば、地上人は先を争ってアガルタに押し迫り、	
↓		太陽を抱いた地球。 地上には武力を示すが、 地下にはケツァルトルと賢者たちが。	平穏は混濁の中に飲みこまれるだろう。	13+0
746	スライド T.U.	長がわずかに顔を上げ、喋りはじめる。盲いた目が一寸のぞく。 T.U.スタート (A)はアガルタの運命に耐えているような鎮痛の表情を。 (B)は表情変化なく、	(長) 嘆かわしいことじゃ。 成人の儀を前にしてそなたの眼（まなこ）はまだ開かれておらぬ。	6+0 +1
747		OL. こちらをじっと見ている門番のケツァルトル。 T.Y.OK	OL ケツァルトルの視界を覗くこともできず、	+1 3+0

<16:9> (+)

No. C-38b　※この前カット744、13+12

Cut	Picture	Action	Dialogue	Time
745 B		突然、 火を吹く 銃口。 (古い型の自動小銃)	ダ゛	
		トメでOK。 マズルフラッシュ 描で作成。 交互に瞬く。 激しいカメラブレ ↓つづく	ダ゛ ダ゛	0 + 12
745 C	BOOK	一緒にマシンガンを 撃っている兵士たち。 (19世紀初頭) (場所はカナンの宮殿内。 テーブルの下から見ている)	ダ゛ ダ゛!!	1 + 0
745 D	out A B C D E		ズズーン!! (カナンの民) キャー! キャー!!	
	out C D E F in	(カット頭からQ.PAN カメラブレ) 列をなして逃げて ゆくカナンの民たち。 背後では宮殿の 壁に爆発。 (カット内からアリ)	ワー!! ……	1 + 12

<16:9>　　(+)

No. C-38 C

CoMix Wave FILMS

Cut	Picture	Action	Dialogue	Time
745 E	銃をつきつけられている僧侶、にしがみついて泣いている幼な子。 トメ、もしくはできれば炎と幼児のみ動き。	※激しいカメラワーク	ゴオオオ…… メラメラ……	2+12
745 F		石の床にちらばった財宝、文献等。 7+0 あって、	ガアン!!	
		ドクワーッと血が流れてくる。 炎の反射ハイライトアリ。	長(off) ……かつて我らが受けた苦しみ、決して忘れてはならぬ	9+0
745 G		見開いた長老の目のアップ		

<16:9>　　(+)

No. C-38 d.

CoMix Wave FILMS

Cut	Picture	Action	Dialogue	Time
↓		カッと見開く。(一寸戻り、ブルブル震える)	のだ。	2+0
746		※スミマセン、動パ済みですが以下追加。・カット頭両目をみひらいている。目閉じ。↓		
		ゆっくり顔を伏せ(逆レート)、喋りはじめる。	(長)…嘆かわしいことじゃ。	9+0
		↓ 以下、前までのコンテと同じ	成人の儀を前にして、そなたの眼は未だ開かれておらぬ。	
		2+0		
747	ケツァルトル			

<16:9>　　(+)

Cut	Picture	Action	Dialogue	Time
748	広漠とした草原。カメラ → PANすると、はるかな地平線の上にはぽっかりと雲がうかんでいる。	膝まで草にうもれながら歩いていくアスナたちの背中。 PAN 3+0 fix 2+0	(長) クラヴィスの息差しを感じることも叶わず ……	5+0
749		兄と比較されることがくやしい。長たちの言葉にも納得は出来ず、反発を隠せない表情のシン。	(長) そなたの兄には天分があったのだが、	
↓	窓の光 → 足元の灯明の光 T.U.	しかし正しくないのは自分なのだとも判っている。 目を伏せて幼い感情をぐっと飲み込む。	宿業の病(ヤミイ)が地上への憧れを強めてしまった。	8+0
750		まっすぐに立って長の言葉を聞いているシン。 灯明の光だけがユラユラと揺れている。	(長) シン・クァーナン・プラエセス。 そなたに新たな使命を与える。 (SE)(先行、ドアの音) ギイー…	6+0

<16:9> (+)

No. C・40

石かべを木組、手前が黄(灯明)、奥が青(外光)

Cut	Picture	Action	Dialogue	Time
751	柱 / 灯明	長老の部屋の出口。2人の婢女(ハシタメ)が控えている。両壁の上に沢山の灯明が置かれていて、全体がぼんやりと照らされている。奥は広間になっていて、	SE バタン!(重いトビラの閉まる音)	
↓	in / out	何人もの僧が座りこんでいる。階段、マド、アリ。 カット頭10Kくらいでシンがin、スタスタと歩いてout。	SE 石の床に響く靴の硬い音。	
↓	スカートをつまんでいて / フレーム / セリ / out	シンout後 一寸間を空けて(20K)、手前の婢女、セリがシンを追おうとする。無言で同僚の了承を得て、駆け出してout。	手は自然に重ねている。 ×	7+0
752	畑		SE 低い風のうなり。	
↓	セリが追いかけてくる。シン、振り返りながら立ち止まる。 ラスト セリのスタート位置、ラスト逆算で、セリはフレームに常時入れて下さい。	← PAN 傾いた日をうけて輝いている長の宮殿。崖の下は影の中、斜面に作られた畑といくつかの作業小屋。風が強く、雲とハタがたなびいている。	fix 0+12 fix 3+0 fix 0+12 セリ シン!	4+0

でいけるかな?

<16:9> フレームの長さも演技都合で調整して下さい (+)

Cut	Picture	Action	Dialogue	Time
753	in	セリ、すぐに駆けこんで in. うしろには神塔が立っている。（墓？） 乾いた土地だが、岩にまじって草木も生えている。	（ツン） セリ！ お役目中だろ？	
↓		ツンに追いついてセリフ。	（セリ） 一寸くらい（チョット） 大丈夫。	
↓		そう言ってスタスタと先に歩き出すセリ。	☆ ツン out 牛をひいて歩く親子連れとスレ違うか？ その場合＋2〜9sec. ↓	5＋12
754	→ follow A B C	ツンの方を見ずに、早足で歩いている。 A. ずっと遠くの峰。 B. 遠くの山。 C. 神塔。 雲が日を受けて美しく光っている。	美しく飾りたてられた牛。 ヤク。あるいはゴールデンターキン 1＋0	
↓ つづく		ツン、すぐに追いついてきて、互いの顔は見ずに話しはじめる。 ツン →（片想い）→ セリ → シュン ↔ アスナ （セリの想いをツンは知っている）	（ツ）セリ、シュンのことは…。 （セ）知ってる。 （ツ）…残念だった。 （セ）ううん。 たとえ病を早めてでも、 シュンはきっと見たいものを見れたんだもの。	

<16:9>　　　　(＋)

No. C-42

Cut	Picture	Action	Dialogue	Time
↓ つづき	←クモ流れている	セリ、不意に立ち止まる。 シンも追いこして止まる。 followも止め。 やや間を置いて、 セリ口を開く。	(セ) ……シン。	15 + 0
755		2人の眼下には、 日陰の中に入っている 一面の水田。 張られた水面だけが 空を映して明るい。 牛を引いて土をおこしている農夫の姿とかあると良い。	(セ) またお役目をもらったんでしょ？ (シ) ああ。地上人を探してクラヴィスを奪取する。 (セ) でもそれって……！	6 + 0
756		殺す、という 言葉にショックを 受けるセリ	(シ) 殺せ、と言われたわけじゃないさ。 でも必要となれば……。	
↓		思わず 叫ぶ	(セ) そんな危険なお役目をシンひとりきりなんて！	6 + 0
757 つづく ↓		安心させるように 笑顔を見せるシン。 はるか眼下は水田、 石垣でくぎられ、 ゆるい棚田状になっている。 農夫	(シ) 親が死んでから、村は 俺たち兄弟を 育ててくれた。	

<16：9>

土おこししている農夫と、
休んでいる村人、入るか？

(+)

No. C-43

Cut	Picture	Action	Dialogue	Time
↓ つづき		歩を進めようとしつつ、決意を穏やかに伝える。 ↓ AC	(シ) その恩は返さなくちゃ。	5+0
758	空が濃い	そのまま一人で山を降りていくシン。		
↓	2歩	セリは2歩ほど追うように歩を前に出すが、立ち止まって見送る。 太陽は山のむこう。上空は色濃い。		4+0
759 ☆ 光源。	BG フォーカス甘く。 床、木張り あし	短剣を抜くシンの手元。刀身に覚悟のにじむ瞳が映る。 ここまで夜に止め。	(SE) シャリン。	1+12
760	カベ	シン(とシュン)の家の中。短剣で長髪を切り落とすシン。 兄との決別。 光源はカマドの火	(SE) サク。 →ハラリ、と髪の束が落ちる。	2+0

ここから夜

<16:9>　火アリ

レイアウト、もう一寸決まらないかな? カマドに向き合うとか?

(+)

No. C-44

Cut	Picture	Action	Dialogue	Time
761		木造りの馬屋から、馬を出すヒン。馬の顔をなでたりして親しげな雰囲気を。出てくる処から スタート		
		手綱を引きながら外に向かう。外は夜明け前		3+0
762		朝日を浴びて金色に輝いている はるかの峰となびく雲、その下にはまだ影につつまれたカナンの村。しんしいくつかの家には灯りがともり、うすい煙ものぼっている。	※家々はあまり密集させない。	
		P.D. 空を映す水田、その手前の石垣で区切られた牧草地、さらに手前に村への入口となる巨石を重ねた門。セリがよりかかっている。	fix 1.5 PAN 3.5 fix 1.0	5+0
763		ポーズつけて。ビゾメの音に気づいて、村の方を見るセリ	※ビゾメのSEはまだナシ	1+12

<16:9> 消えかけた石彫　朝日は山のうしろ

(+)

No. C-45

CoMix Wave FILMS

Cut	Picture	Action	Dialogue	Time
764	煙を出している家 / 水田 / スタート	駆け出すセリ。(すぐに)ツンの乗った馬が坂から姿を現す。	SE (ヒヅメ) カカカッ カカカッ …	
↓		セリ、迎えるように立ち止まる。ツンの目もセリをとらえるが、むしろスピードを早める。	ドカカッ ドカカッ	5+0
765		ツンの背中につけて、ぐっと迫ってくるセリ。	SE (ヒヅメ) ガガガッ	
↓		ツンの体も上下に大きく動くこと。BG 3DCG パースマップ	ガガガッ	1+12
766 つづく ↓	地面	ツン主観。うるんだ瞳でツンを見送るセリ。	つづく	

<16:9>　　フレーム　　(+)

No. C-46

Cut	Picture	Action	Dialogue	Time
↓ つづき		通りすぎてしまう ツンを目で追う。 涙あふれてしまう。 ※BGパース変化しつつ流れる。工夫して下さいませ。	石の巾 カメラ、移動しつつ回転	1+0
767	西の空	セリ主観。 髪を切って幼ない印象のツン。 一瞬哀しげな表情を見せるが、	石の巾 ツン カメラ、セリの位置で回転。	
↓	東の空	セリを安心させるように微笑みかける。 一瞬の別れ。 空はBG、 →3DCG+美術マップ。		1+0
768 in→		ツン、画面直前からますます速力を増して、東の空にむかって駆けてゆく。 セリが駆け足ですぐにin。 少年を見送る。	スタート	
↓		ツン斜面のむこうにoutまで。 (スタート下って、上り、下ってoutしてゆく) セリ風に吹かれても良い。 カット内にも、朝日を下に隠した雲はますます輝きを増してゆく。		8+0

<16:9> (+)

No. C.47 〈祭祀場跡にて〉

Cut	Picture	Action	Dialogue	Time
769 風 →	クモ 石 Book 青空	乾いた石に 緑の草花が風に吹かれている。 上空にはぶ厚い鉛色の 雲が渦を巻いている。 雲と地の間に わずかに青空。	FTP ここまで 3+0	
↓		突然 巨大なイナヅマが 天を貫く。 ハイコン一瞬。	ドオン!!	
↓		ポツポツと 大粒の雨粒が 岩肌に染みを作り (Wラン) 草花をたたく。	ザー	
↓	雲の中で光る。 青空のこる	あっという間に どしゃ降り。 地上はカゲ色に 沈む。(草のハイライト 濡れて目立つ。色変換) 先ほどよりは小さな イナヅマが一閃。	ー… ゴロオオオ…ン	8+0

<16:9> (+)

No. C-48

Cut	Picture	Action	Dialogue	Time
770		② カメラP.upすると、巨石が積まれた遺跡らしきものがある。雲の速度も速く、時折晴れ間がのぞく。 ↑ PAN UP	ザ!!	
		① 影色に染まった丘の斜面を、モヤが素速く駆け登ってゆく。どしゃ降りつづく	fix 0.5 Pan 3.0 fix 1.5	5+0
771		そこは古代の祭祀場跡である。中央の岩下で雨やどりしている2人。火(灯光)がチラチラ見える。モリサキは火で芋を焼いている。 地面を叩きつける雨粒が、白く煙っている。		3+0
772	POKKA CORN POTAGE	焼き上がった芋を割ろうとしているモリサキの筋ばった手。 下には石を積んだ即席カマド、その上には軍用メスキットのナベ。 ナベには小石が敷きつめてある。	(石焼芋にしていたのだ!)	
↓		芋が割れると、鮮やかな黄色の断面。 湯気がわきたつ。 ※アモロートに着くまでは芋ばかり。		2+12

<16:9>　　　　(+)

No. C・49

Cut	Picture	Action	Dialogue	Time
773	ミミ ↑ 小さく	クシャミをするアスナ。(可愛いく!) ミミもつられてクシャミ。 石に腰かけている 下 斜面	(アスナ) クシュン! (ミミ) クシュ!	
↓	髪、濡れている。 カーディガンとスカーフ外して干してある。Yシャツをスカートから出している。 in	芋を手渡す モリサキの右手がin。 アスナ、礼を言いながら手を伸ばす。	(モリサキ) 食べるといい。 (ア) ありがとうございます。 ↓ こぼれてOK	3 + 0
774	雨粒	モリサキ、画面外でアスナに芋を渡しながら独り言のようにセリフ。 視線はアスナから外している。	(モ) スープも作るか。	
↓	シッポ振ったりして in	(左下のポタージュの箱をとってる) ポタージュの箱を開けようとした処に、ミミがモリサキのヒザに駆け上がってきて ジッと顔を見る。	(ミミ) 無言で (芋くれ)	
↓		モリサキ、画面外で自分の芋を少しちぎり、ミミにくわえさせる。 モリサキあくまで仏頂面。	(モ) ホラ。	6 + 0

<16:9>　　(+)

No. C-50

Cut	Picture	Action	Dialogue	Time
775		775同ポ そんな両者のやりとりを驚いて見つめているアスナ。口には芋入ったまま。 ※BGの見え方こちらで。	ア ……。	
↓	目パチ1回のみ止めでOK. in	ミミ、アスナの横にINしてくる。まさに食べようとするところ。		2+12
776		モリサキ、ナベをどかして水の入った飯ゴウを火にかける。動作の途中でアスナの視線に気づいてセリフ。	(1+12くらい尺) モ ……どうした? ア いつの間にか仲いいんですね。	
↓	ミミ食べてる	アスナ 芋を口に運ぶ。 モリサキ、何にやらゴソゴソやりながらセリフ。 (マグカップにポタージュの粉末を入れてる、とか)	モ ……ああ。イザとなったら猫は食料になるからな。	8+0
777		アスナ ショックで泣きそう。 ミミもキョトンとして目を見開き、ヒッポはビリビリ震えている。 (ミミやっちゃうとくどすぎ?) モリサキ、なんでもいいかも。	モ …… 冗談だ。	3+0

<16:9>　BG兼用775 可　(　+　)

No. C-51

Cut	Picture	Action	Dialogue	Time
778		巨石の脇。 飯ゴウとアスナの水筒を外に置いて雨水を貯めている。 雨足は弱まってきている。	(SE) ザ ポタン、 ポチャ ポチャ ポタン、	3+0
779		食事後。 モリサキ、タバコをくわえてメモに何かを書きつけている。 アスナはカップを両手で抱えてスープを飲んでいる。 ミミはアスナのとなりで	サ ゴロゴロ… (遠雷)	
↓		丸まって眠っている。 雨の音だけが響いている。	(ここまで4+0)	
		アスナ、うつむいたまま不意に呟く。 モリサキ顔を上げる。	(ア) …先生って、	5+0
780		目を伏せ 赤くなりながら。 アスナには父の記憶がない。	(ア) お父さん みたい。	1+20
781 ↓ つづく		予想もしなかった 言葉に 深く驚く。	(モ) ……。	

<16:9> (+)

No. C-52

CoMix Wave FILMS

Cut	Picture	Action	Dialogue	Time
↓ つづき		タバコを 取りながら 目をそらす。 AC		3+0
782	つづく	タバコを地面で消しながらセリフ。声には怒気は含まれていない。照れとも戸惑いともつかない声。	(モ)…… バカなことを 言うな。 (SE) キン♪ (オルゴール最初の一音)	5+0
783	イス	小さな窓辺。鉢植えが1つ。(セル) 線画ないBGになるか？	キン、♪ カキン。 コン ……	2+0
784 フレーム	EURO TIMES / CRISIS GOES ON	丸テーブルに置かれたガラスの水差し。中の水がテーブルに光を落として揺れている。動乱の継続を伝える英字新聞と、カゼの頓服薬の袋。花瓶、ティーカップ、ティーポット、アロマポット。	オルゴール つづく / 水さし コップをさかさにかぶせてある。	3+0
785	床	青く塗られたつややかな陶器の手回しオルゴール。を回す細くて白い指。	キン。 コン。	1+12

回想シーン

見出し。 WAR IS BEGINNING か。

<16:9> ☆ 結婚指輪アリ (+)

No. C.53

CoMix Wave FILMS

枕2つ、セミダブルのベッド。

Cut	Picture	Action	Dialogue	Time
786		ゆっくり目を開く。 まだ30代前半のモリサキ。 12年前である。	(オルゴール) ♪	
↓		やや間があり、(ボンヤリしていた)、 音のする方向に目を向ける。	↓	3+12
787	※ そりゃ一年引きずるよ、と納得の超絶美女。	② モリサキの妻、リサが優しく言う。 ↑	(リサ) 珍しいわね。あなたが熱を	
	ベッド	① Pan up オルゴールを回す指先が止まり、 カメラPan upして、	出すなんて。 fix 1.0 Pan 1.5 fix 3.0	5+12
788 つづく↓		モリサキの額の汗を手で拭いながら、 リサ、セリフ。	(リサ) 倒れるのはいつもは私の役目なのに。 (モリ) …すまない。	

<16:9>　簡素な最上階のアパート暮らし。　(　+　)

No. C-54

CoMix Wave FILMS

Cut	Picture	Action	Dialogue	Time
↓ つづき		奥の丸イスに オルゴールを置き、ナイフとリンゴを取る。 コレ	(リサ) ふふ。そう思ってるなら ひとつ約束してくれる?	4+12
789		(カメラ固定) なにげない会話、という風に。	(モ) なに、	1+12
790	ベッド	リンゴに刃を入れながらセリフ	(リ) 私が いなくなって からも、	
↓		優しい眼差しで モリサキを見て。 モリサキの強さも弱さも、互いにどれほど依存してしまっているかも、全て分かっている。	(サ) ちゃんと、しっかり生きていくって。	5+0
791 つづく		モリサキ、思わず体を起こして真剣に。	(モリ) リサ、次の任務はすぐに終わるよ。	

<16:9>

(+)

No. c.55

Cut	Picture	Action	Dialogue	Time
つづき		安心させるように微笑んで言う。	(モ) 帰ってきたら一緒に僕の国に行こう。そうすればきみの病気も…。	
		モリサキをさえぎるようにリサの冷たい指が頬に触れる。リサは穏やかに言う。	(リサ) そういうことじゃないの。	10+0
792		ベッドのフレームが2人を隔てている(ように見える)。リサはただ真実を述べている。	(リサ) ねえ、人は誰でもいつか必ずいなくなるものなの。	4+12
793	BGボケ	2人の静寂を裂くかのように、雨の中ぬかるんだ場所を走る兵士の足元。	バシャ	
	雨もアリ。	2人分。泥水を派手にハネ上げる。水がひっぱられるところまで見せる。大変ですが…	バシャ! よろしくです。	1+0

<16:9> (+)

No. C・56

CoMix Wave FILMS

Cut	Picture	Action	Dialogue	Time
794		戦火の街。ヨーロッパ的な街並が破壊されて、所々黒煙が上がっている。遠く響いている銃撃の音	リサ（続き）違いは、それが遅いか早いかだけ。	
	※BG横1.5フレーム長に。→こちらへPANしっぱなし	家のむこうに着弾して、黒煙が吹きあがる。雨の昼間。	SE タタタタ… タタタ… ズズーン……！ ※SE、リサのセリフのうしろで。	4+0
795		泥をハネ上げて奥に走りこんでいく武装した兵士3名	バシャ バシャ	
		最後の1人もう1カット奥まで。	バシャ	1+12

<16:9> (+)

No. C-57

CoMix Wave FILMS

Cut	Picture	Action	Dialogue	Time
796		手前から鉄の扉に身を隠すように、サッとinしてくる兵士。モリサキである。	肩にはアルカンジェリの紋章。 Arch Angel 神の翼が宇宙の地球を抱えている。C745の	
	ヘルメットと顔に雨粒が汗のようについている。 服、濡れてハイライトアリ。	前方を確認してから、後ろの部下に向かって、「行くぞ」とハンドジェスチャーをする。	長老の肩のリーフと同様の図柄。 （国際的な発言力を維持するためにアルカンジェリは私設軍隊を持っている）	3+0
	雨で煙った景色			
797	弾道がT光で一瞬見える。	石垣の向こうから走り出てくる3人の兵士。(in) すぐさま銃弾がふりそそぎ、泥を派手にハネ上げる。	ダダダ ダ… チュン チュン！	
		奥の低い石垣に向一路でとびこむ2人。(out気味)。	ヒュン！ ダダダ！	3+0

<16:9>

(+)

No. C.58

Cut	Picture	Action	Dialogue	Time
798		病身のリサ。白い寝巻き姿でベッドに入り、まっすぐに差しこんでいる西日をみつめている。	(リ)(off) そして私は、あなたよりそれがちょっとだけ早いの。	3+0
799		兵士がとびこんだ石垣、すぐさま2発の着弾が岩をえぐる。	ギュン ギュン！	
	雨強い ↑in	すぐさまモリサキが銃を構え、in ※ヘルメットにアルカンジェリのロゴ	チャッ Arch Angel ロゴ別案	
		断続的に撃つ ダダ、ダダダ、	(リ) それは最初から。	3+0
800		798同ポ 796の続き。リサ、ゴホゴホを激しく咳こみ。 セキだんだん大きく。	もう、決まっていることなの。(リ) ゴホゴホッ。ゴホッ	

<16:9>

(　+　)

No. C-59

CoMix Wave FILMS

Cut	Picture	Action	Dialogue	Time
↓ つブき		傍らの丸イスに置いた水さしに手をのばす。		6+0
801 ↓	フレーム / ベッド	水さし、オルゴール、薬多種大量がベッドサイドの丸イスに置かれている。		
↓	フレームこちら / →イン	すると、リサの細い指先がイン 水さしのコップを取ろうとするが、		
↓	アタマ入るか？	グラリ、と体が倒れこんでしまう。 指先で倒される水さし。 [4C] ぼく ↓		2+8 +α
802		丸イスの上に倒れこんでくる体、一瞬。 ※スローモーションにならず	ガタ！	0+12

<16:9>　　　(+)

No. C-60

CoMix Wave FILMS

Cut	Picture	Action	Dialogue	Time
803	フレーム 1K作画、わずかに前に BG	ハッと大きく見開くリサの瞳。 （倒れこんでいる）		0+6
804		割れて砕けたガラスがバラバラッとフレームを横切っていく。 大きな破片、フォーカスボカして手前を大きくよぎる。量多くなってしまってOK。 BGグラデーションでOK	ガシャン！	0+20
805		パタタッ、と水の滴が床にシミを作る（ルラッ） 下流で光るしずくが、 次コマで床にシミを作っている。	ここまで 8Kくらいで	
		手前から大きくオルゴールの陶器が投げだされていって、	陶器のカバー オルゴール本体 木の台座	
		床に叩きつけられて砕ける。 切なげな音が響く。 中身のオルゴール器チラっと見える。	コオン！	1+12 +α

<16:9>

砕けた絵が目に残るように。

(+)

次カットに"かぶる"

No. C-61

CoMix Wave FILMS

Cut	Picture	Action	Dialogue	Time
806	カゲ 上がる / カーテン / →こちら窓	通過音とともに、モリサキに陽が当たる。全カゲのトンネルから出たイメージ。	(SE) ゴオッ、ガタン ガタン…… (モ)(off) ……リサ。	3+0
807 トランプやってたり→		アルカンどこりの帰還兵が搭載された古い汽車。モリサキは窓外を見ている。	ガタン、ガタン、ガタン…… (モ) そんなことはない。	2+0
808	Italian Cuisine / Cafe	② アパートの壁が眩しく光を反射している。小さな窓にリサがいると思う。 ↑Pan upして、 ① ヨーロッパのどこかの街、石畳の細い路地を走って行くモリサキ。(旧)不要。全体カゲの中。(初冬)	(モ) きみがいなくなるわけない。僕もきみの前からいなくなったりはしない。 fix 1.0 Pan 2.0 fix 1.5	5+0
809		モリサキの部屋。無人の空気が漂い。丸イスは倒れたまま。ベッドからシーツは外されている。手前が明るい、奥が暗い。		

<16:9>　　(+)

No. C.62

Cut	Picture	Action	Dialogue	Time
↓ つづき		カット頭すぐに 勢い良く ドアを開ける モリサキ	バン!	1+12
810		息せききって 帰ってきたモリサキ。 リサに向けた 笑顔が、		
↓		消えてゆく。 一寸身をおこして、つけてPAN		3+0
811	花ビン in 映りこみアリ	テーブルの上に、 カバーのなくなった オルゴールが置かれて いる。 枯れた花弁がひとひら 音もなく落ちる。 ※7C4のテーブル、統一して下さい	(モ)… 僕は、	2+12
	↓			

<16:9>　　(+)

No. C-63

CoMix Wave FILMS

Cut	Picture	Action	Dialogue	Time
812		くもり空に 細い雪が風に 舞っている。 Pan 4.0 fix 1.0 Pan Down	(モ) 僕はきみの 不在に	
回想オワリ		墓石の前に立っているモリサキのシルエット。 全体グレーに沈んでいる。	備えなければいけない。 決して。 ※以上のセリフは部屋で交されたリサとの会話。	5+0
813		眠っているモリサキ。 額に小さな手がのせられている。		
		ゆっくり目を開く。 ボンヤリした声で言う。	←一寸間があって。(2+0) (モリ) …リサ。 そこにいたのか。	6+0
814 つづく		モリサキ、半身にシーツをかけている。 ※アスナがかけた。 アスナ、慌てて手を離す。 雨はきれいに止み、外には巨大な虹が	(ア) あの… 先生、苦しそうだったから… (モ) アスナ…	

<16:9>　(夕方) かかっている。　(+)

No. C-64

CoMix Wave FILMS

Cut	Picture	Action	Dialogue	Time
↓		モリサキ 身を起こしながら。	(モ) 私は、 何か言ったか? (ア) イエ…。	
↓		モリサキ 虹に気づく。 アスナも振り返って 見る。 小鳥がサッとよぎる。	(モ) 虹だ…。 (鳥) チチチ、 ピイ…	12 + 0

<16：9>　　　　(+)

No. C.65 〈ソレの探索〉

Cut	Picture	Action	Dialogue	Time
815		高速で流れるBG。6Kほどあって、	ドカカッ	
		ギャロップで走る馬の前脚がIN		
		岩をハネ上げ、水滴が輝く。雨あがりの地面。	ドカカッ	
		followしつつカメラ離れてゆく。		
		走りの2サイクルくらい。BGはCG＋全コマBGレタッチ、か。	↓	1+12 ±α

<16:9>　　　　(+)

No. C-66

Cut	Picture	Action	Dialogue	Time
816	follow	馬を走らせているシンの 雨あがりの夕方、 空ははるか彼方、 山の上あたりが明るい。 空、地上、何段かマルチで。 遠くにハイキョが見えてる。	遠くのハイキョ。 カベの一部が空を反射して明るい。	4+0
817		崩れたレンガの 塀のある場所に 駆け登ってくる。		
↓	もう一寸 手前まで 来る	前方に何かを 認めて、 しかし馬はすぐには 止まらず一回り しつつ。		
↓	out	シンはとび降りて 手前にoutする。 (馬も後をついてくる)		4+0
818 ↓ つづく	in	まだ新しい 焚火の跡。 シンの駆け寄る 足がすぐにin。 ※地面 湿っている。		

<16:9> (+)

No. C.67

Cut	Picture	Action	Dialogue	Time
↓ つづき		手をかざして温度を確かめる。 駆け寄った勢いでそのままかがむ感じ。すばやく!		2+12
819	スタート アタマ	リン立ち上がり、目ざし前方を見すえ、呟く。 馬近づいてきている。	(リン) …異族(イゾク)の土地のほうに向かってる…!	
↓		リンに親しげに鼻面を寄せる。仲良しです。	わりと小柄の馬	4+0
820		セリフ言って、すぐに馬 とびのって。	(リン) 急ごう。	
↓	暗い ← 明るい(7Q) → 雲のとぎれ間 out	前足をけり上げるワンアクション入り。	(SE) ゴロゴロ… (out後、遠い雷鳴がひびく。)	8+0

<16:9>

雲が垂れこもる山合いにoutしてゆく。

(+)

No. 68 <夷族出現>

CoMix Wave FILMS

Cut	Picture	Action	Dialogue	Time
821		毒々しいほどの 赤い夕焼空を、 トンビが一羽 舞っている。 カットいっぱい T.B.		4+0
822	空 山肌 コード→ ラストフレーム	それを見上げて いるアスナ。 何かに想いを 馳せているのか、 ボンヤリと。 じか P.D.	※ 風に吹かれている カット内で収まる PAN 4+12 FIX 0+12	
↓	ラストフレーム 光→ ※〜823までアスナ スカーフなし!	突然 何かに 気づいて、 AC	(アスナ) あっ!	5+0
823	コード→	手元のラジオを 見るアスナ。 そこはアスナの通う 岩場である。 なんと同ポにあるぞ	(?) 入った!	1+0
824	コード	AC アスナ視点の ラジオ。 両手 in 気味。		
つづく				

<16:9> ガゲルラジ (+)

No. 69

CoMix Wave FILMS

Cut	Picture	Action	Dialogue	Time
↓ つづき		0+12秒くらいに クラヴィスの内部から 光があふれはじめる 盤上のかげ、光源変化		3+0
825		美しい光に 見とれるアスナ フト顔を上げると、	(一寸つけてPAN)	
↓	光を強調して、 BG暗く沈んでいる	更に壮麗な ものを目にする。 感嘆の息を もらすアスナ。	(ア) うわあ……	4+12
826		アガルタの色彩深い雲の間を、巨大な シャクナ・ヴィマーナが ゆっくりと飛んでいる。 夕日をうしろに隠して 神々しく美しい。 ※以降、クラヴィスの光なし	オール動いている? 良い案募集。 (ア) …そっか。	6+0 曲都合で+α
827 つづく ↓	クモ T.B	空を見上げながら 喋るアスナ。 空はもはや地上の もの(821~823) ではない	(ア) わたしがラジオを 聴きながら 見ていた景色は	

<16:9> (+)

No. 70

CoMix Wave FILMS

Cut	Picture	Action	Dialogue	Time
↓ つづき		カメラ側を見て 誰かに話しかける ように。	(ア) アガルタ だったんだね。	4+0
828	→フエ 岩	アスナの視線の 先にいるのは、 物言わず微笑んで いるシュン。 あの日の高台の時 そのままの姿。	カットいっぱいゆっくり T.B.	
↓	クラヴィス アリ c287 参考	カット頭からフワッと 風に吹かれる(一吹き) おもむろに 立ち上がり。 AC	アスナの方を向きながら 立つ。 立ち上がりに つけて わずかに つけPAN	4+0
829	岩	アスナにスカーフを 巻いてもらった右手を 差し出し、 シュンは言う。	(シュン) 行こう、アスナ。 さよならを知る ための旅だ。	
↓		アスナ手を取り 立ち上がろうと する。 AC		9+0

足りる?

<16:9> (+)

No. 71

CoMix Wave FILMS

Cut	Picture	Action	Dialogue	Time
830	空 / アスナ / シュン / 雲ボケ	↓ AC		
↓		アスナ、手前にぐっとシンの腕を引いて立ち上がる…が、奇妙な手応え。	ズル…	
↓	アスナ腕	少年の右腕がズルリと抜ける。		
↓	粘性の糸を引く。 ※スカーフもほどけて!	一瞬断面、白い骨が見える。 cut 不要		1+6 ±×
831 つづく ↓		ショックに見開かれるアスナの瞳から。 ↓		

<16:9> 右目から? (+)

No. 72

CoMix Wave FILMS

Cut	Picture	Action	Dialogue	Time
↓ ブキ	右手を ↕ / BG 暗い	サッと大きく 身を引く アスナ	Ⓐ !! (鋭く吸う息)	0+18
832		微笑んでいる 少年。 一瞬。		0+8
833		で地面に 落ちてくる腕 広角ぽく。	スタート / ゴトリ。	
↓		ハラリと スカーフの端が 下りてくる。	※レーティング時に 断面をハッキリ見せたくない場合、こっちから撮るか? / おなじか?	1+0
834 ↓ [illegible]		はじかれるように 目覚めるアスナ。 顔中に大粒の汗。	Ⓐ ハッ! (息のみ)	

<16:9>　※夜なので髪どめ 外している

＊胸をビクンとはね上げるかんじ。 頭は上げない。

(+)

No. 73

CoMix Wave FILMS

Cut	Picture	Action	Dialogue	Time
↓ つづき		顔を回して 周囲を見ようと するが、金縛りに 遭っているように動かない。 ほんのすこしだけ顔を	ハッ	
↓	※顔戻さず 上目で下に？	こちらに向けられるが、 視線だけでこちらを 見て、 やはり視線だけで 体に目を向ける。 声も出せない。	ハッ	5 + 0
835		手を動かそうと力を 込めているが、かすかに 指先が震えるのみ。 そこは祭祀場のようだが、全体が濃い闇に 包まれている。	(ア) ハッ…	2 + 12
836		地面の草が、 何かの足型に そっと倒される。 指先から 草が倒されて ゆく	(SE) サク…	1 + 8
837		必死に近づいて くる何かを見よう とする。 玉のような汗が 流れている。 恐怖の表情。	(ア) ハッ！ (SE) サク… ハッ…	3 + 0

<16：9>　　(+)

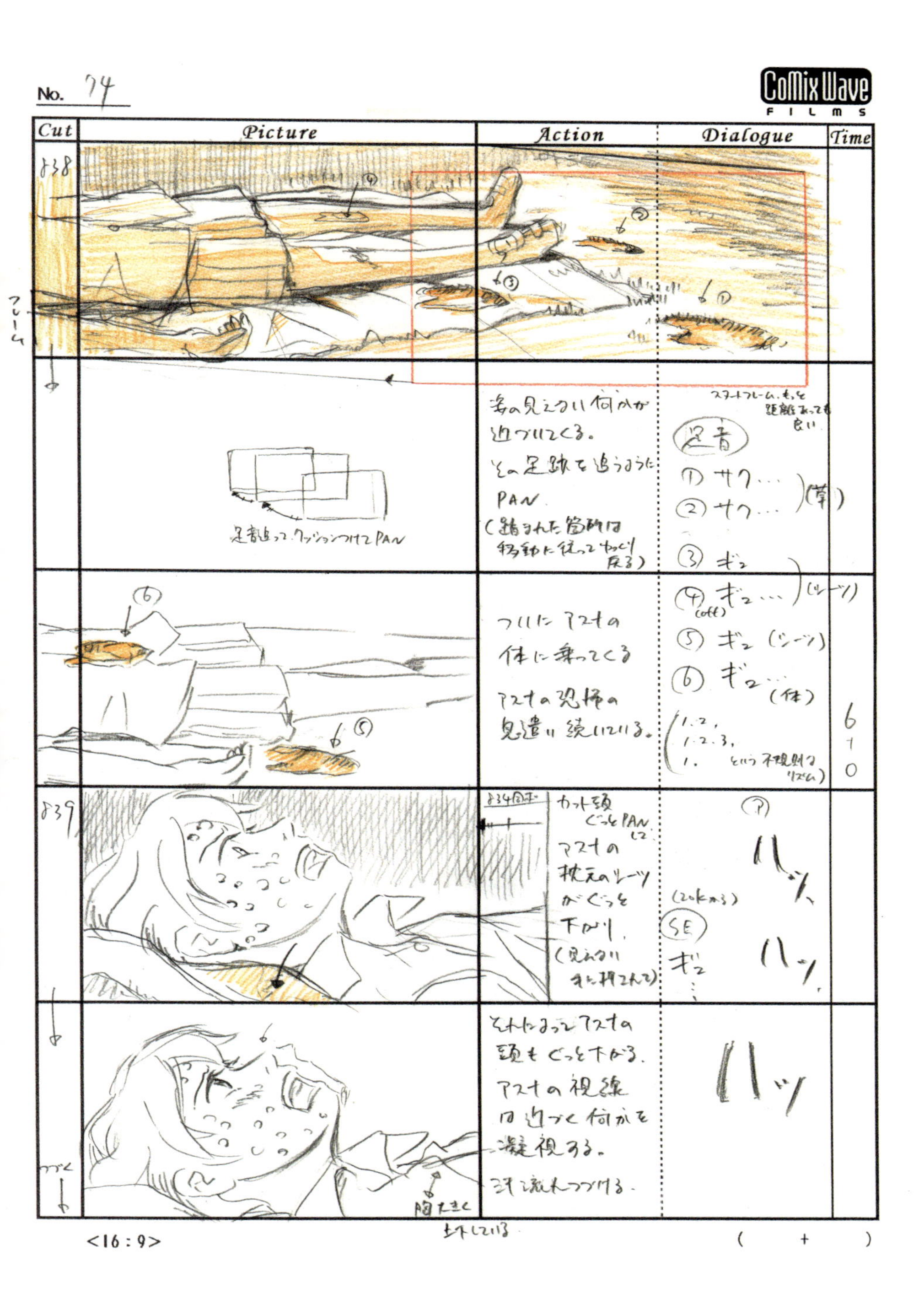

No. 74
CoMix Wave FILMS
Cut
Picture
Action
Dialogue
Time
838
フレーム
スタートフレーム、もっと距離あっても良い。
姿の見えない何かが近づいてくる。
その足跡を追うように PAN.
(踏まれた箇所は移動に従ってゆっくり戻る)
足音追って、クッションつけてPAN
足音
① サク…
② サク… (草)
③ ギュ
④ ギュ… (off) (シーツ)
ついにアスナの体に乗ってくる
アスナの呪縛の息遣い続いている。
⑤ ギュ (シーツ)
⑥ ギュ… (体)
1.2、
1.2.3、
1. という不規則なリズム)
6+0
839
834同ポ
カット頭ぐっとPANして
アスナの枕元のシーツがぐっと下がり。
(見えない手が押し込んで)
⑦
(20kから)
SE
ギュ…
ハッ、
ハッ。
それに合ってアスナの頭もぐっと下がる。
アスナの視線は近づく何かを凝視する。
汗流れつづける。
ハッ
胸大きく上下している
つづく
<16:9>
(+)

No. 75

CoMix Wave FILMS

Cut	Picture	Action	Dialogue	Time
↓ つづき	T.U.	何者か目前まで迫ってきている。鋭く息を吸い込む恐怖のアスナ。 ※視線のみで表現が難しければ、顔にかげおとす。	(ア) ヒッ…! (息のみ) Pan 1+12 fix 1+12 T.U. 2+0	5+0
840	アスナ カミ	ミミが威カクの声を出している。瞳は闇の中で光っている。 ※ミミも怖すぎるか?	(ミミ) フーーッ!!	1+0
841	呼吸で胸上下 in	アスナは汗もかかず眠っている。 カット尻に何かの頭 in ミミ、ポーズ変化を。 こんな格好になり (AC)	フーッ	3+0
842	外の闇	アスナの体の上に不気味な生き物がまたがり顔を覗きこんでいる。 夷族(イゾク)である。 奥からも一体生えてきている。	アーッ アーッ!! ミミ、威カク続けて	4+0
843 リュックとれ		モリサキは何故か気づかずに寝入っている。 アスナに更に顔を近づけ観察するような匂いを嗅ぐような	(モリサキ) 静かな寝息	2+12

<16:9> ※呼吸の動き可能? ※2人のキョリ感、もうちょっと出して下さい イゾク (+)

No. 76

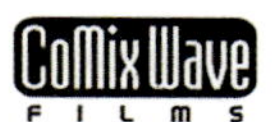

Cut	Picture	Action	Dialogue	Time
844	アスナ	インヅクを追い払おうとしているミミ。 ぐっとかがんで、	アーッ	
↓		インヅクに飛びかかる！		
↓ out		が、 インヅクの手に叩き払われる。 インヅクの手自体は映らなくてOK。	バッ ツメのあとが一瞬光る	2 + 12
845	黒暗い	地面に叩きつけられるミミ。 ％気味から ワンバウンドして	ドンッ！	
↓		コロコロと転がり、 クタッと気を失ってしまう。 ラストホールドでよくくらいのこして下さい	← PAN BG、パースマップとノーマルBG、どちらがスピード感出るか？	3 + 12

<16：9>　　(+)

No. 77

CoMix Wave FILMS

Cut	Picture	Action	Dialogue	Time
846		ミミの方を見ている イゾク。 ミミはピクリとも 動かない		
↓		そっとアスナの 体を持ち上げる。 もう一体のイゾクを 手伝おうと近づいて くる。 ?		3+0
847		怪しくオーロラの輝く 夜空の下、 アスナを抱えた 不気味なカゲが 下って行く。 人ならざる動き。	? なんかこんなん とか	
↓		Out しきる前から Pan-up 雲間に輝く オーロラを映して。		
		F.O.(2+0) 次シーンへの間	fix? pan? fix?	7+0

<16:9> (+)

No. 78 〈夷族(イゾク)の巣〉

CoMix Wave FILMS

Cut	Picture	Action	Dialogue	Time
848			雲ひとつない 快晴の空に、 小さいが鋭い 太陽。	
			P.Dしてゆくと、 奇妙な建築様式 の廃墟。 中天の太陽に 対してほぼ影の中 に沈んでいる。	
		fix 2.0 Pan 4.5 fix 1.5	陽をまっすぐに 受ける乾いた床に、 少女がぽつんと うつぶせになっている。	8+0
849		影と光の境界に 倒れているのはアスナ。 埃が光を拡散して チラチラと舞っている。 チンダル現象。		
↓ つづく	?	2+0 気づくアスナ。 上半身を起こして 周囲を見回す。		

<16 : 9>　　　　(+)

No. 79

CoMix Wave FILMS

Cut	Picture	Action	Dialogue	Time
↓ つづき		カゴつ側りを見て、ハッと身を固くするアスナ。乾いた床から モワッと埃が上がる。 AC	ア ハッ!	8+0
850		視線の先には うずくまった人の姿が。		1+12
851		まだ4〜5歳の少女のよう。 ※望遠の時は乱反射する埃入れるか?		2+0
852 ↓		アガルタに来て初めて目にする人間! 思わず逃げるように身を引く。 (ゆっくり音を立てないように)	※アスナの格好、c777と同じ ア …! (「アガルタ人!?」と言うか?)	3+0

<16:9> (+)

No. 80

CoMix Wave FILMS

Cut	Picture	Action	Dialogue	Time
853		(851同ポ) しかし ゆっくり 顔を上げる 少女。		
↓		顔には泣きはらした涙の跡。アスナの姿に驚くが、怖がる風ではなく。	(少女) ……。	
↓	表情変化 ゆっくりと 土煙立つ。	顔をくしゃくしゃにして涙を流しつつ駆け出す。 AC	※カット内でOLさせて、854での距離を短くしてもOK。タイム両カットで調整して下さい。	8+0
854		全力で泣きながら駆けてくる。アスナは驚いて身を引こうとするが、	(マナ) うわーーん	
↓	PAN 足跡にはケムリが立つ。	逃げきれず、飛びこんできた少女に抱きつかれる。	!! (ア) やっ…!	3+0 −X

<16:9>　　(+)

Cut	Picture	Action	Dialogue	Time
855		アスナの驚き(恐怖)に構わず泣きじゃくる少女。 [852 BG兼用]	(マナ) (ア) びえええ!!	
↓	光 建物自体の影がかかっている	アスナ、少女がまだとても幼いこと、さぞ不安だったのであろうことに思い至り、	(ア) ……。	
↓		恐る恐るだが抱きとめて、頭を撫でる。	(ア) 大丈夫、泣かないで。	
↓		少女が顔を上げる。アスナは優しく笑顔で言う。	(ア) ね、大丈夫。	
↓		少女(以下マナ)は、安心したのか再び大声で泣き出してしまう。 泣きつくところ [AC]	(マナ) びえええー!!	10+0

<16:9>　　(+)

No. 82

Cut	Picture	Action	Dialogue	Time
856		どうして良いか判らず、ただマナを抱いて頭を撫で続ける。 そっと離れて望遠で	(マナ) えええーーーん	
↓	手前ボケBK、 床から湧いて戻る。	フト、手前の影の中をサッと不気味なシルエットがよぎる。 (0+12くらいで in/out) 1k作画		5+0
857	T.B	除々に広がりつつある影の領域。 カットいっぱいT.B. アスナ背中		4+0

<16:9>　　　　(+)

No. 83

Cut	Picture	Action	Dialogue	Time
858		床の上のガレキ。消えかけた彫刻と顔料。差し込む光に埃が輝いている。(1+0)		
↓	埃	をさえぎる影から入れて。アスナの手が入れて持ち上げようとする。重そうだが、一寸持ち上がったところまで。(堆積していた埃が煙立つ)	ゴト…	2+12
859	スマートポーズ	ヨロヨロと危なっかしく、半身をそらして構え。		
↓	うしろはかべの中 床のみえ	思いきり投げつける。 AC ぼく		2+0
860	つづく	乾ききったガレキは粉々に崩れる。(あるいはアスナの力がすごいのか)もうもうと砂煙が立つ。	バカッ!!	

<16:9>　　　(+)

No. 84

Cut	Picture	Action	Dialogue	Time
↓ つづき		アスナはすぐさま駆け寄って壁を点検する。 そこはレンガで防がれた扉らしき箇所 AC		2+12
861		しかし扉はビクともしていない。 "ダメだ…!"の感。		
↓		サッと右へ out 気味。 焦っているかんじを。		3+0
862		がれきの下にもぐりこんで、壁をペしペしと叩いているマナ。 マナも出口を探している。		
	out	もちろん開かない。 他を探そうとがれきから出てきて out.		3+12

<16:9> 光の中に出てくる。

(+)

No. 85

Cut	Picture	Action	Dialogue	Time
263		お互いに駆け寄るアスナとマナ。 アスナはやや不安、 マナはやや元気。		
↓		アスナ、視線をおとしつつ訊く。 首を振るマナ。	㋐ どう？	
↓		他に誰かいないかと周囲を見わたす2人。 マナが何事かに気づき。	㋐ どうしよう…	
↓	out	一点を指さしつつ駆け出す。 アスナもその方向にあるものに気づき。 ア！	(マナ) あー！ ㋐ あ！	
↓	out	追ってゆく。 outしきらなくても可。 ☆光、影から手前に。 ・カゲ、おとしにくければパースを一寸変えてもOK。		8 + 0

<16 : 9> (+)

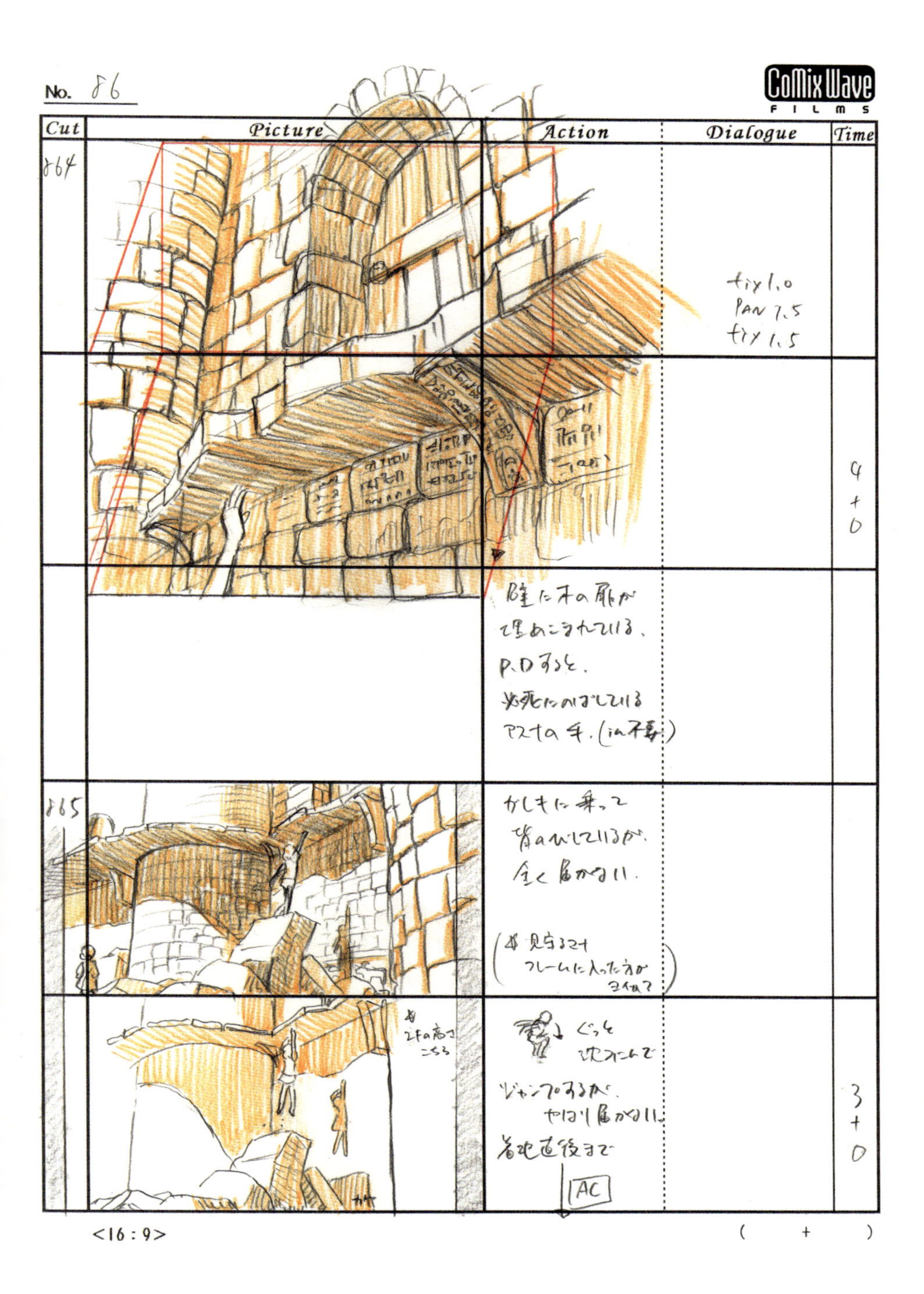
No. 86
CoMix Wave FILMS
Cut
Picture
Action
Dialogue
Time
864
fix 1.0
PAN 1.5
fix 1.5
4
+
0
壁に木の扉が
埋めこまれている。
P.D すると、
必死にのばしている
アスナの手。(in不要)
865
かしきに乗って
背のびしているが、
全く届かない。
(※見守るミナ
フレームに入った方が
ヨイかな?)
ぐっと
沈みこんで
ジャンプするが、
やはり届かない。
着地直後まで
AC
3
+
0
<16:9>
(+)

CoMix Wave FILMS

No. 87

Cut	Picture	Action	Dialogue	Time
266		着地したところから。 奥にロフカンでだいぶ影の伸びた床が見える。		
↓		ぐっと立ち上がって 絶望的な顔で見上げる。 もう何度もジャンプしているのです。	(ア) ハア…。 (ダメだあ…)	
↓		突然、マナの叫び声。 驚いて 振り返る。	(マナ) アァ、アー!!	4+0
267		マナが駆けよってinしてくる。 慌てているのでがれきにつまづいてベチャっと転んでしまう。 アスナすぐに駆けよる。		
↓		アスナのうしろに回り込み、床の一点を指さして何事かを必死に訴えるマナ。	(アスナ) なに、どうしたの?	4+0

<16：9> (+)

No. 88

Cut	Picture	Action	Dialogue	Time
868		マナ、怖がっている様子。	(マナ) あー、あー！	
↓		ギュッとアスナのうしろに隠れてしまう。 指のさされた場所を見るアスナ。		2+12
869		広間の奥、影の中で。		
↓	セル引く → カットいっぱい T.U.	一瞬白いカタマリが床から現れて消える。 (0+12前後)		3+12
870		悪寒を感じ汗をかきはじめている。 目パチ、ギュッと。	(ア) ……？	1+12

<16:9>

(+)

No. 89

Cut	Picture	Action	Dialogue	Time
871		望遠で、部屋の隅。 (8k)		
↓	壊の チンダル現象アリ ＊もっと黒	がしものうしろに、再度カタマリが現れて消える。1秒くらい。 1k 作画。		
↓		一寸間があり、 骨ばった手ががしもに手をかけ 異族(イゾク)が姿を現す。	2+0	
↓		続けて奥にも2体。 水から浮きあがるように。 アスナをまっすぐに見つめているイゾク。	＊床との境界どうしよう？ かすかに波立つ？ 何か？	4+12
872		870同ポジ 昨夜の恐怖をハッキリと思い出す。 反射的に身をひき ↓ AC	(ア) …イ	0+12

<16:9> (+)

No. 90

CoMix Wave FILMS

Cut	Picture	Action	Dialogue	Time
873		マナを ぎゅっと抱き 締めながら 目を閉じてしまう。	(ア)（イ） ヤァ！ しゃがんじゃうか？	1 + 0
874		848同ポジ 光源移動 アスナの悲鳴が 反響する。 太陽の位置は 下がってきている。		3 + 0
875	水ケムリ			
	← PAN ② カメラPANすると、 馬の上に立って遥かを見はらしている シンの姿。 fix2.0 Pan4.5	① 傾きかけた陽を まっすぐに浴びて 輝いている、苔むした 巨大な岩山。 大きな滝が水しぶき を上げて落ちている。 (水煙作画？CG？)	SE 遠い滝の音 ドドドドド…	6 + 12
876 つづく	雲ひとつない空 じわPAN ←	ジッと遠くを 見ているシン。 (2+0)	シン ・・・・。	

<16:9>　　　　(+)

左手、手綱を持ってる

No. 91

CoMix Wave FILMS

Cut	Picture	Action	Dialogue	Time
↓ つづき		手を降ろしながら 呟く。	(リ) ……いいよね。	
↓	ラスト	万策尽きた感で、 目をつむりながら ぐっと顔を伏せる。 ☆何かに集中する かんじ。	→ 1+12くらい 見せる	6 + 12
77	空 P.U.	スタート ①草から顔を上げる 馬の動きにつけるように Pan UP.		
		② 馬も遠くを見る。 耳がピクッと 動いたり。	(リン) ……。	
		③目を伏せ 集中しているリン。 ゆるい風が マントを持ち上げる。	Pan 6+0 fix 4+0 (内OL 2+0)	10 + 0

<16：9>　　(+)

No. 92

CoMix Wave FILMS

Cut	Picture	Action	Dialogue	Time
↓		フレームラスト このあたりまで 878 OL(2+0)して、廃墟らしき塔にカメラT.U.してゆく	T.U. 手前スライド	5+0
879		暗闇の中でキラッと光るクラヴィスのかけら。 ハイライト移動。	SE チリーン (かすかな風鈴の音) こぼす	0+12
880	動き大きく！	876同ポジ クラヴィスの見落しをとらえた！ 見かねず笑顔で叫び、	ツン 見えた!!	1+0
881	スタートフレーム このくらいから。スタート時顔切れていてOK。 追ってPAN つづく	AC ストン！と脚を開いて落ちるように座り。	ツン クラヴィスだ！	

<16:9>　滝

馬の顔 コッチむきかな？ 仲良さそうにして下さい

(+)

No. 93

CoMix Wave FILMS

Cut	Picture	Action	Dialogue	Time
↓		手綱を大きく引く。	(シン) ハアッ!	2+12
882	in	から4Kあって。手綱から大きくはなして走っていく馬。	ドカカッ	
		丘の向こうにfr.OUTしてゆく。OUTしきる前にPANはじめて。	ドカカッ ドカカ	
	→先 ←PAN			
		シンの行手には崩れた塔が乱立する奇妙な都市の遺跡。インクの巣である。	fix 2+0 Pan 2+12 fix 1+12	6+0

<16:9>

(+)

No. 94

CoMix Wave FILMS

Cut	Picture	Action	Dialogue	Time
583	1ん 2ん移動	壁ぎわで抱き合って怯えているアスナとマナ。 光の領域はわずか少なく、夷族は数を増しながらじりじりと影を共に2人に近づいてくる。	ザワ ザワ……	3+12
584		低くかすかなるイゾクの呟きが不気味に聞こえてくる。 半ば床に沈んだままに近づいてくるイゾク。	ザワ ザワ… ザワ……	
	埃キラキラアリ	中央のイゾクがぐっと体を床から出し、カオが日光に触れる。 表面が焦げたような音がして、ビクッと	ジュッ!!	
	影移動	下がるが…（煙など） 全体はゆっくり前進している。 カット尻に手前にた大きく浮きあがるイゾクも。	ザワ ザワ… トプン… 浮き上がって一寸下がる。	4+0
585	ワン つづく	壁ぎわでうずくまっている2人。 マナは目をつむって震えている。 （アスナも怖いが、マナの存在がアスナの行動を大人びたものにする。）	（息を呑む間があって。） ㋐ …影から出られないんだ……!	

<16：9> （ + ）

No. 95

Cut	Picture	Action	Dialogue	Time
↓ つづき	もっと上見て	ハッと空を見上げる。		4+0
286		274同ポジ 太陽はもう壁のカゲに沈もうとしている。		2+0
287		285同ポジ もう時間がない…！という顔をして。	(ア) ……!!	
↓ つづく				

<16 : 9>　　　　(+)

No. 95B

CoMix Wave FILMS

Cut	Picture	Action	Dialogue	Time
↓ つづき	カゲ Wブラシ	何とか出来ないか と必死に周囲を見回す。 こっち向いて		
↓		あっち向いて。 何かに気づいた AC	ア ハッ!	3+0
888		すぐに		
↓	がしも	立ち上がる。 マナに手をのばして言う。 イヤがるマナ。 イヤイヤと首振る	ア ねえ来て! マナ あー、あー! (抗議) ア 大丈夫、おいで!!	
↓ つづく	強引にマナの手をとって駆け出す			

<16:9> 走る時 砂煙で! 追ってPAN BOOK カメラ 斜めに上って回りこむかんじ (+)

No. 96

CoMix Wave FILMS

Cut	Picture	Action	Dialogue	Time
	カゲの中	がしきに 乗って。		
		マナを抱き上げ (意外に重い!)		
		持ち上げる。 AC		6+0
889		マナをがしきに押し上げるアスナ。 最後 アスナの頭を 踏んで 登りきる。	(マ) 登って!!	
	イゾク→ ←イゾクたち ☆安全フレームで見切れないように。	アスナは自力で 軽々と飛び 登る。		

<16 : 9>　　　　(+)

No. 97

Cut	Picture	Action	Dialogue	Time
↓ つづき	in	チラッと うしろを 見てから. もう一度マナを 抱え上げる.		5+0
	※と865を同じ場所です. コンテでは 865の方が 低くなってしまっているので、高さ合わせて下さい. がれきの高さは こちら (889). がれきから2Fへの高さは 865. マナの手まで 30cm くらいのかんじ.	この間にも ゾワゾワと増え ながら近づいてくるイゾク. ※カット尻、イゾク もう一寸増やして 下さい. +2くらい?		
890		アスナ、マナを必死で 持ち上げながら 叫ぶ.	Ⓐ 登ってェ!	
↓		頭を踏ませて 登らせる		
つづく				

<16 : 9>　　(+)

No. 98

CoMix Wave FILMS

Cut	Picture	Action	Dialogue	Time
つづき		マナがアスナの頭に登るのを追ってPan UP.		
		マナも必死に手をのばすが、届かない。指先は宙を切るのみ。		
			fix 1+12 Pan 1+12 fix 1+0	4+0
891		もうがしきまでイゾクがやってきている。 マナの足はジタバタ、アスナの頭をほとんどガンガンとけっている	ザワ ザワ … （イゾクのささやき）	
	ジタバタ アスナが立っているがしき	わずかに残っていた日向もスッと消えて、追ってくるイゾク。 アスナ目をつむってしまう。	ここの光が消える	3+0

<16:9> 広角すぎるか？ イゾクもう一寸大きく見えるレンズの方が良いか？ (+)

No. 99

CoMix Wave FILMS

Cut	Picture	Action	Dialogue	Time
892	手前の本BOOK フォーカスボケ	マナ、必死で手を伸ばしているが届かない。 イゾク迫る。	ア(OFF) お願い。 がんばって…! こぼれる	1+12
893	ヤ カゲ スタート	アスナの足、背のびしているが震えながら下がってきてしまう。 足元のかしもが遂にカゲに覆われる。 1+12くらいでスッと。		
↓	アスナ こへんまで	更に1+12程間があって、ボコッとアスナの足元に湧きあがるイゾク。		4+0
894		アスナ、 もう限界。 マナの重みでだんだん下がってきてしまう。	ア	
↓		涙がぼろぼろとこぼれる。	もう…!	2+0

<16:9> (+)

No. 100

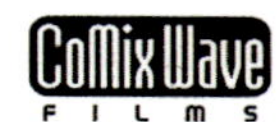

Cut	Picture	Action	Dialogue	Time
895		古い木のドア。 外向があって		
		けやぶられる。 舞う木片。 フレーム このくらいで 足の動き追うように手ブレ	バキッ カメラ もうちょっと 正面寄りに	1 + 0
896		マナの前に 飛び散る破片。 手前に大きく ボケた破片よぎる。 892同木の破片		
	カゲ	スタッと左足が 出し 続けて大きく 右腕が出して マナの手を取り		
	ラスト	グッと 引きあげる		2 + 12

<16:9> (+)

No. 101

Cut	Picture	Action	Dialogue	Time
897		いくつか木片が落ちる。 頭にあたったり 890 BG一部兼用可		
↓		頭上から少年の声。 何事かと見上げると。	(シン) つかまれ!	1+12
898	空	グッと手を伸ばして叫ぶシン。 頭上には青空。	(シン) アスナ!!	1+6
899	背景ボカす?? ポワ	ウソ!という表情のアスナ。 驚きで髪がフワッと持ち上がる。	(ア) ……!! 気持ちを固めてぐっと沈みこむ処まで。(ジャンプ予備動作)	1+20
900 ↓ つづく		889のヨリ アスナ、ジャンプしてシンの手を取る。 イゾクたちはただ見ているのみ。	(AC)	

<16:9>

(+)

No. 102

Cut	Picture	Action	Dialogue	Time
↓		登りきる時に 足場を一寸崩したりしつつ 左（トビラ）へ out する 3人。		
↓		イゾクたちは 水へ溶けるように、画が陰の中に 消えてゆく。 全員消えなくてOK。		6+0
901		奇妙な作りの 通路。 木札が落ちて 雲が流れている。 OLになって、		
↓		木の扉が また けやぶられる。	ドカッ	
↓		マナを背負った シンが 走り出て くる。 そのまま 画面奥 に向かう。		

<16：9> (+)

No. 103

Cut	Picture	Action	Dialogue	Time
↓ つづき		アスナもすぐに続いて出てくる。 思わず周囲を見渡す。		
↓		シンにせきたてられて走り出すアスナ。 シンも再び走り出して。	(シン) 来い！	
↓		シンout。 アスナout不要。	これでする場合、902/903とも12〜20kプラス	5+0
902		走るシンのうしろ姿。 マナが心配そうにこちらを見ている。 BGは要CGモデリング。	本↓ ラスト アスナに手をのばし。 アスナ笑顔で安心させる。	1+20
903		アスナ、走りながら疑問を口にする。 follow. 左側の壁が落ちているので光に入ったり出たり。	(アスナ) あなた… シン？	2+0

<16:9> BG.CG. (+)

No. 104

Cut	Picture	Action	Dialogue	Time
904	走りfollow	シン、皮肉を言いつつも ちょっと嬉しい。 という表情ください。 follow BG、903と兼用する でもどうせCGだから一寸 アングル変えましょう	(シン) 今度は間違えなかったね。	2+0
905	out	先をまっすぐに 伸びる塔の 外壁。 1+0あって、 シンが駆け 出してくる。		
↓	out	シン駆け降りて out。 アスナもすぐに続くが、 ハッとなって 立ち止まってしまう。 カメラT.Bすると、	fix 3.0 T.B 4.0 fix 1+12	
↓	T.B			
↓				8+12

<16:9> そこは崩れたなハイキョである。 (+)
陽が落ちはじめ、谷の底にはモヤがかかりつつある。シン、立ち止まり
アスナの方を向く。

No. 105

Cut	Picture	Action	Dialogue	Time
906				
	・風アリ。強風ではない。 シンの言葉に ふりむく	← PAN スリバチ状の地形に いくつもの塔が崩壊して 埋もれている。 アガルタ最盛期の名残 である。 ホーゼンを見つめる アスナ	Pan 3.0 fix 2.0 (ア) ……。 (シン) ここは 夷族の巣だ。	5 + 0
907	遠くの塔	風に2人の髪と シンのマント吹かれて いる。 マナを背負い直し、 セリフ后 体を前に向け るから…	(シン) ヤツらお前たちを ケガレタ血だと 言って喰い殺した がってる。	3 + 0
908	ソラ	・シンを追ってアスナも	(シン) (off) 逃げるぞ。 (SE) (シンの足音)	
↓	★シンに会えて 安心、嬉しい。 大変な状況だけど もうあまり怖くない。	走り出す。怖いので 壁に手をつけたりしなが ら。 out するか？	(ア) シン！	2 + 0

<16 : 9>　　　　(+)

No. 106

CoMix Wave FILMS

Cut	Picture	Action	Dialogue	Time
909		階段を 駆け降りてゆく リン、in不要 アスナ、リンの 背中に向かって 叫ぶ。	(アスナ) どうして ここが わかったの!?	
↓	out in 907と同じ背	☆リンより階段の 内側を走る	↓	
↓		必死に ついていく感じ。 out不要。	(ア) 私、あの後	3 + 0
910	follow	リン follow BGスライドで OK。	(ア) (off) リンを追って アガルタまで …	
↓		目元髪で 隠れたりして、	(リン) コッチは ↓	2 + 12

<16：9>　　　　(+)

No. 107

Cut	Picture	Action	Dialogue	Time
911		走っている アスナ follow. リンの言葉を聞いて。	(リン)(off) イイ迷惑だぜ。	
↓		ムッとしちゃう。		1 + 20
912		壁面を駆け降りている2人follow. 遠景の崩壊した塔をゆっくりうしろに引いて高さと距離感出す。 アスナ思わず苦情。リン相手にしない。	(ア) ナニよ、 私はリンに もう一度… (リ) ムダ口言わず 走れ。奴ら追って くるぞ。 (ア) 走ってるよ!	6 + 0
913		階段を下りてくる リンの脚から、		
↓ ↓ FIX		途中でジャンプして、手前の倒れた塔にストンと着地。		

<16:9>　　(+)

No. 108

Cut	Picture	Action	Dialogue	Time
↓ つづき	← out / もっと低く	素早く 周囲を見渡した、 斜面を駆け登りはじめる。		
↓	in / ここらへんから出しでも良いかも。	シンがout しきる前にアスナもin、シンより低い所からジャンプで降りて、シンを追って走る		
↓		アスナを追って カメラPAN、		
↓		カット頭 / スタートフレームここらで。シンを追って→PAN. / in / ここでジャンプ		
	ガサガサと手足で進むヤツ、 / 頭だけ出して滑るように進むヤツ、 / 亀のように水面(地面)を出入りするようなヤツとか、いろいろいます。 / 夷族の移動 / PAN	PANしきる直前くらいに、 影の中を夷族のムレがザーッと 2人を追って行く。	fix 3+12 / PAN 2+0 / fix 1+0	6+12

<16 : 9>　　　　(+)

No. 109

CoMix Wave FILMS

Cut	Picture	Action	Dialogue	Time
914	← follow	アスナややアオリで、ハッとイゾクに気づく。ホントに来た！という感じ。	ア ハッ！	1+0
915	← follow	影の中で2人を追ってゆくイゾク、カット中で全体が近づいてゆく。足場の塔CG、2K	ア ツン、ツン、追ってきたよ！	2+0
916	↓引き / つく	ツン正面からfollow。馬上でチラッとイゾクの方を見て、見ている処から。		
↓		キッと前方をにらむ		1+12
917 / ↓ / つく	←	前方には大きな亀裂が。ツン、ふんしてジャンプ。		

<16:9> (+)

No. 110

Cut	Picture	Action	Dialogue	Time
↓ つづき		軽々と飛び越えて着地 ↓ AC	## ッ	1+12
918		その勢いで ザッとうしろを向き、叫ぶ。 (砂煙立つ。)	(シン) アスナ、飛べ!!	1+8
919		えぐっ?! という顔のアスナ、陽のあたる斜面を全力疾走中。 地面はCG+流線 レタッチ	(ア) ……!	
↓	うしろの路はBook Book	しかしシンの存在に無意識のうちにも勇気づけられている。覚悟を決めて。 ラスト ぐっとカメラに迫る。もっと寄る。		2+0
920 ↓ つづく	Book Ⓐ Ⓐ Ⓑ Ⓒ	↓ (AC 同) まるで陸上選手のように走る! follow 足元CG、あるいはBG動画? 奥のハイチョウマルチで距離と空気感出す。		

スタート位置

<16:9> (+)

No. 111

Cut	Picture	Action	Dialogue	Time
↓ つづき		3歩目(4?)で ジャンプ! スタートからここまで カメラ走り引く。		
↓		足場が消える 浮遊感。 1+0くらい?		
↓		わずかに対岸に 届かないが、 シンの手に グイッと引かれる。		
↓	カメラは 慣性で 止まらない	引っぱりつつ 抱き込むかんじ。 ? AC		2 + 12 −α
つづく ↓		こんなかんじ から。	次頁へ	

<16:9>

(+)

No. 112

Cut	Picture	Action	Dialogue	Time
つづき		アスナを守るように 抱きかかえ、 慣性を殺すために うしろにジャンプ するシン。		
		カメラ手前に すべり落ちてくる。 転がるとか？バウンドするとか？ ムー、分かりません。動き よろしくおねがいします。	ザン！	
		欠	(ア) ドン！	2 + 12
921		920から(AC)で ↓ アスナを抱きかかえて ひっぱるシン。 バランスを崩し、		
つづく		その勢いで 倒れ込み 転げ落ちてくる。		

<16：9>　　　　(+)

Cut	Picture	Action	Dialogue	Time
↓ つづく		アスナをかばうように抱いているシン。バウンドしたりしつつ		
↓	回りつつ落下 アスナ	カメラいっぱいまで？ OLt気味まで？	ジャンプ 落下	2 + 0
922		in 斜面からせり出た部分に落下してくる。背中を強く打ちつけられるシン。画面動.	バン！ (シン) クッ！	
↓	＊BGこちら	アスナ、BP身を起こして自分をかばってくれたシンを心配する。シン、クタっとして動かない.	(ア) シン！	2 + 0
923 ↓ つづく		亀裂の向こう側。影の中。イゾクたちがアスナたちの方向をうかがっている。何体かがスーッと合流してくる。	(イゾク) ヒソ… ヒソ…	

<16 : 9>

(+)

No. 114

CoMix Wave FILMS

Cut	Picture	Action	Dialogue	Time
↓ つづき		影の中に沈み込んでゆく。何体か写ってOK。	ズル……	3+0
924		もう一度シンの名を呼ぶアスナ。(今度は叫ばない)。シン、イテテ…という感じ。	(ア) シン…。 (シン) う…	
↓		目を開き、アスナの顔を目前にして思わず赤くなる。怒ったような表情で素早く (AC)	(シン) ン! ※921カット尻から、2人にぶるんブラシ有	2+0
925		↓ 起き上がる。マナ、上から心配顔でのぞきこんでいる。	(ア) 平気?	
↓ つづく		シン立ち上がりつつセリフ。	(シン) 行くぞ。	

<16:9>　(+)

No. 115

Cut	Picture	Action	Dialogue	Time
つづき		リン駆け出し、アスナも追って斜面を駆け登ってゆく。途中でやってきたマナを再びおぶるリン。	マナ、自分から飛びのる。すっかりなついてる風	
	カゲラスト	影が2人を追うように延びていく。 2人out不要。		5+0
926	スタート カゲ ㋐ 夕日を反射して輝く、倒壊した塔。	㋑ P.Dすると走っている2人の姿。影の領域が中心を上に広がっていく。	fix 2.0 Pan 3+12 fix 0+12	6+0
927 つづく	Ⓒ Ⓐ Ⓑ	走っている2人。前からfollow。BGマルチで下へ引く。 アスナ、走り疲れてきている。夕日は崖の縁に沈みかけている。 上空の空の色が濃い。	Ⓟ ハアッ ハアッ ハアッ …	

<16:9>　　・フレーム→傾ける　　(　+　)

No. 116

Cut	Picture	Action	Dialogue	Time
↓		アスナ、 あえぎながらも カット尻に影の 方向を見る。	(ア) ハァ、 ハァ…	4 + 0
928		→ follow 影の中を追ってくる イゾク。 カット頭すぐに出現、 カット内で増えてゆく。 (もっと望遠でも良いか?)	・壁面3DCG、 ・BGマルチでスライド、 ・スーッと滑ってくるもの、 泉のように壁面を出入 するもの	3 + 0
929		夕日に光る塔の 先端、うしろの雲の 峰も輝いている。 (1+12) マナを背負った シンが駆けこんでくる。		
↓		マナを背から降ろす。 アスナも倒れこむように inしてきて つかんからヒザを 着く。	(ア) ハァ、 ハァッ、	
↓		アスナに駆けよる マナ。 シンは下方を 睨んでいる。	ハァッ、	5 + 0

<16:9>　　(+)

No. 117

Cut	Picture	Action	Dialogue	Time
930	(シン) 剣を抜こうとするが、とどまる。	(AC)で アスナに抱きつくマナ。 沈んでゆく太陽、近づいてくる影をイゾクたち、	(マ) ハアッ… （# アスナ、マナを抱きとめつつ 手前に下がってくる	2+12
931	ソラ カゲ	アスナたちが影に飲みこまれるのを待つイゾクたち。 立ち上がるようにして近づいてゆく。	(イゾク) ヒソヒソ… ザワザワ…	
↓	ラスト全影 もっと近づく。	光の領分はサーッと消えてゆく。	ヒソ…	3+0
932	カゲIN	影は2人の足場もみるみる覆ってゆく。 シン、イゾクから視線をそらさずにおもむろにセリフ。	(シン) (1+12あって) …アスナ、クラヴィスの欠片(かけら)を持ってるね？ (ア) え…うん。	
↓ つづく	右足下げつつ	会話の間にも、影は体を覆う。 セリフ後、頭まで影に入るまでの一瞬の間があって、(1+0くらい)	(シン) 返してもらうかな。 (ア) え？	

<16:9> (+)

No. 118

CoMix Wave FILMS

Cut	Picture	Action	Dialogue	Time
6 つづき	全身が	突然 アスナたちを 抱きかかえ、		
↓	先端	タタッと 2歩で先端から 身を躍らせる。		
	追ってPAN。 足場が消え、 遥か向こうのガレキが 一瞬見える。	AC		8 + 12
933		バワッと 一斉に飛びかかって いるイゾク。		
↓	out 6	しかし届かず。 勢い余って落下して しまうイゾク2体。 それ以外は影と なった塔の表面に 溶けるように消えてゆく。		1 + 18

<16:9>　　　　(+)

No. 119

CoMix Wave FILMS

Cut	Picture	Action	Dialogue	Time
934		倒壊した塔、折り重なったガレキのはるか下に急流が流れている。 4Kあって。		
		脚から大きく in.		
		落ちてゆく。		
		イーゾウも in.		
		もう一体 in.		4+0

<16 : 9>　　　　(+)

No. 120

CoMix Wave FILMS

Cut	Picture	Action	Dialogue	Time
935		濃くなりはじめた 空にそびえる 塔群の間を. 落下してくるシンたち。		
↓		アスナの頭を守る ように抱えている. 画面いっぱいまで。 ラスト3ト前後. ぐっと詰めて表情の 印象残す		1 + 12
936	流れ	アオリの水面. すぐに着水して.	ドボー	
		追ってPAN. 落下の勢いで グングン沈んでゆき.	ン…	
		川底近くで ようやく止まる。 泳ぎ出すまで AC180°C	fix 0+6 Pan 2+18 fix 1+12	4 + 12

<16:9> (+)

No. 121

Cut	Picture	Action	Dialogue	Time
937	流れ → follow	泡から出てくる 穴から、in不要。 アスナたちを捉えて 流れ出すシン。 → 筋で流れを表現。		
↓	in Book	落下してきた イゾクが更に in。		
↓	in	手前にも in. 水に溶けるように バラバラに分解 されていってしまう。 （2体とも）		
↓	Book	シン、 水面に向かい はじめる。 イメージ		5 + 0
938 つづく ↓	follow	水面follow。 すぐにカゲが昇ってきて シンが顔を出す	シン プハッ	

<16:9>

川の表面 BGグラデーション + 明るい筋 + 暗いスリ

(+)

No. 122

CoMix Wave FILMS

Cut	Picture	Action	Dialogue	Time
↓ つづき		シンに引き上げられて、アスナをマナも顔を出す。	(アスナ) (マナ) プハッ。	
↓	follow中なので何か画面をすべらせつつ	アスナを離し、マナを引きうけるシン。"アチラに行け。"と顔を小さく振ってアスナに伝える。	ハァ、ハァ…	
↓	2人の間もっと離して。 時折沈んだりしつつ アスナout	アスナ、自分で泳いで右へout。マナを抱えたシンも続く。(out しない)		6+0
939	流れ	流れから突き出ている壁に、 1+0 あって		
↓ つづく	IN	アスナの右手がINしてくる。		

<16:9>　　(+)

No. 123

CoMix Wave FILMS

Cut	Picture	Action	Dialogue	Time
↓ つづき		流れで壁に押しつけられるように入ってきて、同時に右手を画面外に伸ばして叫ぶ AC アスナ。	顔が水に沈んだりしつつ in (ア) シン！	2+12
940	in気味 流れ	マナを抱え、流されつつ泳いでくるシン、in気味から シンがアスナの手を掴み、	手首をつかむ。	
↓		アスナ、ぐっと引く。 カメラ ← PAN しっぱなし AC		4+0
941		必死のアスナ、手前、水しぶきあがっている。		
↓	in	シンの腕がinして、アスナ安心して笑顔を見せる。		3+0

<16:9> ホーンでやりにくければアングル変えて下さい。 (+)

No. 124

CoMix Wave FILMS

Cut	Picture	Action	Dialogue	Time
942		レンもようやく笑顔を見せる。 いつの間にかアスナに心を開いている。		2+0
943		フト、何かの気配を感じて左側を見るアスナ。		
↓		驚きと恐怖に目をみはる。 こちらの表情が残るように。	(ア) ハッ! (SE) ズバッ!!	0+18
944		一瞬下半身の残像のこって。 レンの背中が大きく裂けている。 マントの布片が舞っている。アスナ驚愕の表情。		
↓	血→	レン、ゆっくりと水に倒れこんでゆく。 追うようなわずかなPAN 川面におびただしい血が流れる。 (AC)		3+0

<16:9> (+)

No. 125

CoMix Wave FILMS

Cut	Picture	Action	Dialogue	Time
945		シン、声も出ず。 マナを抱えたまま	(マナ) アー、	
↓		沈みつつ 流れに押され はじめる。 掴んでいたアスナの 手も離してしまう。	アー！ 946	2+0 0+12
947		アスナ、悲痛な 叫び声をあげながら 助けようと前に出た ところで、	AC 右手を伸ばしながら、前にぐっと身をのりだして叫ぶ (ア) シン!! 946 947	
↓	in ※もっと広角、アオリっぽいかんじになりますか？ out	壁のうしろから イゾクがヌッと 姿を現す。 シンとマナは沈み つつ out.	(ア) ヒッ!!	2+0
948		がけの上から アスナを覗きこんでいるイゾク。 シンとマナは急流に 乗ってしまい、		

<16:9>　　(+)

Cut	Picture	Action	Dialogue	Time
↓ つづき	out	みるみる流されてしまう。カメラ側に寄ってきつつfr.out. 一方、かしきにはもう一体のイゾクが生えてきている。		3+0
949	in	アスナを覗きこんでくるイゾク。 アスナはイゾクから目をそらせず、後ろに下がる。足元に段差がある。		
↓		上から手がinして、奥にもう一体が顔を出す。		3+12
950	イゾク 水面	決意を固める 一瞬の間があって(0+12)、呟く。	(ア) …助けなくちゃ。	
↓ つづく		直後、ぐっと沈みこんで、		

<16:9>　　(+)

No. 127

Cut	Picture	Action	Dialogue	Time
↓ つづき		右手前に 飛びこむ! キレイなフォームで? PAN		2 + 12
951		AC　948フレーム調整 一度水中に 潜りこみ、	ドボン!	
	出てくる　out	再び出てくる。 激しい流れの中を 必死に泳ぐ。 （クロール） 目で追うイメージ		3 + 0
952	in	急流。 大きく手前からin. 必死に泳ごうとするが、 波に飲まれて 水面に現れるたびに、 腕が上がらなくなってゆく。		
↓				

<16 : 9>　　　　(+)

No. 128

CoMix Wave FILMS

Cut	Picture	Action	Dialogue	Time
つづき		追ってPan up すると、ずっとむこうに 流されてゆくシンたちが チラチラと見える。 追ってゆくアスナ。		
		P.U. だが距離は あまり縮まらない。		
		奥は闇。 闇と水に飲み こまれるように、 ラストは見えなく なる。	fix 4.0 Pan 3.0 fix 4.0	11 + 0
	Cパート 終わり。			

<16:9>　　　　(+)

Dパート

No. D・1

Cut	Picture	Action	Dialogue	Time
	Dパート			
953		モヤが立ちこめた早朝。光が大気に筋を作っている。岩場をカメラがPANすると、モヤにかすんだ眼下に湿地帯が見える。低い崖に数本の細い滝。		
	朝日 in out	水鳥が何羽か音もなく飛んでいる ここまで6+0あって。ゴロゴロした岩場を、ミミが駆けこんでくる。身軽に岩の上をジャンプしていきout。		
	in ブラシカゲ+スーパーの光筋。	ミミを追ってモリサキもin。(ブラシ影先行) 最初の足場はミミと同じ岩だが、ザッと下に飛び降りて違うルートを行く。ラストもう一歩くらい。気にしている風。	ジャケット 銃を背負っている	10+0
954		follow	一点を目指しているように岩場を駆け降りているミミ、follow。ホンホンと2回ジャンプして、	

↓ つづく

<16:9>

※BGに対してのミミの小ささが出るように。

※岩の影に入ったり光の筋に入ったり。(+背が低いので)影の中の方が多い

No. 17.2

Cut	Picture	Action	Dialogue	Time
つづき		一寸立ち止まり モリサキを急かすように見て、(follow ストップ)		
	out	再び ポーンと out. out	(単純な直線移動にならないように)	3+0
955	in	手前大きな岩、表面に朝日が当たり 水がしたたっている。奥の岩肌は全カゲ. 駆け降りてきた モリサキがザッと入れ、目を見張り.	水の筋BG. T光 キラキラで水流. しずく ポタポタ.	
	スーパー	叫びながら駆け出す。岩陰から光の中に 出てout (下りて行) 必死の表情で out.	(モ) アスナ!!	3+12
956 つづく		岩場を降りた処が 湿地帯になっている。岩と草の間にゆるい 川の流れ、流木に ひっかかるようにアスナが 横たわっている。駆けよっていく ミミの姿.		

<16 : 9>　　　(+)

No. D-3

Cut	Picture	Action	Dialogue	Time
↓ つづき	in	0+20くらいあって モリサキin。 自身の乗っている 岩から		
	朝日 ※朝日あたっている。 朝モヤ、うすく残した。 ブラシ影はなくても 可か。	飛び降りて、 一瞬画out して、	アスナ 111	
	in	再びinして アスナに駆け寄って 行く。 ミミはアスナの 胸に達している。		3+0
957	→チョウチョとんでる 岩	流木の角で気を 失っているアスナ、 水中にはやわらかな 川藻が繁っていて、 クッションのようになっている。 アスナを心配そうに 覗きこんでいるミミ。前足で顔を叩いたり		2+0
958 つづく ↓		横から。 湿地のモヤは晴れつつある。 アスナがいる辺りまでの 水面は、水中が透けて見えている。 (セル 波紋とヌリワケ、Bookの川藻で アスナの接地面隠れている)		

<16:9>　手前 草と岩　↓カット頭すぐに。　(　+　)

No. D-4

Cut	Picture	Action	Dialogue	Time
↓ つづき	バシャ!	モリサキ、水辺に駆け込んできて、アスナにかがみこむ。 ↓ (AC)	(モ) アスナ! おい。	2+12
959	うで 光	モリサキなめてアスナ つかん。 右手でアスナの頬に触れながら声をかける。	アスナ…!	
↓	→ 光	反応するアスナ。目は覚まさないが、無事のよう。	(アスナ) う…ん…	3+0
960	光 クモ アスナアップ	ホッとした表情を見せるモリサキ(とミミ)。丸一日以上探し回っていたのです。 頭上は澄んだ朝の空。	(モ) …… (ホッ)	
↓	モリサキ、ここまで顔向けない。ACで次カットへ。	フト、ミミが何事かの気配に気づいて川上を見上げる。 モリサキ、不審に思いミミの視線を追う。	モリサキ、ミミを見てから	4+0

↓(AC)

<16 : 9>　(+)

No. D.5

CoMix Wave FILMS

Cut	Picture	Action	Dialogue	Time
961		視線の先、 消えかけた朝モヤの 上に低い丘があり、 細い滝が流れています。 馬らしきシルエットが 動いている。	馬 数歩歩いてきて 立ち止まり、 地面に鼻面を寄せているかんじ	
	朝日側、明るい空。 チョウチョ モヤ ※水面空の反射色、水中は見えない	驚いて立ち上がり、 呟くモリサキ。	(モ) …馬？	4 + 0
962		カット頭から、 数羽（3〜5）の 水鳥が驚いた ように飛び上がる。	バシャ バシャ バサ …	
		その奥には、 岩の向こうに顔を のばしている リンの馬の姿。		
	① ② IN ラスト 水面	モリサキの気配に 気づき、こちら側に 顔を向ける馬。 （怯えるでもなく、目カメを合うように。） 銃を構えたモリサキが 左からIN。		5 + 0

<16：9>

ジャボ
ジャボ

トリ

このくらい離れてる。

(　　+　　)

No. D.6

CoMix Wave FILMS

Cut	Picture	Action	Dialogue	Time
963	ソラ 水鳥 銃	(AC) 前カットから ACで止まる。 強く目パチ。 目をみはっている モリサキ	(モ) ……！	1+12
964	岩	岩の向こう側、気を失って半ば水に浸っているシンとマナ。 水面には所々藻が浮いている。 ハモンいくつか。	(モ) ……クラヴィスを わたせと。	3+0
965	水面	モリサキの言葉に、真剣な表情でうなづくアスナ。 岩の転がった河原、奥には緑に覆った川面。 ~~アスナはモリサキのTシャツに肩からタオル~~	(モ)(off) 彼が、そう言ったのか？	2+12
966		考えこむような モリサキ 顔を上げ、	(モ) ……	2+0
967 つづく ↓		(AC) モリサキのセリフ続く。 即席の石のカマドを囲んでいるモリ、アスナ、マナ。 マナは地面に座りこんで ミミとあそんでいる。 焼肉をエサに。	(モ)(皮肉っぽく) きみたちを攫った 連中には、 私らは 歓迎されざる存在のようだな。	

<16：9> 奥にはゆるい流れの川。対岸は堆積岩のガケになってる 荷物も全て持ってきている。 (　+　)

No. D-7

CoMix Wave FILMS

Cut	Picture	Action	Dialogue	Time
↓ つづき		モリサキ マナを見てセリフ	㋲ … このイモ	6+12
968	ムシロ	ムジャキにミミと遊んでいるマナ。 ミミ、ジャンプしたり、両手でつかもうとしたり。	㋲(off) どうするか。	
	パッ	自分の話題になっていることに気づき、顔を上げる。 そのスキにミミにイモをとられちゃう。		
	ラスト?	一瞬やられた!というカオをして、でもすぐ笑顔になって アスナの方に駆け寄ろうとする。 out 不要。		3+12
969 つづく		マナ、すぐにinしてきて、アスナの体を引っぱるようにして右の方向を指さす。 アスナ驚いて訊く。	㋮ あー、あー! ㋐ どうしたの。	

<16:9> ハンゴウ モリ リュック (+)

No. D.8

CoMix Wave FILMS

Cut	Picture	Action	Dialogue	Time
↓ つづき		マナの指す方向に目を向ける2人。 モリサキは集落の可能性に気づいている。	(ア) あっちに何かあるの？ (モ) 川下か…。	6+0
970	夕方か	スタートポーズ 岩陰に寝かされているシン。 (1Kあって)苦しそうに顔を動かしつつうわ言をあげる。 馬が心配そうに顔をよせる(in不要)。	(シン) ク…… う…	2+12
971		969同ポジ それはか細い声だが、即座に気づき立ち上がるアスナ。 モリサキもほぼ同時に気づく。	(ア) シン！	2+0
	タオルおちる ハンゴウの手前をout カップおいて 足もとにカマドの石があるので大きくまたぐように	モリサキのダボT＋キュロット		
	out気味 タオル ハンゴウのふた	マナも追う。 モリサキは冷静に視線を送るのみ。		

<16：9>　　　　(+)

No. D・9

Cut	Picture	Action	Dialogue	Time
972		1+1/2あって、アスナがinしてくる。岩かげの中のシュンのかたわらに	(SE)(アスナの足音近づいてきて。)	
		しゃがみこみ、馬と共に顔を寄せて喋りかける。苦しそうなシュン (AC)	(シュン)う…	3+0
973		その様子に驚くアスナ。シュン、不意に	(ア)…すごい汗！	
		目を開いてアスナを見る。マナも(まって)inしてきて。	(シュン)…アスナ…？ (ア)シュン！	
		シュン、マナに気づき、安心したような表情で云う。マナ、うんうんとうなずく。	(シュン)オマエも無事か。	

<16：9>　　(+)

No. D・10

CoMix Wave FILMS

Cut	Picture	Action	Dialogue	Time
つづき		馬がぐっと鼻をシンに寄せて甘える。シンも嬉しそうに笑顔を見せる。		7+0
974	スタート リュック	モリサキは鋭い視線をシンに向けたまま、フレーム外(右の腰)からハンドガンをそっと取り出し、	(ア)(off) よかった。気がついて…	
	カチャ…	視線をそらせずにそっとマガジンを取り外し、	(シン)(off) そうか、俺たち流されて…	
	チラッ カチャン	チラっと弾をチェックするように見て、再びマガジンを腰のに収める。素早く慣れた動作。		3+12
975 つづく		無理に上半身を起こしつつ尋ねるシン。アスナは安静にさせようとするが、	こぼす (ア)待って。いま水を…	

<16:9> 起き上がりきる前からスタート　(+)

No. D・11

Cut	Picture	Action	Dialogue	Time
↓ かぶせ		リンが目の前に モリサキを見つけ、 叫ぶ。	(リン) …オマエ は!!	
	パッ	ほぼ同時に 左手で枕元の 短剣をパッと 掴み、 (視線はモリサキに 固定したまま、半ば		
↓		無意識に、素速く) シーツをはね上げて ダッと駆け出す。		4 + 0
976		右手に銃を持った まま、スッと立ち 上がるモリサキ。	(リン) アルカン リンドリ!!	
↓	川をはさんだ 対岸のガケ	手前から大きく 走りこんでくる リン、 ガッと止まる (AC)		2 + 12

<16：9>　　　　(+)

No. D.12

Cut	Picture	Action	Dialogue	Time
977	ガク 河原の石	一瞬ニラみつけた後（0+12）激しい剣幕でモリサキに迫る。	㋛シン … クラヴィスを持っているハズだ。それを置いてアガルタを去れ。	4+12
978	川面	落ちついた様子で、短く問うモリサキ。	㋲ …なぜ。	1+12
979		背中の傷のせいで高熱が引かないシン。いくつも汗を浮かべ、苦しそう。	㋛ 理由など知るか それが俺の役目だ。 …クラヴィスを	
↓ out	剣	叫びつつ突進する。 （世界に対して苛つき焦っている。ほとんど事情へはヤツアタリ。） あと1秒?	渡せ!!	5+12
980 不要?		~~思わず叫ぶアスナ 事情の判らないマナはイマイチオロオロ~~	~~㋐ シン!~~	0+20

<16 : 9>

(+)

CoMix Wave FILMS

No. D-13

Cut	Picture	Action	Dialogue	Time
981		リン、画面いっぱいから。 右手に持った剣を振り上げてモリサキに切りつけるが、		
		かわされる。		
↓		(かわしつつ回りこむかんじ。カット内ここまでいかない。) (FO)		1+12
982	BG 3lk	つなぐかんじで、 冷静にリンを見下ろしながら回り込むモリサキのアップ	こちら 一回すえしてもイイかも 1+0	
↓	銃	追ってカメラ回すかんじ。 光源 リン モリ 順光 すって 光源変化アリ 逆光気味から順光へ。		2

<16:9>

(+)

No. D.14

CoMix Wave FILMS

Cut	Picture	Action	Dialogue	Time
983		レンの首根に、モリサキの持った銃床が叩きつけられる。	ゴッ!!	
		そのまま倒れこむレン。 (AC)		1+0
984		クタッと倒れて	カタン (剣が床に おちて。)	
		しまうレン。 モリサキは一歩下がりつつ銃をホルスターに収める。	ドサ。 (倒れる)	
		アスナが叫びつつ走りこんできて、レンの傍らにしゃがみこむ。 モリサキはチラッと目をやるのみ。 (AC)	(P) (off気味から) レン!	4+12

<16 : 9>　　(+)

No. D.15

Cut	Picture	Action	Dialogue	Time
985		シンをあお向けにするアスナ。 ミミもどこからか（フレーム左から）inしてくる。 シンをゴロンと倒しころがす。追って一寸PAN		
↓		ミミも心配そうに覗きこむ。 気を失って苦しそうに呼吸しているシンを見て、	ア ……！	
↓		キッとモリサキをにらむアスナ。 （病人になんてことを…！）		4 + 0
986		モリサキは気にする風でもなく、 まっすぐ川下を見たままセリフ。	モ … あの子の指さした方向に行ってみよう。	
↓	（カット頭から1歩出ってセリフ）	アスナを見降ろした表情にも特別な物はない。	モ 集落があるのかもしれない。 （ラストこぼれてす）	4 + 12

<16 : 9>

(+)

No. D-16

CoMix Wave FILMS

Cut	Picture	Action	Dialogue	Time
987		ハッキリと告げるアスナ。 フレーム（右を空ける）	㋐ この人も連れて行きます。	3+0
988	ソラ ※986光源 コチラ合わせ	モリサキ無言。 アスナの意志に満ちた顔を見て、「この少女と自分は、いずれ道を分かつだろう」という予感をここでふと覚える。	㋲ ……。	
↓	髪で目元かくし気味に。 フレーム	顔からグワっと前に向けて、歩きはじめる。 PAN ここまで	最初の大きな一歩。	2+12
989		奥に向かって歩きつつセリフ。	☆モリサキ セリフ 990にあてる ㋲ ……出発しよう。	
↓ つづく	アスナは もう一度シンを心配そうにのぞきこみ	自分のリュックの前にしゃがみ、何やらゴソゴソと準備をはじめるモリサキ		

㋐

<16:9> (+)

No. D.17

Cut	Picture	Action	Dialogue	Time
6 つづき		アスナのリュックを シンにかけていた シーツを抱えて マナが走りこんで くる。 アスナ気づいてマナの方向へ行き、		
↓		うけとる位くらいまで。 馬もあとから ついてくる。 カットいっぱい 動き止めずに。	欠	6 + 0
	河原位置関係 川 アスナ モリサキ リュック マナ ×このへんで転ぶ。 馬がいた シンがねかされている岩陰 川に向かってややゆるい下り坂 岩	こちら側、 岩と木々		
	※ 953〜ここまでの服装。 モリサキ：ジャケット アスナ：イゾクの巣までと同じ マナ：〃 シン：上半身、裸にホウタイ	それぞれ、服は所々ボロボロに。		

<16 : 9>

(　　+　　)

No. D.18 〈アモロートの村へ〉

Cut	Picture	Action	Dialogue	Time
990	流れ / PAN	小さな滝に、豊かな川の流れ。一見自然に溶けこんでいるが、明らかな治水工事の跡である。色鮮やかなトンボらしき羽虫がとんでいる。		
	BOOK	カット尻。手前の杭に一羽がとまる。	細い形のトンボ。ゴツゴツした体節、青、ムラサキ、ピンクとかで派手に。	3+0
991	光あたってる / 堆積岩の岩場 / カゲ	② 山を下っているモリサキ一行。山カゲの中。		
		PAN ① その流れ、からPan UPして。	fix 1.0 Pan 4.0	5+0
992	ミミ / シーツ	熱のひかないシュンは馬の背にシーツにくるまれてくくりつけられている。操馬しているのはマナです。心配そうなアスナ。モリサキは川を見て人里が近いことに気づいている。		

つづく

PAN しっぽつなし <16:9> 全体カゲの中。キャラ → 逆光。 follow (+)

No. D.89

Cut	Picture	Action	Dialogue	Time
6 つづき		モリサキ、顔を前に。 歩幅をラスト一寸大きくする。 ミミ 可能であれば 馬の頭からとびおりて、マナのうしろを回りこんで馬の尻からアスナの肩にとび移り、左肩から顔を出す。 マナは目で追い、アスナは気にせず ずっとシンを見ている		4 + 0
993		傾きつつある日差しに照らされた山。 乾いた岩肌を緑が覆っている。 そんなに高くも険しくもあらず。		
		↓ PAN Down して、 草の斜面。 柵らしき杭が立っている。 PANしきる前から モリサキ一行 inしてくる。		
		眠りこんでしまったマナをモリサキが背負っている。 アスナが馬の手綱を取っている。		
		モリサキ、驚いた表情で立ち止まる。 アスナも遅れて並び、思わず声を出す。	(アスナ) アァ…!	7 + 0

<16 : 9>　　　　(+)

No. 17.20

☆光源逆でした

Cut	Picture	Action	Dialogue	Time
994	川 堀 畑 森 眼下の山合いには大きな集村がある。 1/3ほどは右側の山斜面のカゲに入っている。 そろそろ夕食時なのか、幾筋もの煙が陽をうけて輝いている。 農作業中の人々の姿も見える。 濃厚な生活の匂い。	T.B. 村の周囲は川を使った堀と、崩れかけた古い壁で囲まれている。 2基の巨大な、古代ペルシア式の円い形の風車がゆっくりと回っている。 (煙のたなびく向きと合わせること) fix 1.0 T.B 8.0 fix 1.0		10+0
995		それを見つめている一行。 カット頭 ↓ ミミ、アスナの頭の上にヒョコッと出てくる。 モリサキ、セリフ後マナを背負い直し、歩き出しつつセリフ。	(アスナ) 人がいる…! (モリ) 初めての生きた村だな。	
	モリ out 下り	モリサキout. アスナ、シンの方を気づかうように見やりつつ FR/outまで.	(モリ) 用心して行こう。	8+0+α

<16:9>

(+)

No. D. 21　　奥の畑にも何人か

Cut	Picture	Action	Dialogue	Time
996	子2人 麦畑	斜面で農作業をしている一家。 母が麦を刈り、父が刈られた麦を束にして、 子供２人は麦畑の中であそんでいる。	シンプルなカマ。	
		子供が何かに気づいて立ち上がり(1)、 もう一人の子も振り向き(2)、 母親も気づく(3)		4 + 0
997		道のむこう側からモリサキ一行がやってくる。 身をおこす母親。 シン　ヤスナ　モリ ←スライド		2 + 12
998	モリ 束ねた麦	驚き、なにか恐がるような表情の夫婦。 母が呟き。	(母) アンタ… (父) ヨソ人…	
↓		父は手に持った束を投げ出して慌てて村の方向に走ってゆく。 斜面を降りる。 outしなくてOK.		4 + 12

<16:9>　　(　　+　　)

CoMix Wave FILMS

No. D-22

Cut	Picture	Action	Dialogue	Time
999		村の入口。 うワサをききつけて村人が集まってきている。 カット頭、何人か追加で in。老若男女、皆珍しいもの見たさ。	ザワザワ 「地上人(ピト)だそうだ」 「本当か？」「不吉な」 「大丈夫かしら…」 「イゾレゴを連れてるって」 他ガヤ	
↓	門は既に崩れている。扉もない。久しく外敵がいなかった。 ※巨大な石組。ヨーロッパよりはペルシア、アラブ風に。	村の方向から幾つもの馬のヒヅメが聴こえてくる。 何人かはそちらを向きつつ、中央の道をあけるかんじ。	(馬) パカラッ パカラ…	5+0
1000	エントランスの下 夕空	↓ AC ぱく 左右に分かれる村人の間から、馬に乗ってやってくる僧兵の姿。 (ばんにあらず)	全身布をかぶされた馬。	
		門のたもとで馬を降り、ツカツカとまっすぐ歩いてくる僧兵隊長。 門のかげに入る。 不穏な剣・装甲の音がひびく。	ガチャ ガチャ ガチャ	
	隊長 Ⓐ	隊長 out。 out 間際、足元から先に出てゆく。 続いて部下A・Bもやってきて馬を降りる。 隊長につづいて歩きつつ周囲に声をかける	Ⓐ 皆(みな)、 下がりなさい。	

<16：9>

村人
目で追う。隊長みてたり
部下みてたり、

(+)

No. D-23

Cut	Picture	Action	Dialogue	Time
↓	ラスト このへんが	ラストこのへんが。		6+0
1001	スタート	999同ポジ 隊長が門のカゲから出てくる。 キビキビと軍人らしい仕草。		
	ラスト とまる。	隊長に続いてA・B IN 門の外にいた子供3人がパラパラと走って門に入ってゆく。 僧兵3人、橋の途中で止まって前方をニラむ。	☆ 隊長止まって2+0。 A・B止まって0+12くらい内	4+0
1002		望遠で、歩いてくるモリサキ一行。 マナが目を覚まし、脚をバタバタしたりしてとびおりる。	(マナ) ア、アー!	
↓	T.B しオづらし モリサキ一寸歩をゆるめる? 光こっちでした ラストこのあたり。	村を目にして嬉しそうに駆け出す。 アスナはアッというかんじでちょっと手を伸ばしたり。 モリサキはただ見送り、さりげなく右手をホルスターにやったりする。		4+0

(+)

<16:9>

No. D.24

CoMix Wave FILMS

Cut	Picture	Action	Dialogue	Time
1003		鋭い目付きで モリサキたちを見ている隊長。 部下Aが一歩出てきて耳打ちする。(マナのこと)	Ⓐ イゾクにさらわれた ケガレゴです。母親が死んでから言葉を失くしたとか。	
↓	※アラブ半兵士 + 十字軍 + 比叡山僧兵 くらいのかんじ?	隊長、大声で叫び。	(隊長) 止まれ!!	
↓		大股で歩き出してout. out→	ガチャン ガチャ	7 + 12
1004	畑 外壁 ←橋 草原→	ビクっと立ち止まるマナ。(走りの2歩目で)	ガチャ ガチャ	
↓	in out 見送るマナ	すぐに隊長がinしてきて、マナとスレ違う時も一顧だにせずまっすぐモリサキたちを見たまま、outしてゆく。	ガチャ	4 + 0

1004 次項

<16:9> (+)

☆アモロート自警団の傭兵の隊長は、
かつてアスナの母（ディナ）に惚れていた。
が、ディナは地上に行ってしまった。
という設定を生かす場合はこの項。

No. D-24B

CoMix Wave FILMS

Cut	Picture	Action	Dialogue	Time
1004		通りの2歩目でピクッと止まるアスナ。		
	IN 3歩目 ラスト	隊長がINしてきて、スレ違う時にアスナに目をやる。 AC		3+0
1004 B	ソラ	どこか優しい目でアスナを見て呟く。	隊長 ディナの子か。	
	ソラ	前に向き直り歩いてゆく。 カメラ振って追う。		1+12
1004 C	スタート	T.B ぽかんとしているアスナ。 BG、CGで引くか？	長（off） 大きくなったな。	1+12

<16:9>　石橋の上　（　+　）

No. D.25

CoMix Wave FILMS

Cut	Picture	Action	Dialogue	Time
1005 (IN)		警戒するモリサキ。 怯えるアスナ。 (一寸下がる) 隊長が INしてきて。	ガチャ ガチャ ガチャン。	
		距離をあけて 止まって言う。	(長) 村の子を届けて くれたことを、 礼を申し上げる。 だが そなたたちは 地上人(びと)であろう。	7+0
1006		無言のモリサキ ただならぬ雰囲気に 怯えるアスナは、 カット尻 チラッとモリサキを見る	(モ) ……。 ※1015と同ポジ 中にしましょう。 カメラ位置下げる?	2+0
1007	ソラ 風車ゆっくり回っている A B	厳然と告げる 隊長。 右目には長い傷跡。 A、Bもこちらに 歩いてきている。 (IN不要) 内がべ	(長) アモロートの村は 地上人を受け 入れることは 出来ぬ。	
	← 途中からPAN A ガチャ ガチャ B	このへんで立ち止まる。 ラスト	どうかお帰り 願おう。	5+0

<16:9>　　A、B止まってから 1+0くらいアリ　　(　+　)

Cut	Picture	Action	Dialogue	Time
1008	ラストの絵	1+0間が あって、アスナ、思いきって 喋りながらシンの 方にかけよる。 馬 応じるように 一歩前に出る。	(ア)… あ、あの、 せめて、	3+12
1009	モリサキのリュック	↓アスナAC付く シンを見て、 (シン眠っているが 苦しそう)	(ア) この人だけでも 看て ↓	
↓	BGとおくの斜面(兼用)	訴えるように 目の前のアガルタ人 を見る。 シンが心配で 一生懸命なのです。	いただけ ませんか? セリフずり。	2+12
1010	A B 隊長	アスナのセリフに 被せ、 シンについて言葉を 交すAとB。 BG1007兼用	(ア)(off) (ここまでまかせる。以下被る) ケガ人なんです。 熱があって… (A) あの服、カナンの 出か。 (B) なぜアガルタ人(ヒト)が 地上の者を…。	5+12
1011		隊長は 南と目もたず、 剣に手をかける。	(長) ダメだ、	

<16:9>　　(+)

No. D-29

Cut	Picture	Action	Dialogue	Time
↓		勢いよく剣を抜き、そのまま ザッと地面に突きさしつつ叫ぶ。 思わず一歩引くアスナ、モリサキも一寸反応 ちょっとAC↓	(長) それ!	2+12
1012		夕日にギラつく剣ながめる2人。 モリサキ、無言で対峙する間があり (2+0)	(モリ) ……。	
		視線をのこしつつ じわり、と体を向けて 引き返そうとする。 (ここは一度引こう、というかんじ) アスナはわかるような モリサキを見るが どうにもできない。		
	ラスト気づく	そこへ、 村の方向から声が響く。	(老人) 待て!	4+12
1013 つづく ↓		驚いた表情の アスナ。		

<16:9>　　(+)

No. D.28

CoMix Wave FILMS

Cut	Picture	Action	Dialogue	Time
↓	 IN →	カット頭すぐに 老人が入ってきて、 マナを抱き上げる。 マナ笑顔。	(老) マナ、よく 戻った。	
	 →	マナを片手で抱えたまま、モリサキたちの方に歩いてゆく 老人 		5 + 0
1014	 A B →	 カット頭老人見えない。 A・Bが道をあけると、 老人がやってくる。 A・Bの態度から 位の高さがわかる。 老人の	BG. 1007兼用可か 頭をかるく下げて 道をする、とか	
↓		老人追ってカメラPAN→ 隊長と並ぶと立ち止まり、 モリサキに向かって言う。	(老) 村の非礼を 許してほしい。 孫を救ってくれた 礼をさせては もらえぬか。	
↓	 → 2人のキョリこのくらい	抗議するように 老人に言う隊長	(長) ご宿老(しゅくろう)！	9 + 0

<16:9>

(+)

No. D.29

CoMix Wave FILMS

Cut	Picture	Action	Dialogue	Time
1015		[1006同ホなど]になる? 思わぬ展開に おどろく 2人。 リン見せるて アスナ、カット頭から前に一歩。	(老)(ゆっくり) ヒトヨ 一夜かぎりじゃ。ワシの顔を立ててはくれんか。	
↓		思わず顔を見合わせてしまったり。 カットラスト 顔もどしはじめ→(AC)で次カットへ		4+0
1016	A	[1011より一寸だけフレーム引] [BG兼用] 互いを見ている隊長と老人、老人はかつて傭兵隊の長であったのだ! ということにします。	(長)……。	
		1+12あって、隊長、おもむろに剣を抜き サヤに収め、無言で村に戻ってゆく。後につづくA・B(ほとんどフレーム外)	※去る時に老人に軽く頭を下げ、老人も応える。	
つづく ↓		モリサキたちに声をかけ、老人は画面奥に向かって歩きはじめる。	(老)… こっちじゃ。 村の中を通るには そなたたちは 目立ちすぎる。	

<16:9> (+)

No. D-30 〈老人の家〉

Cut	Picture	Action	Dialogue	Time
↓ つづき		2人を振り返るでもなく歩いていく老人。マナはアスナを気にしてこちらを見る。モリサキが後につづきはじめ、アスナも慌てて馬の手綱を取って、追う。シンを気づかう様子も見せて。		
	ラストこのくらいまで	崩れた石垣の内を老人が抜けるまで。	(外壁の外を回りこんで村の外れの老人宅まで行くのです)	11+0 くらい
1017		夕日を浴びて回転している巨大なウインド・タービン。 風の鳴く音、木組のきしむ音 ガ	ギ ギイ… ギイ…	4+0
1018	ソラ	老人宅。 シンの馬が裏庭につながれて飼桶に顔を入れている。 遠くに夕暮に煙る村と風車が見える。 直射じゃない。夕色に染まっている。美しく。	(とおくの風車にのみ夕日あたっている)	3+0
1019	カゴ 一寸うごく 老人	布のかけられた低い台の上に、オイルランプ、すりばち、草編みのカゴの上にハーブ一連、第2の薬一式が並んでいる。 ✿ オドロオドロしくならないように。	老人 … じき熱は下がろう。	3+0

<16:9> イス 床 布 (+)

No. P-31

薬漬けのボタン

外はまだ明るいが、部屋はうすぐらく2つのオイルランプが見える

CoMix Wave FILMS

Cut	Picture	Action	Dialogue	Time
1020	外 / イス	ベッドに寝かされているシン。老人がなにやらゴソゴソとやっている。（上半身に巻いたホータイを結んで、シーツをかける）。心配そうに覗きこんでいるアスナ。	(老) 動けるようになるにはもうしばらくかかるだろうが……	4+0
1021	木箱 / 地上のモノより太いホータイ（布）	ぐったりと昏倒しているシン。呼吸しているうごき。（4カット頃これでやられている）	(老)（OFF）死にはしない。あまり心配なさるな。	3+12
1022	うすぐらいカベ	ホッとした表情のアスナ。老人はシンを見下ろしたまま。アスナ言いつつイスにすわる ↓ 追って下PAN。	(ア) 良かった…。(ア) おじいさんのおかげです。	
		カット尻 アスナを見て、次カットでセリフ	(老) 夷族にやられた傷じゃな。(ア) イゾク…？	
1023		c931兼用。塔のカゲの中をヒソヒソと登ってゆくイゾクたち。（あるいは数カット挿入するか）	(老) 光と水を嫌う、呪われた種族じゃ。	3+0

老人 コントやっている。

<16：9>　　　　(+)

No. D-32

Cut	Picture	Action	Dialogue	Time
1024		アスナに説明をつづける老人。アスナは行儀よくきいている。	(老) だが、今ある姿を保とうとする世界の仕組みのひとつでもある。だから奴らはモノの変わりを憎むのだ。	
		☆セリフ「人の変わり」にする？アスナ口明 モリサキの方の方向にカオを向ける。	(モリサキ) (off) モノの変わり？	9+12
1025		部屋の入口脇によりかかっているモリサキ（おっといたのである）。老人一瞬ためらわして答える。 老人の言葉をきいて驚く表情、ラストへ入れる。アスナもリアクション動きアリ。	(モリ) ではあの子は…。 (老) …アスナは父親が地上人(ヒト)じゃ。	
		↓	(モ) …！	5+0
1026		地上人と結んで、早世してしまった娘のことを想っているのか、苦い口調。	(老) …… そういうことも。	

<16:9>

(　+　)

No. D-33

Cut	Picture	Action	Dialogue	Time
6 つづき		ラスト、少しに目をおとしつつ言う。 ※アスナの混血への言及もここまでで終いです。アスナの母がなぜクラヴィスを持っていたかは、これ以上は語られません。主題ではないので、判る人向け。	(老) …希(まれ)には起きる。	4+0
1027		かたりろうか。 ぼんやりと残照に留まっている。 カット頭すぐに ドアの開く音がして、	(SE) ギィ。	
		老人が出てくる。 手にはバスケットのようなものを持っている。 (ハーブ等が入っている)		
		続いてモリサキがin。 ドアを閉める音がして、アスナも続く。 老人out。		
		フト、庭に小石が投げこまれる。 続いて2つめの小石がカベに当たってはねる。 気づく2人。	(SE) ホト。 (草地におちて)、 カツン! (カベにあたる)	6+0 くらい

<16:9>　　(+)

No. D-34

Cut	Picture	Action	Dialogue	Time
1028		崩れたヘイの向こうに子供たちがいる。 叫んだ子が石を投げ	(子供) この村から出ていけ!	
		ダッとにげだす。 石、画面いっぱいまで？ 次カット画面いっぱいから。	ヒュッ	3+0
1029		アスナの顔にまっすぐ飛んでゆく石。(アスナの顔、作画で寄る)		
		大きな手がギリギリで石をうけとめる。	パシッ	1+12
1030		モリサキ、手をわずかに傾けて石を下におとす。 アスナ、自分がされたことに強いショックを受けている。		

<16:9>

(+)

No. D-35

Cut	Picture	Action	Dialogue	Time
〃 つづき	キッ ビクッ	アスナ、一寸間をおいてビクッと体を動かす。モリサキは抗議するように老人をニラむ。	㋐ ハッ！ ㊧ (off) ……スマンのオ、お嬢さん。	4+0
1031		老人のセリフ中にアスナはゆっくりとこちらを向く。 老人、セリフ言い終る直前くらいから	㊧ しかし地上人(ビト)の来訪は、我々にとって良い兆しではないのだ。	
out	BGこちら	前を向いて、手前に歩いてゆく。(out) モリサキも後に続くが、アスナは動かない。モリサキが声をかけ、慌てるように1、2歩出る。	㋲ アスナ。	9+0 くらい
1032		老人follow (マルチ組ならば) まで。 ながい廊下を歩きながら語りはじめる。 OL (2+0)	㊧ …かつて地上の王や皇帝たちは数百年にわたり このへんからOL	4+12
	次頁へ。			

<16:9>　　(+)

No. D.36

Cut	Picture	Action	Dialogue	Time
1033	＊ここ一連、絵柄この限りにあらず。 良い画にして下さい！	← PAN 歴代帝国侵略ノ図。 木版画、もしくは油絵風に。	（老）↓ アガルタから富や技をうばいつづけ、 かわりに数知れぬ争いを持ちこんできた。	5+12
1034		色とりどりに彩られた、夷族の巣のかつての姿。 手前に19世紀風の兵たち（トメ）、 砲撃をうけいくつも煙が爆発している。（絵画） イラストタッチ。	（老） 地上のどこよりも壮麗だったアガルタの都市もすべて滅び、	4+12
1035		PAN →	（老） 村の数も次第に減り、 今では新たに生まれる子も少ない。	4+12
1036 ↓ つづく		黄昏に沈む墓を入れる T光 でてくる → 瞳を型どったアストロラーベ、その上に9つのクラヴィスが出現する。		

<16:9>

(+)

No. D.37

CoMix Wave FILMS

Cut	Picture	Action	Dialogue	Time
↓ つづき		スッと盤の上に降りるクラヴィス。	(老) だから我々はクラヴィスによって	
		7人の右手がのばして、クラヴィスを掴む。様々な人種、年齢の手。	扉を閉じ、	5+0
1037		ハザマの海の扉。青の結晶構造が走りながら実体化してゆく。3人のマントが激しくなびいている。カット尻 収まってゆく。	(老) この地上からは入れぬよう鍵をかけたのじゃ。	4+0
1038		勝手口。 至・離れ ドア 浴室 台所 布 リビング	※ 間どりは別項参考。狭いジャンクションです。	
つづく ↓	布 布 布のしきい →台所	カット頭すぐに 老人がドアを開けつつ入ってきつつセリフ。	(老) 御人（ゴジン）は書庫に案内しよう。	

1032〜1037 省略可。

<16:9>　　(+)

No. D.38

CoMix Wave FILMS

Cut	Picture	Action	Dialogue	Time
↓ つづき		モリサキ、アスナ 続いてin。 老人はアスナに むかって言う。 「そちら」の時に軽く 頭を台所に向ける。	(老) お嬢さんは そちらで夕食の 準備を手伝って もらえるかな。 (ア) ハイ。	
		布のしきいを 片手ではらいながら モリサキを案内して ゆく老人。 アスナドアを閉める。 モリサキがしきいをまたぐくらいまで。	(老) こっちじゃ。	10+0
1039	フレーム	台所、真剣な 表情で豆をさや から取っているマナ。 ミミと子ヤギが、 むき終った豆の入った カゴをのぞきこんで いる。	(SE) アスナの足音。	
	out テーブルには食材いろいろ	まず ミミが気づき、 ヤギが気づき、 ミミが走り出して fr/out。 マナも気づいて顔を上げ、 アスナだと判り嬉しそうな顔をする。		3+12
1040 ↓ つづく	in	アスナ、布のしきい から入ってきたところ。 ミミが床からポーンと ジャンプしてきて、 アスナの肩にのる。	(ア) ミミ……。	

アスナ、少し 暗い。

左肩にとびのり右肩にくるっと出てくる。

<16:9> (+)

No. 17.39

CoMix Wave FILMS

Cut	Picture	Action	Dialogue	Time
↓ がき	クルッと回って / in	マナも走りよってきて、体当たりするように ドーンと抱き つく。その勢いでアスナの 体をクルッと回って	(マナ) (笑いながら) (アスナ) キャッ	
	うしろから出る	(嬉しい!)、きてきて!という 風に手を引く。 AC	(マナ) アーア、アーア! (アスナと言ってる) こぼす	4 + 0
1041	マナ	ムジャキな好意に 驚き、	(ア) マナ……。	
	瞳うるむ / out やや手前に	フッと泣き笑いの 表情になって、(一寸見せる) 笑顔で fr/out ＊石を投げられたことや 老人の話から受けた ショックから、元気づけ られる。		3 + 12
1042 別案		別案です あるいは、1041でfr/outさせずに、思わずマナをギュッ と抱きよせる。 in テーブルの奥 でヤギが 歩いている	泣きそうな 表情になって。 (ア) マナ……	3 + 0

どっちが良いかな?

<16 : 9>　　　　(+)

No. D.40

Cut	Picture	Action	Dialogue	Time
1043	スカート	料理を手伝っている アスナの指先。 挽き肉らしきものの 最後のカタマリを陶器 から右手でつまんで、 うすくのばした生地に	SE グツグツと何かを 煮こむ音、 パチパチと薪の はぜる音。	
	大きな葉にのせてる 小皿に＊ 陶器	のせ、キュッ、キュッと 包んで（ギョーザ的に）、 葉の皿の上に並べる ところまで。 ラスト ＊器用な手つきで なめらかに！ 料理はトクイ。		3 + 12 +α
1044		台所作業中の アスナ、老人、マナ。 窓からの外光で明るい。 マナはまだ豆むき。 老人（先頭カマド）、 カマド番から顔を上げて アスナに指示。	ア おじいさん、 次は。 老 では そこの 大根(オオネ)を切ってくれ んかの。 ア ハイ。	
	↑テーブルの下で 子ヤギねてる ミミ コゲ	アスナ、老人の横に 立ち、大根を つかんで向く。 ミミ、テーブルから とびおりてアスナに つづく。	ア これですか？ 老 アア。	
	＊アスナ、素早く元気に 嬉しそうに。 老人、カマドに 向きなおる	アスナ、大根を 素早く3回きざんで ↓ AC	SE ザク ザク ザク。	9 + 0

<16 : 9>　　　　　　　　　　(　　+　　)

Cut	Picture	Action	Dialogue	Time
1045		ひとりごちつつ 一本をとりあげて、 スルスルと かつらむきを はじめる。 スズの料理にウキウキしている。	Ⓐ（小さく） ダイコンだぁ…。	
		ミミがフレーム外から 手を出して、大根の 端にじゃれつく。 カゴ フレーム内に尻尾がチラチラ入ってから。	Ⓐ ア、コラ、 ミミ！	4+0
1046	コゲ	老人アスナを見てる。 アスナ、大根をミミ に届かないように高く 上げつつ会話。 ミミ、ほとんど立ち上 がってる。遊んだ!!	Ⓡ ヤドリコが世人(ヒト)に こんなになつくのを 見るのは初めて じゃよ。 Ⓐ ヤドリコ？	
↓	目センつ追う ポイ	アスナ、セリフ言いつつ ミミの首をつかんで ポイッと床に捨て ちゃう。 老人、カット尻 立ち上がり、AC	猫のことですか？	7+0
1047		1044同ポジ 振り返って、マナから 豆の入ったカゴを もらう。 マナ得意げ。	Ⓡ 神の子が 宿った動物の ことじゃ。	

<16:9>　　　　(+)

No. D.42

Cut	Picture	Action	Dialogue	Time
〃 つづき		ザーッと豆を ナベの中に入れ、傍らのオタマをとって ぐるぐるかきまぜる。 アスナ立ち上がって 老人にかけより。	(老) 人と共に育ち、役目を果たした後は ケツァルトル の一部となり	
	ミミはポンポンポンと ジャンプして、アスナの頭に乗る。アスナ慣れっこ。 ＊アスナ時折 手元を見る。老人時折 アスナを見る。	老人の座っていた イスを持ってきて、その上から手元をのぞきこむ。 アスナ話しつつも度ひき 終る。タイム余れば、それを 更に4回くらいやる。	いつまでも 生きつづける。	10 + 0
1048		(絡ませる) 不思議な 話…という 風。	(ア) 神サマ……。	
	(アスナ、いいから 信じてない) カチン ムッとさせる？ PAN	言いつつ上PAN すると、ミミがキョトンと 見下ろしている。	よかったな ミミ、 そんな立派な 動物をまちがえて もらえて！	5 + 0
1049		孫と並んで優しい 表情の老人、呟き ながらナベにフタをする。湯気がフワッと途切れる。 カット尻 アスナに顔向け	(老) (笑みを含んだ 声で) さて、	2 + 0

<16:9> AC (+)

No. D.43 

ナベ、フタの
スキマからユゲ上がりはじめる

Cut	Picture	Action	Dialogue	Time
1050		ナナ、イスから降りて 台所から出ていこうとするが、 老人につかまる。	(老) ~~(仕込みは終わりじゃ。)~~ 出来上がるまでに、	
	BGパース もっとおさえるか?	ナナ ジタバタしてる。 (風呂イヤ)	ナナを風呂に 入れてくれるかね。	4+12
1051		1048同ポジ?いける? 理解するまで 一寸あって、	(ア) お……	
		ものすごい 喰いつき。 嬉しすぎて信じられない。 (※絵面この限りにあらず。動きも大きくカオらしく!)	お 風 呂 ォ!?	2+0+α
1052		台所からたなびく 煙。 1018とは反対方向。 山の斜面の畑地が かすんで消えている。 もう夜の入口。		3+0

3+12

<16:9>

(+)

No. D・44

CoMix Wave FILMS

Cut	Picture	Action	Dialogue	Time
1053	←シャンプーとか	ハーブの浮いた湯に深くつかっているアスナ。もう恍惚の表情。全体ユゲCG。	(ア) アァ…	2+0
1054	←ランプ	充満した湯気を、黄色いランプがぼんやり光らせている。マナはタイルの上で体を洗っている。	(ア) お風呂って すごいね……。	
		マナ、オケからお湯をかぶって体のアワを流す。(カミ長い) (マスナ セリフ中) タイルにひろがるお湯。	ザバァ。	4+12
1055		暖炉のあるリビング。0+12あって、マナが扉の布をはね上げて IN してくる。(夜、かべのランプ光源)	(マナ) キャハハハハハ!	
	in / out ダッ↓	カメラ手前まで、大きくカーブしてfr/out. パンツ一枚で体はまだお湯まみれ、床の足跡をのこしながら、		

<16:9>

(+)

No. D.45

Cut	Picture	Action	Dialogue	Time
↓ つづき	裸足	マナout直後、アスナも走りこんでくる。 追って← PAN.	(ア) コラ、マナ 待ちなさい!	
	← PAN	出てきたモリサキを軽くぶつかる。(倒れるくらい) カット内止めるか		5+0?
1056		AC アスナ、トトッと止まりながらモリサキを見あげ嬉しそうに。 モリサキ、ギョッと(ドキッとする)。	(アスナ) あっ。 1055 先生、どうですか この格好!	2+0
1057	マド 枠	② アモロートの民族衣装に身をつつんだアスナ。 お風呂上がりで髪もツヤツヤ。	おじいさんが貸してくれたんです!	
		PAN・up ① くるっと回る足元	fix 1+0 PAN 1+0 fix 1+0	3+0

<16:9> (+)

No. D.46

Cut	Picture	Action	Dialogue	Time
1058		1056同ポジ モリサキ、娘の素行不良をいさめるごとくツーンと言って、out (モリサキもフロに) out	(モ)… 似合ってはいないな。	
	ムカ	…一ヲ目センで追って。 クルッと振り向き不機嫌な表情。	(ア) モー！	4+12
1059	黒 白	食事を終えて、すっかり仲良くなって眠っているマナの子ヤギとミミ。 暖炉には弱い炎がゆれている。 ミミの耳、ピクッとする。ピク	(SE)(暖炉) パチ… パキン	3+0
1060		おいしそうな肉だんご。 もうだいぶ食事が進んでいる風。 タマネギ しらがネギ ハッカクの花 とろみのあるソース ふしきもノ	1059. 仲良くなった.	
	out	アスナの箸がひとつつまんでout。 タマネギごと持っていくこと。		2+0

<16:9>

(+)

No. D-47

CoMix Wave FILMS

Cut	Picture	Action	Dialogue	Time
1061	膝掛	嬉しそうに口に入れるアスナ。 1055～ (民族衣装 髪型 変化)		
	髪ハイライトアリ カチャカチャ	モグモグして、飲みこむ前に チャーハンらしきご飯モノをカチャカチャと2回くらい口に入れて。		
	クスン ご飯のこりちょっと	幸せそうに涙ぐむ。 (モグモグしながら)	(ア) クスン。	5+0
1062		まるで親子のような2人。 アスナまっ赤になって反論。 (アスナ正座)	(モリ) 泣かずに食べなさい。 (ア) だっておいしくて……	3+0
1063	ドア つづく	カット頭一コマだけ 2人を微笑ましい目付で見ていて、 アスナの作ったギョーザらしきモノを口に運ぶ老人。	こんな形のナニカ	

<16:9> マナなにか飲んでる。

マナ髪型、おでこ出しかたでつむすびしてる

(+)

No. D-48

Cut	Picture	Action	Dialogue	Time
つづき	マナ のみほす	モグモグしているところで、モリサキの声。老人、顔を上げる。 マナぐーっとのんで。	モリサキ …… ご老人。	3+12
1064		モリサキと老人の会話つづく。 アスナとマナは大人しく食べつづけている。 マナはそろそろ眠いので何やら緩慢。 ・光源は天井からのランプ	(モ) 私の先ほどの質問に答えてはいただけないだろうか。 (老) ……アガルタでは死者の復活は禁じられている。 (モ) 禁じられるということは、出来るということですね。	10+0
1065	1063同ポジ ネムイ…	厳しい目付でモリサキを見ている老人。(1+12) マナは眠くて目をこすっている。	(老) ……。	
	左手 ツボ 右手コップ	左側に置いてあるツボを取り、	御人、 生も死も、	4+0
1066		自分のコップにブドウ色のドリンクをそそぐ。血のようなまぶしい赤。 ラスト そそぎ終る	もっと大きなものの流れの一部でしかない。	3+12

<16:9>　　ジュータン、BGボケか　　(+)

No. D・49

もう少し分かりやすい絵柄が良いか？

Cut	Picture	Action	Dialogue	Time
1067		手元から顔を上げて 厳しい表情で語る 老人。 背後の織物には、 彼らの死生観を現す 図柄。 (地球空洞の中の生命の樹)	(老人) その流れを 遮るようなことは 人間には許されて おらぬ。	4 + 0
1068		老人の言葉の 何かが気に 障る。 強い調子で 乗り出すから。	(モ) 許し ？	1 + 12 -α
1069		AC ぐっと乗り出す 体。	なぜ、	1 + 0
1070		アスナ、モリサキの 言葉に神妙な カオ。 モリサキ熱弁、 体動かしながら 喋ること。	誰に 許しを乞う のです？	2 + 0
1071		飲みながら モリサキの言葉を 聞いている。	(モリ)(off) ご老人、 その程度の 文言など 世上にも溢れて いる。	4 + 0

<16：9>　　　　(+)

No. D-50

Cut	Picture	Action	Dialogue	Time
1072		まっすぐ老人を見ながら、切実に誠実に言う。	(モリ) 私が知りたいのは、失った人間とどこでどうやって再会できるのか。	4+0
1073		目を閉じてモリサキの言葉をきいている。 タペストリ 肉をとって。 カオ上げ目を開く ちょっとA's	(モリ)(off) そんなわけだ。 (老) ……。	5+0
1074		アスナ、不安げに老人を見ている。 マナ、眠れし飽きたし、手元でなにやらグリグリしている。	(老) 死者を悼むのは正しいことだが、死者とまた触れ合い続けるのは間違っている。 自身の迷妄だ。	7+0
1075		モリサキ、老人の話をきき、体を乗り出し言う。 ムッとしてからセリフ	御人は年端もいかぬ少女を巻き込むべきではなかった。 (モリ) アスナがここにいるのはアスナの意志だ!	
	うろうろ表情厳しくなる フレームこえる わたし	アスナとまどう。 モリサキ更に乗り出し言う。 あの! 老人に向かって、次にモリサキを見て。	(ア) あの! わたし (そんな)←ささやき声みたいなの (モ) ただ何かを仰ぎ見るだけ、	8+12

※セリフ「アスナ」→「この子」アフレコ時検討。

<16:9>　(+)

No. D-51

Cut	Picture	Action	Dialogue	Time
1076	←フレーム / BGボケ / 奥のかべ、棚の上のツボとか	グッと目付を鋭くする老人。	(モリ) (off) あなたたちはそうやって	1+12
1077		壁のタペストリ。カナンの村の壁画にも良く似たモチーフ。地下に導かれた人々、生命の循環。	(モリ) 2000年も穴蔵に閉じこもってきたのだ！	
		PANなしでいいか？	一寸だけこぼす	2+12
1078		会話途切れてシーンとする。マナはもう眠くてねむくて。		
	つづく	(観客も眠くなりませんように…)		

<16:9>　　　　(+)

No. 0.52

Cut	Picture	Action	Dialogue	Time
↓ ツヅキ	タペストリ	コテンッと老人の膝に倒れこんで眠ってしまう。		
		追って PAN		
		アスナに顔を向け、穏やかな表情で言う。	(老) お嬢さん、すまないが	5+0
1079		1074同ポジ アスナ、モリサキの顔を見る。モリサキ、静かに言う。	(老) 少年の様子を見てきてくれるかね。 (モリ) …行っておいで。	
		(アスナ) 老人の方を見て返事をして、正座から立ちあがり去る処まで。	(ア) ハイ。	5+12

<16:9> (+)

No. D-53

Cut	Picture	Action	Dialogue	Time
1080		プラスチックのコンパクトミラー。 一寸力を入れて、		
	BG床ボケ シール	パカンと開くアスナの手。 覗きこむ瞳が映りこんでいる。 BG、うすぐらい光がうしろから。	(SE) パカン。	2+0
1081		スマートホーンズ つなげて、 鏡を見ながらサッサッと前髪を整える。 シンの寝ている離れの部屋の前にて。 光源は壁のオイルランプ		3+0
1082		寝入っているシン。 傍らでイスに座る音がして、	(SE) カタン。	
		フト目を開き かすかにこちらに頭を回して目を開く。	(シン) …… そのカッコウ、	4+0

<16:9>

(+)

No. D-54

CoMix Wave FILMS

Cut	Picture	Action	Dialogue	Time
1083		モリサキと同じ 発想をもらす シン。 アスナが傍らに 座っている。	(シン) 似合って ないよ。	
	L/O パース一考。	またしても ムッとする アスナ。 シン顔を上に戻す。 口元が微笑んでいる。	(アスナ) なによ！	2+12
1084	シン	(AC) (1082同ポ) からかった反応に ニヤリとしている。	(ア) その言いかた。 or 「シンのバカ！」 or セリフ無し。 (アフレコ時考えます)	
		が、 表情から笑みが フッと消える。 (俺は何を やっているのだろう…)	(シン) ……。	3+0
1085		(1083同ポジ) ほとんど聴きとれ ないかすんだ声で 小さく呟くシン。 (観客も？でOK) アスナ訊き返して、	(シン) なぜ助けた。 (ア) エ？	2+12

<16:9> 　日104 1回 　(+)

No. D.55

Cut	Picture	Action	Dialogue	Time
1086		1024同ポジ 再度、ハッキリと向うシン。 シンの表情、よく見えなくてOK。ですがセリフ合わせで一寸動かして下さい。	(シ) なぜ、俺を助けた。 (ア) だって…シンだって私を助けてくれたじゃない。	
1087		シンの物言いにとまどうアスナ カット尻 アッという カオ	(シ) 俺は兄の尻ぬぐいをさせられているだけだ。 ここまで1086 (ア) シュンくんの……	8+0 2+0
1088		1021同ポジ おきあがろうとしているシン。 しかし体は思うように動かない。 アブラ汗をかいている。	(シン) ク……	
		PAN 力尽きて倒れ込む。	ドサ.	2+12
1089 つづく↓		(AC) 1083同 軽いバウンドとシーツの戻りをAC アスナ慌てて、のりだす。	(ア) まだムリしちゃ…	

<16:9> (+)

No. D-56

Cut	Picture	Action	Dialogue	Time
↑ つづき		アスナの言葉を遮って、強い口調で言うシン。 アスナ、わだかまっていたことを突かれてハッとする。	(シン) お前たちはここにいちゃいけないんだ。 (ア) …！	3+12
1090	アスナ マクラ	無力感から、辛ラツな言葉を止めることができない。	(シン) 俺も…… イゾクにお前を殺させてから、クラヴィスを奪うべきだった。 いや、地上でアルカンジェリ共々	
	←PAN しっぱなし ※シンの口調、段々と激しくなってゆく	苦々しげに語るシン。アスナもただ聴くしかない。 手前のベッドの上にたたまれたシンの衣類、彼の短剣。	殺すべきだった。	9+0
1091	1087の別	アスナ、シンのむき出しの言葉にショックをうけている。 ギューっと体を縮ませているかんじ。 ポンズゴー参下さい。	(シン)(off) 出てってくれ。 (ア) シン…？	3+12
1092		必死に顔を持ち上げて怒鳴るシン。	(シン) 出てけ!!	1+0

<16:9>　　　(+)

No. D.57

CoMix Wave FILMS

Cut	Picture	Action	Dialogue	Time
1093		1024 同ポジ リンの剣幕に 思わず身を引いて 立ち上がるアスナ.	SE (イス) ガタン!	2 + 0
1094	ラスト	IN トボトボと歩いてくる アスナの細い足元。 3歩で止まる。	(足音) ペタ. ペタ. ペタ…。	3 + 12
1095		歩いてくるモリサキ 最初の一歩で 止まってセリフ.	モリ 明日は早く 出発する。	
	IN アスナ 全カから	再び歩きはじめる アスナも歩いてくる。 スレ違いながら セリフ	モリ 早めに寝て おきなさい.	
	OUT ラ	OUTしてゆく モリサキを 無言で見送る アスナ. まだショックで ぼーっとしている。		5 + 0

<16:9>　カット尻前を向きはじめ　(+)

No. D-58

Cut	Picture	Action	Dialogue	Time
1096	in	1074同ポジ inしてくるアスナ。 老人、アスナを見上げて言う。	(老) すまないね。 地上人を長く 匿うわけにはいかんのだ。	
		寝ているマナを抱えて、(重そうに) 立ち上がる。	ワシに言えることはあの御人に伝えておいたよ。	
1097		アスナにしがみついて眠っているマナ。 アスナは眠れずに闇の中で目を開いている。	(老) (off) 今夜はせめて、マナと寝てやっておくれ。	4+0
1098	in / ミミ / ベッド	寝室に音もなく入ってくるミミ。 闇に瞳だけが輝いている。 じっとアスナの方を見てから、サッとベットのカゲにout		3+0
1099	マナ / in	アスナ 気づいた顔から。 ミミがinしてきて、小さな声でささやく。	(ア) ミミ。	

つづく

<16:9>

(+)

No. D-59

Cut	Picture	Action	Dialogue	Time
〃 つづき	マナの位置 ここ	はげますように アスナの顔にすりよる ミミ。スリスリしつづける。 アスナの瞳が ジワッと潤み、		4+0
1100 アスナの脇をトラック		ミミを、マナごと ギュッと抱きしめる アスナ。 それぞれの オルゴールがかさなる。	(オルゴール) キン、コン… ♫♪	3+0
1101		眠っているかのように 見えるシン。 不意に、目尻に 涙がもりあがり ひとすじ流れる。	オルゴール	
〃		それを押しとどめる かのように、手の甲を ぐっと押しつける。 痛いほどに 呟く。	つづく (シン) ごめん……。	3+0
		1018フレーム調整 妖しく美しい オーロラの夜。	♫♪ (オルゴール と 風にまじる風車の かすかな音) ギィ――…… ♪♩…	4+0

<16:9>

(+)

Cut	Picture	Action	Dialogue	Time
1102	ジジ…	炭の欠片で 煙管に火をつける 老人の手。 炭の下端をキセルの 先に下光。	♫ ♪	2+0
1103		ポーズつなげて、 火箸と炭を暖炉に 戻す。スパスパと 小さな煙を吐きつつ。 足元には子羊。 光源は暖炉の小さな	オルゴール つづいている	
	子ヤギ	炎のみ。 一連動作、 誰にともなく呟き つつ。 (かつて地上に出てしまった娘のことを思い出している。)	(老) ……みな 懸命に救いを 求めて旅に 出たのだ。	5+0
1104		1018 フレーム調整 妖しく美しい オーロラの光。	(老) 誰に止めることが 出来ようか……。 (SE)♫ オルゴールと、風に きしむ風車の音。	5+0

<16 : 9>　　(+)

No. D.61 <ミミとの別れ>

CoMix Wave FILMS

アスナ ここから 再び 制服

老人は マント

Cut	Picture	Action	Dialogue	Time
1105		朝の空。 朝焼けの中、鳥のムレが村の方向に飛んでゆく。 PAN DOWN	fix 2.0 Pan 2.0 fix 1.0	
		古い外壁のたもとに細い岸があり、石の桟橋に小舟がつけられている。 舟の上ではモリサキが何やら荷物をゴソゴソ。	静かな川面、モヤっている アスナは老人と向き合っていて、抱き合うまで。	5+0
1106	空うつして明るい	アスナを片腕で抱いて背中をトントンしている。 人物全体の中。 マナ、両手をのばしてアスナを呼ぶ。	(老) まるで娘が戻ってきたような時間だったよ。 (ア) おじいさん…。 (マナ) (アスナ) アーア。	
	ミミ マナの頭の上	マナをギューっと抱きしめるアスナ。 マナは最後に「アスナ」と発音できる。 老人、アスナたちと一寸目をやってから前に2歩ほど出る。(out しない)	アスナ… (ア) マナ、元気で…!	7+0
1107	かべ 木 つづく 暗　明	モリサキ顔を上げる。 老人の言葉の途中で立ち上がる。	(老) 2日程ほどで舟は湖に達するだろう。そこから御人らの目指す地は近い。 (モ) 何もかも感謝します。	

<16:9>

モリサキ、アスナを呼ぶ。 (モ) アスナ(+)

No. D.62

Cut	Picture	Action	Dialogue	Time
↓ つづき		モリサキに呼ばれ、名残り惜しそうにマナから離れて舟に乗るアスナ。モリサキ さりげなく手を貸したりする。		
	とおり雨 モヤった水面にシルエットが立っているかんじ. ※ モリサキ、アスナの体重移動で舟もゆれること。	マナも桟橋の端にかけよる。アスナ、舟の端に寄りつつ マナの頭の上のミミに呼びかける。	(ア) ミミ、おいで。	11+0 +α
1108	モヤの水面	↓ AC 困った子ね、という風にミミをつかむ。	(ア) ホラ、行くんだよ。	
		ミミ、アスナの手の中から逃れて腕の上を走り、		
		くるっと首のうしろを回って来て、 ↓ AC		2+12

<16 : 9>　　　　(+)

No. D-63

Cut	Picture	Action	Dialogue	Time
1109		トンッとジャンプして アスナの頭に戻ってしまう。 アスナを じっと見る ミミ	(ア) ミミ…？ (老) その子は	
内壁	PAN	老人の声に 顔を上げる2人。 追ってPAN.	自分の役目を 果たしたのかも しれんの。	6+12
1110 外壁		優しくさとすように 言う老人の言葉を 聞くアスナ。 モリサキ老人を 見て、アスナを見る。	(ア) え……？ (老)(off) ヤドリコの行いを 人が決めることは 出来んのだよ。	
		アスナ、ミミに 向き合って 必死に言う。 モリサキは無言で 前を向く。	(ア)…そんな… ずっと一緒 だったじゃない！ こぼれてる	6+12

<16:9> L/O 一老 (モリサキとの高低差／アスナの顔の正面に寄る？)

(+)

No. 064

Cut	Picture	Action	Dialogue	Time
1111		全て判っている、というようなミミのカオ。 雑草の生えた石組みの桟橋	Ⓐ ミミ！	
	out in	それから アスナが手をのばすと、それを避けるようにクルッとマナの頭からとびおりる。	いったんout or out気味 マナ	2+0
Ⓡ	Ⓡ	強いショック 一瞬。 涙も一寸だけアリ	Ⓐ ……!?	0+12
1112		↓AC 1107フレーム調整 杭の上に飛び乗るミミ。 アスナの肩をモリサキが掴んでそう。	Ⓐ ミミ？ Ⓜ アスナ、どうやら受け入れるしかない。	
		モリサキ 老人を見てそう。 うなずく老人。 櫂(カイ)を水にこぎして舟を出すモリサキ。 かけ寄るアスナとマナ。	Ⓜ ご老人、どうか頼みます。	7+0

<16:9>　舟が出る時に一寸PAN　アスナ、カット尻バランス崩して座りこむ ↓AC　(　+　)

No. D.65

Cut	Picture	Action	Dialogue	Time
1113	ソラ　カベ Ⓐ→ Ⓑ→ Ⓒ→ Ⓓ→	モリサキに訴えるが、有無を言わせず無言でカイを操っている。	Ⓐ 先生、待って、だって…!	
	カベこちら もっと乗り出す Ⓐ→ Ⓑ→ Ⓒ→ Ⓓ→	アスナ身を乗り出すように叫ぶ。 ※カメラから降ろされ離れてゆく風	Ⓐ ミミ! ↓ こぼす。	3+0
1114	BOOK→ ←BG	じっとアスナを見ているミミ。	1114B カベ　BG速い S.L. アスナ ショックの表情で	2+0 1+12
		ミミのみ首を作画で向ける。 T.B カットいっぱいT.Bつける	ミミを見る。 ※アスナをカメラ目線で、体の向きがうごく。 1114C T.B アスナをじっとみるミミ、BG一部紫、カメラ目線	1+12
1115	BG→ ←follow ゆっくりスライド	アスナ、必死に乗り出して、	Ⓐ マナ、ミミをおねがい!	2+0

<16:9>　　(+)

No. D.66

Cut	Picture	Action	Dialogue	Time
1116	BG→	マナたちはモヤのむこうでもんまりしになっている。マナ大きく手を振ってる。 BG全体ゆっくりT.B. + スライド。 モリサキ櫂を操っている。	(ア) ミミ、マナの言うことをちゃんときくんだよ！	3 + 0
1117	BK	ミミを肩に乗せたシュンの姿。あるいはシンか。 暗闇の中、胸のクラヴィスが光っている。	(SE)(風鈴) チリーン	
		去ってゆくかのように、スッと前を向いてしまう。 カットいっぱい止めない。	※メモ （次シーンを手前てへの布石として配置。）	1 + 0
1118		ハッとする。 いつか知った感情がよぎる。 表情変化して、 涙を1筋流しつつ呟く。	(ア) さよなら……。	
		カットいっぱい、カメラからゆっくり遠ざかってゆく。 （パース参考、3D出します。）	←作画で 曲で次シーンへつなぐ。 次カット頭、 音楽アタック音	3 + 0

<16 : 9>　　　　(+)

No. D.67 <舟旅>

CoMix Wave FILMS

Cut	Picture	Action	Dialogue	Time
1119		朝の霧はすでに無く、空は澄んだ青空。 川をたってくるアン舟。遠くにはアモロートの風車が見える。 草のしげった狭い川幅、岸の木々にはまだ人の伐採の跡もある。	(風景美しく! 一枚の絵画のように)	5+0
1120		夕刻 川幅は既に広い 巨大な雲のたもと、静かな水面を行くアン舟。空には無数のツバメ。(CG) 彼岸には巨大なハイキョ。	モリサキ 2度目が こぐ。	5+0
1121 ←PAN		崩れた城のたもとには町があり、風車と生活の煙がたなびいている。 アモロートとはまた別の集落である。	ツバメあり (CG)	2+12
1122 follow じわPAN→	スーパー作画 BGグラデーション	ゆっくりオールを動かして止める。←一回 2人供 言葉もなく、彼岸の町を見ている。ゆるい風が髪を揺らしている。	水面にゆったりと立つ波、夕日を映すハイライトと黒い水影、ここはリッチに描く。UP 水面のゆらぎはこの1カットのみです	3+0
		ツバメ 3羽 くらい in/out (作画)		

<16:9> (+)

No. 0.68

Cut	Picture	Action	Dialogue	Time
1123	follow	水面ギリギリを滑るように飛んでゆく一羽。 T.B しつつ follow か？		
	← 羽虫	ラストこのくらい。 カメラの平行から奥に飛んでゆく感じ。 羽虫も f/in する。		2+0
1124	水面	口を開けて羽虫を追っている処から。		
		パクリとくわえて out. out		1+12
1125		風に吹かれながらその姿を見ているアスナ。 何かを想う風。 目パチあって。		

<16:9>　follow

(+)

No. D.69

CoMix Wave FILMS

Cut	Picture	Action	Dialogue	Time
↓ つづき		まるで寒いかのように肩を片手で抱きながら前を向き、呟く。 つけてPAN	(ア) …先生。	2+12
1126		← follow アスナ、前を向いたまま話し出す。 モリサキ、オールを舟に置くところから。	(ア) いつか授業でして下さった話、覚えてますか？ イザナギとイザナミの	
		アスナ話しつつポーズで変化アリ。力を抜いていく感じ？ モリサキ、ジャケット裏ポケットからタバコを取り出す AC	神話。 (モリ) ああ。	6+12
1127		片手でポンと箱から一本くわえ、同じ手に持っていたライターで器用に火をつけ 箱とライターをポケットに戻し、(無理なら左手使いましょう)	(ア)(off) 私、最後が気になって図書館で続きを読んだんです。	
	← follow BGは巨大な夕雲。 T光	右手を口元にそえて煙を吸う。T光。 その時にはじめてアスナに目をやる。	(ア) イザナギが死の国で見たのは、	6+12

<16:9> (+)

No. D-70

※1128 別カット案アリ（D-72頁）

Cut	Picture	Action	Dialogue	Time
1128		地面に両手をついてうつむいている女性。 垂れた黒髪の間から、ボトボトと蛆が落ちてうごめいている。	ア くさって 恐ろしい 形相になってしまった 妻でした。	
		ゆっくり身をおこしてゆく女。 追ってPAN。	↓	
		黒髪のスキ間からのぞくその顔の半分は醜く腐り、 片目は暗い穴になっている。 蛆はボトボトと落ちつづける。	↓ チョット こぼれる。	3+0
1129	雲	← follow 吐いた直後の煙が風に流れている丘。 モリサキ黙ってアスナを見つめている。	ア (off) それでも、	2+12
1130		前を向いたまま、風に吹かれているアスナの背中。 ← follow	ア 死んだ人を 生き返らせるのは、 正しいことなの？	3+12

<16:9>　　　　（　＋　）

CoMix Wave FILMS

No. D・71

Cut	Picture	Action	Dialogue	Time
1131	スーパー	モリサキ、アスナを まっすぐ見つつ、 質問には答えない。	(はくあって、) (モ) …旅のおわり は近い。 生死の門で 何を求めるかね。	
	一羽、2人の間をよぎる。	セリフ尻、タバコに 手をやりつつアスナから 視線を外し、煙を 吐くモリサキ。 モリサキの言葉をきいて、 アスナは辛そうにうつむく。	アスナ、 自分で決め なさい。 (ア)…。	8+0
1132	スーパー follow	音もなく川を下る 舟。夜の闇がせま りつつあり、ツバメも 姿を消しつつある。 黒く沈んだ河岸に、 ポツポツとホタルの光が 灯っている。		3+0
1133	カメラスライド follow	光りに気づく2人。 反対の岸にも カット内で いくつか 灯る。 (ツバメ このカットラスト)	(ア) …灯り? 人…? (モ) …イヤ。	3+12
1134		乗り出すように 舟を見ている イゾク。 奥の一体は in気味から。 (PAN)スタート		2+0

若干時間経過アリ

<16:9>　PAN (マルチに非ず)　(+)

No. D-72

CoMix Wave FILMS

Cut	Picture	Action	Dialogue	Time
1135		驚く2人。 アスナ恐い。	(モリ) イゾクだ！	1+12
1136		アスナたちの舟をジっと見ている イゾクたち。 目で追っている。	(モリ) 大丈夫、 ここまでは 来られない ハズだ。 ヒッ	
	out→	舟はout、 イゾクⒶは 再び地に沈み こんでゆく。 ラストこのくらい	(イゾク) ヒッ ヒッヒッ… ヒッ… ※1136Bを入れる場合は、舟out不要、イゾク沈みこみ不要、R3+0.	6+0 (3+0)
1136 B		黄昏の空色を映した 穏やかな川面を下って ゆくアと舟。 岸にはイゾクの光る目。	※1136B省略可。 その場合は1136を 6+0に。	3+0
1128 別カット案		イザナミの イメージカット見せない場合、 アスナを 映す. ← follow	(ア) くさって恐ろしい 形相になって しまった 妻でした。	3+0

<16 : 9>　　　(+)

No. D-73 〈ミミのヨヒ〉

CoMix Wave FILMS

Cut	Picture	Action	Dialogue	Time
1137		一方老人の家。 窓にかけられた布（カーテン）が、ゆるい風に揺れている。 眩しい朝日がチラチラと差しこんでいる。	＊カーテン着脱式。老人が換気＋遮光のためにつけた。	3＋0
1138		1021（同ポジ） 窓からの風が、シンの顔にかかった影と髪をゆらす。 （頬の丸み回復している）		
		2＋0あって、 ゆっくり目を開く。		3＋12
1139		ゆっくり身を起こす。 手削りのベッドの上にはたたまれた服と剣（1090参）。 そちらに目をやる		
		ついに、遠くからマナの泣き声がきこえる。 何だ？と気づくシン	（マナ）（かすかに） うわーん… （泣きはじめる）	5＋0

<16:9>　　　（　＋　）

No. D-74

CoMix Wave FILMS

Cut	Picture	Action	Dialogue	Time
1140		老人の書庫。 石かべの作りつけの書架と、木造の書架 2つに本類がびっしりと並んでいる。 (巻物、積物、本型)	(マナ)(off) えーんえん…… ヒクック…	
		のれん越しの奥の部屋からマナの泣き声が続いている。 リンフレームインしてきて、その部屋にむかってゆく。 (リンにとっては初めての場所。とまどい気味 遠慮気味。)		4+0
1141		のれんから入ってきて、ハッとする表情。 手から入ってくる	(リン) ……!	2+12
1142		老人、ゆっくり振り向いてリンを見る。 マナがベッドにうつぶせて泣きじゃくっている。 マナの横には子ヤギも。	(マナ) えーん えーん ……	1+12
1143		朝日の中で動かなくなっているミミ。 既に骨ばって硬くなっている。		2+0

<16:9>　　(+)

No. D.75

Cut	Picture	Action	Dialogue	Time
1144		老人、マナにかがみこみつつ優しく言う。	(老) この世での役割を終え、 次の世界に行く時なのだよ。	
		ひときわ大きな泣声で老人に抱きつくマナ。 心配そうな子ヤギ。 シンは一歩入ってその場で立ちつくす。 AC	(マナ) うわーん!!	5+0
1145		大きな手で優しく抱いている。	(老) たくさん泣いておあげ、	2+0
1146		その姿をまっすぐ見つめるシン。	(老)(off) あのお嬢さんのためにも。	3+0
1147	ソラ	村外れに向かう老人たち。 マナはシンの馬に乗っていて、シンが手綱を引いている。 コンテ修正スタート		3+0

<16:9>　↑ 用水路　(+)

CoMix Wave FILMS

No. D.76

→用水路、川底見えてる

Cut	Picture	Action	Dialogue	Time
1148	流れ スーパー	← follow (フォロー) 両手に包んだ ミミをじっと見ている マナ。頬に涙の跡。 呆然としたカオ をしている。		2 + 12
1149		村はずれ、 一面の草原。 かつてはここまで村 だったのか、いくつかの 廃屋が。 老人が草原の一点を 指して、マナに何事かを話している。		
	ソラ	PAN どこに向けて 走り出すマナ。 追ってPAN、 フレームに空が 入るくらいまで。		5 + 0
1150	IN	ぽつんと立っている 巨石。 FIXあって、 マナが走って INしてくる。 (両手にはミミ)。		
		ラスト2、3歩 歩いた。 カット内止めない。		4 + 12

<16:9>　　(+)

No. D-77　（※ シンのマントのデザイン、アモロートの柄たのむ）

Cut	Picture	Action	Dialogue	Time
1151	クモ ホップラぽい高木	老人、石垣に腰かけている。 マナを見守っている一堂。 草を食んでいた馬、老人のセリフあたりで顔を上げる。	（シン）あれは…？ （老）じきにやってくるだろう。	3+12
1152	クモ OUT	ミミを見ていたマナが、何かに気づいて顔を上げる。 カット尻バッタが一羽飛び立つ。（草の揺れアリ）	コンテアリ手前でもイイかも。	2+0
1153		風が吹いて草いきれが舞う。 遠くから大きな人影が近づいてくる。（パン不要）		3+0
1154		超望遠、大気が逃げ水のように揺らいでいる。 手足の長い不思議なシルエットが歩いてきている。		2+0
1155		シン、驚いて前に1歩出つつセリフ。 （なんて古い） ママアクションで。	（シン）ヴァルトル！ なんて古い…。	3+0

<16：9>　　　（　＋　）

No. D.78

Cut	Picture	Action	Dialogue	Time
1156		グァルドトル IN してくる。 マナ、カット頭から石の上に立ち上がる。 マナの前に立ち止まる巨大な脚。		
		マナをじっと見つめる4m近い巨人。 体中が苔に覆われ、体表には結晶が浮き上がっている。 ↑ PAN・UP 右腕がなく、木の根のようなものが出ている。 (2歩くらいで立ち止まるか) (チョウチョつける？)	fix 2.5 Pan 4.0 fix 0+12	7+0
1157 ツヅく↓		ミミを持った両手を差し出すマナ。 BGはどこまでも連なる雲。 (マナのセリフは無しになる？)	マナ まだ… 心は体の中なの。	

<16:9>

+ (+)

アスナもすっかり喋れるようになりました、という理由ではあるんですが…

No. D.79

CoMix Wave FILMS

Cut	Picture	Action	Dialogue	Time
6 つづき		身をかがめて 左手をのばす 巨人。 マナはその掌に ミミを乗せる。		4+12
1158		↓(AC) スタート 身をおこす 巨人。		
		仮面のような 顔面がグニャリと 曲がり、その下には 大きな口がある。 ミミを飲みこむ まで。 ラスト 顔戻る。	手のひらで口をおおう ように のみこむ。	4+0
1159		マナ思わず とびおりて 巨人の脚に かけより、	1159 次項	
		抱きつく。 pan→ キョリ、このくらい 離す。	(※作画の上りで 決めましょう) 巨人(off) …ああやって。	3+0

<16:9> (+)

No. D.80

Cut	Picture	Action	Dialogue	Time
1159	花アリ	マナ、見わす[?]石から 飛びおりて かけより、		
		フレーム調整 PAN		
	カゲWラシ[?]	→ 石橋[?]のカゲ 巨人の脚に ギューっと抱き つく。	(老人) (off) …ああやって、	3+0
1160		マナと巨人のやりとりを 見ている老人とツン。 遠くにアモロートの 風車が回っている。	(老) 命はもっと大きな ものの一部に なるのだ。 ↓ になる	3+0
1161 つづく		ツンは老人の (アガルタの大人たちの) 達観に共感 できない。 まっすぐマナたちを 見ているが、 ↓	(ツン) ……。	

<16:9>

(+)

Cut	Picture	Action	Dialogue	Time
↓ つづき	↓	うつむき、自身にも向うかのように言う。	(リン) …… アスナにも、	
	↓	セリフ尻に 前に歩きはじめる。 カット内1歩くらいか 1AC	そう思えるのでしょうか?	4+12
1162		視線をおとしたまま老人の前に出てくる。 老人は前を見ているが、リンの言葉に目付が厳しくなる。	(リン) 大切な存在が死んでしまったのに。	
		リン、決意したように老人を向き、今までずっと控えていた想いを口にする。 老人、呼びかけられゆっくりリンを見る。	ご老人。 アガルタ世界は現世での命の儚さ、意味のむなしさを知りすぎている。 だからこそ滅びゆくのではないですか。	12+0
	風	セリフ途中で フワーっと風が 髪を持ち上げる。		

<16:9>　　　　(+)

No. D.82

Cut	Picture	Action	Dialogue	Time
1163		髪の動きつなげる。 老人、リンを非難する風でもなく、どこか眩しそうに言う。	(老) … そなたの未熟さはよくにている。	3+0
1164		老人の言葉に気色ばむ。	(老)(off) あの地上人(ビト)の男に。 (リン) っ…!	2+12
1165		全力疾走する馬の足元。	ドカカカッ	1+0
1166		鋭く振り向く老人。 キンチョウが走るリン。	(リン) ハッ!	1+12
1167		馬を走らせている傭兵団 follow. ←BG T.B ←流線 タップ	ドドドッ ドドドッ	2+0

<16:9>

(　+　)

No. D.83

CoMix Wave FILMS

Cut	Picture	Action	Dialogue	Time
1168				
	ラスト シンの馬　老人　シン	3騎をfollowぽく。 老人をナメ上がる。 スレ違う直前まで。 R分、フレーム長さ 下ユル。		4 + 0
1169	BG スタート	老人視点。 リーダーがカメラ （老人）を注視 したまま 通過する。	ドドドドッ	
	ラスト	パース効かせて ダイナミックに。 2本の剣のほかに、 腰にさした長銃が チラッと見える。		1 + 12
1170 つづく↓	風 土煙	見送る2人。 一瞬（6k） あって、		

<16:9>

2人もう一寸離す

(+)

No. D-84

CoMix Wave FILMS

Cut	Picture	Action	Dialogue	Time
↓ つづき		カメラ直前を またたく間に 通過する 部下2騎。画面動アリ。	ドカカ ドカカ ドカカ ドカカッ	
		土煙モーゼンと 立っている。 リン、思わず 追うようにして多少 前に出て、	(リン) 長筒(ナガヅツ)を	3+0 −α
1171		↓(AC) 斜面の下に outしてゆく 僧兵たち。(コンテより もう少し手前から)	下げている！ (忍) …殺してでも 地上人(ビト)を止めるか。	4+0
1172 つづく ↓		忍人の言葉に ハッと振り向く。 スタート	(忍) そなたの負うた 役目と同じじゃ。	

<16:9>　　　(　+　)

No. p.85

CoMix Wave FILMS

Cut	Picture	Action	Dialogue	Time
↓ カサキ	ききつつ 体ゆっくり 向けて、	老人の言葉を 聞きながら、 右にできない 衝動が湧き あがり、	(老) そなたの 負うた役目を 同じじゃ。 (リン) ……！	
	out	バッと 駆け出す。 出前右に fr/out		4 + 0
1173 IN		手前から 大きくinして 馬に駆け寄り、		
		ヒラリと 飛び乗る。 勢いでその場で 回転して、		
	in	老人 云いつつ in。 (止まる) 馬止めない。 AC ↓	(老) どうする 気じゃ！	3 + 0

<16:9> (+)

No. D.86

CoMix Wave FILMS

Cut	Picture	Action	Dialogue	Time
1174	ポプラ / ソラ / 風車	馬、その場で足踏みしつつもう一回転。リン老人を見つつセリフ	(リン) ……わかりません。	
	※馬は久しぶりのリンが嬉しい。	リンの顔を追うように / カメラも不安定にゆれる。	……	
		ラスト馬の回転止まる。「しかし」、見殺しには出来ないと、心のどこかが叫ぶ。	(リン) しかし……!	3+0
1175		馬、足踏みは止まらない。リン揺られつつセリフ。	(リン) ご恩は必ず返します!	
		かけ声と共に馬の腹を蹴り、駆け出す。老人と並ぶくらいまで。	(リ) ハアッ! ドカカッ	4+0

<16:9>　　追ってPAN　　(+)

No. D.87

CoMix Wave FILMS

Cut	Picture	Action	Dialogue	Time
1176		1173 BG一部兼用す このへんから スチールして。	ドドドッ	
	Out	一瞬でカメラ前を通りすぎてゆくリンの馬。 傭兵団たちほど重々しくない。 (土と草切れのみで、煙立たない)	16k くらいで	
		その行方を見ている老人、風圧でマントがフワッと持ち上がる。	前カットと切り返しの感じ、BGで出す。	
		マナがリンの方向を見ながら小走りでin。 老人、マナを片手で抱えあげる。 ラスト AC		4+0
1177	ソラ フレーム	このへんから		

<16:9>

(+)

No. D-88

ゆるい風吹く

Cut	Picture	Action	Dialogue	Time
↓ つづき (1177)		老人、立ち上がり。 マナに優しい口調で呟く。 眩しげな表情。 2人ラストカットです。	(老人) 皆、行ってしまうな。	3+12
1178		全力で疾走していくヒトン! ←follow このくらいのサイズで12Kくらいあって、	ドドドドッ	
		カメラぐっと引いていく。 途中カメラが低木につっこんで葉が舞ったりする。 (よくわからなくても イメイが出ればヨイ)	ドドドドッ ガサッ	
		このくらいまで一気に作画で引く。 ここからゆっくりT.B. マルチ数段組む。 青空の下、どこまでも広がる草原を疾走	ここまで 1+12くらい ドドドッ ドドドッ	4+0
		してゆく。 のびやかな馬の走りで気持ちよく! 滞空時間長めのかんじ。 (このへんまで引くか。)	→ その場合、CGでシミュレートします	8+0

<16:9>

(+)

No. D-89　〈湖〉

CoMix Wave FILMS

Cut	Picture	Action	Dialogue	Time
1179		湖のほとりに うちすてられている アシ舟。半ば侵水している。 2+0あって、 ポツポツと波紋が ひろがりはじめる。	舟のカゲのにカワが崩れる。 雨のライン /// はナシ	4+12
1180				
		PANすると、 荒々しい岩漠の 斜面。 モリサキとアスナがIN してくる。 もうだいぶ歩いて 疲れているかんじ。	山合いの 湖。みどりは湖の 周囲にわずかに しげるのみ。 細い雨が 降っている。	8+12
1181		斜面の切れ目。 空はまだ明るいが、暗い 雨雲が流れている。 fix 1.0 Pan 2.0 fix 2.0		
つづく		Pan Down 登ってきた モリサキ、止まって 云う。 スタート	(モリ) この尾根の 向こうだ。	

岩に雨のシミ 増えていって、 全体つっすら 暗くなる。

f1 P5 f2

<16:9>　　(+)

No. D.90

CoMix Wave FILMS

Cut	Picture	Action	Dialogue	Time
↓ つづき		ついてきたアスナに向かって言う。 2人雨にしめり、服にもハイライトアリ。	(モリ) イゾクが出る前に	5+0
1182	湖	AC モリサキ、言い切る前に前を向いて歩きはじめて	急ごう。	
		fr/out. アスナも追うが、フト何かに気づき、		
		止まって振り返る。 AC		3+12
1183 つづく ↓		モリサキ振り返り、アスナを気づかう。	(モ) アスナ。 (ア) …何か聴こえませんか?	

<16:9> (+)

No. D.91

CoMix Wave FILMS

Cut	Picture	Action	Dialogue	Time
6 つづき		アスナ、耳をすませるようにゆっくり左を見ていく。 モリサキ、鋭く周囲を見渡す。 モリサキもラストは左。		5+12
1184		岩漠の斜面に雨でモヤが立ちはじめている。 モヤのむこうから現れる、一騎のホコラカゲ。	←PAN fix 0+12 PAN 5+0 fix 3+0 (SE)(先行in) ホコラヒヅメの音	8+12
1185		それに気づくアスナ。 細い雨が髪や服をしっとりと濡らしている。	(ア) ハッ	1+0
1186	ラスト モヤ	(スタート) 稜線のむこうから馬を走らせてくる傭兵たち。 リーダー右手で長銃を抜きつつ。		1+12

<16:9>

(+)

No. D.92

Cut	Picture	Action	Dialogue	Time
1187		アスナに駆け寄ってきた必死のモリサキ。 アスナの手をとり。	(モ) アモロートの兵だ！	
out		斜面を駆け登り out	(モ) 走れ！	3 + 0
1188	BG (スチル) 30	↑ follow 馬を走らせつつ銃を構えるリーダー。 うしろにA.Bの2騎も見える。		
		BGは3DCG。 冷たい目で銃口をまっすぐカメラに向ける。		
		撃つ。 ハイコン一瞬。 光出る下光。	ガウ!!	2 + 0

<16:9>　　　　(+)

No. D-93

CoMix Wave FILMS

Cut	Picture	Action	Dialogue	Time
1189		走るアスナの足元に着弾。BGハイコン、飛び散る岩つぶて。	バシュン!	
		着弾点には煙が立つ。 2人全力で走って、		
		大きな岩陰にとびこむ。 PAN AC		2+0
1190		アスナ入ってきた直後にもう一度岩に着弾する。 モリサキ、マシンガンをかまえつつ冷静に、	ギュイン! (モリ) 隠れていなさい。すぐに済む。	
		言いつつ身を乗り出す。 アスナ一瞬疑問に思うが、モリサキはチュウチョせずにやってくる僧兵団に向けて発砲する。	(ア) エッ? ダラララ	3+12

<16:9>

(0+18<3+11)

(+)

No. D.94

CoMix Wave FILMS

Cut	Picture	Action	Dialogue	Time
1191		② 2手に別れてそれを避ける傭兵団。	ガガガガガ!!	
		つけてPAN ↑		
		① 岩片をハネ上げながら着弾が走る。		
Ⓐ out		ラスト → out		2+0-α
1192 ↓ つづく		まさか殺すの?というアスナの問い。 モリサキ敵から目を離さず。	㋐ 先生! ㋲ 奴らも私たちを殺すつもりだ。	

<16：9> (+)

No. D-95

CoMix Wave FILMS

Cut	Picture	Action	Dialogue	Time
6 つづき		おもむろに撃つ。 ビクっとするアスナ。	ダラララ!!ラ	3+0
1193	in モヤ	斜面の上から回転しつつ飛んでくる短剣。		
		ギラギラと光を反射しつつ。 fr/out	ラスト10Kくらい剣にカメラつけてぐっとT.Bする。	1+0
1194	ソラ モヤ	更に銃をうとしているモリサキ 4K程あって、		
つづく	火花 T.光	out in 左上から大きく剣がin。 銃をはじきとばし岩につきささる。	キン!	

<16:9>

カメラちょっと振る

(+)

Cut	Picture	Action	Dialogue	Time
6 ツヅキ	剣サイズ こぐらい	フレーム振り戻しつつ 反射的に剣の きた方向を にらむ もりけす		1+12
1195	CG	剣を投げたポーズから、斜面を駆け下りてくる何者か。 ラスト 腕もどす	（顔ギリフレーム外） BG、CG、 雨CG？	1+12
1196 TA	山肌 岩 モヤ	手前から大きく走りこんでくる馬。		
	PAN ヨダレ泡 out	追ってPAN。 泡を吐きつつあえいでいる馬。 その何者か（とんでも）は 走る馬上から体をひねる ように飛び降りてout.		
		そのとたんに 力尽きて、馬は地面に倒れこんでしまう。 ドサ！		3+12

<16:9>　　(+)

※ 1197、カメラ反対側から(左右逆)の方が
ベターではあるのですが、体で剣が
見えなくなっちゃうかも。
要、一考。

No. D-97

CoMix Wave FILMS

Cut	Picture	Action	Dialogue	Time
1197	BG ソラ 右足	IN 岩にささった剣に モリサキの顔が 映っている。 脚から入ってきて、		
	BG. 脚ボケ	通過する際に 剣を抜く 左手でとる。	シャリーン	
	左脚 カブ? BGスライド	モリ　ワタル 取ったイキオイで 剣を回すように 放る。		
		剣 ギラリと光る。 逆手の剣を順手 に持ち変えるため。 何が何やら良く わからなくて良い。	(剣にカメラつけて PANするかんじ。)	
	肩 ラスト	このへん までA.	このへんで 着地してる (フレーム外) ザッ	1+0-α

<16:9>　AC　(+)

No. D-98

Cut	Picture	Action	Dialogue	Time
1198		着地した 反動から。 ハネ上がる岩と水。	バッシャ!	
	マント	すぐさま 立ち上がり つつ		
	パシッ	左手の剣を 右手に投げる。 キッとカメラを にらむの〇〇 ヒンである。		
		長セル PANか。		
	モリオサたちの 隠れた岩	モリオサ フレーム内に入ります が、マントのうしろで 見えないそう。		2+12

<16:9>　　　　(+)

No. 12-99

CoMix Wave FILMS

Cut	Picture	Action	Dialogue	Time
1199		シンのポーズ前カット (AC) 驚くアスナ、 気色ばむ モリサキ	(アスナ) ……シン!? (モリ) 余計なコトを……!	
		シン、モリサキに キッと 目をやり言う。	(シン) 誰も殺すな。	3+12
1200	←モブ	シン、顔を戻し つつ続ける。 奥の斜面から 登ってくる傭兵団 in気味から	(シン) アガルタの 憎しみを 増すだけだ。	
		斜面登りきる くらいまで。 モリサキ、腰の 銃のホルダーにそっと 手をやりつつ立ち上がる。		3+0
1201 ↓ つづく	(in)	だいぶ地面 濡れてきている。 馬の脚がin. (走ってきたが、 フレーム外で止まる 動作に入っている)		

<16:9> 脚えうつりこみアリ (+)

No. D・100

Cut	Picture	Action	Dialogue	Time
つづき	A B	馬から バッと飛びおりてくる リーダー。 (AC) PAN UP	他の2騎も やってきている。 ガチャ (腰の剣を 抜き)	4 + 0
1202	モヤ	何歩か歩み出てきて 云うリーダー。 A・Bは馬に乗ったまま 雨、強くなってきている。	(止まってから) (隊長) …カナンの村の 者か。 なぜ地上人を かばう。	8 +
1203	山	リン ヤヤアオリ。	(リン) この2人は あなたたちの村の娘 を助けた。 (リン) 恩義がある はずだ。 (隊) (off) 地上人を野放しに することは	0 4 + 0
1204 つづく	モヤ	云いつつ 右手を右の腰 にやり、	滅びの呼び水と なろう。 将来に禍根 は残せぬ。	

<16：9>　　　　　　(+)

No. D-101

CoMix Wave FILMS

Cut	Picture	Action	Dialogue	Time
↓ つづく		バサッと マントをハネ上げて、銃を持った右腕を上げる。	(長) どけ!	4+12
1205		1203のヨリ。 無言で対峙するヒビ。 1+12あって、	(ヒ) ……。	
↓		突然 身をかがめて ダッシュする。 out ちょっと追う。		2+0
1206		out ズーム 駆け抜ける 足元に着弾する。	ガガ	
↓		足out後 煙ひっぱられる かんじ。	ン!	1+0

<16:9>　　　(+)

No. D.102

CoMix Wave FILMS

Cut	Picture	Action	Dialogue	Time
1207	モヤ / TU	瞬く間に 隊長の懐に とびこみ、長銃をはじきとばす。	キィン	
		が、隊長は すかさず長剣を 抜き切りかかる。 短剣で止める ミン。	キン!	
	タイチョー ヨユーあるかんじ	が、隊長優勢。 防戦一方となってしまうミン。 2Fくらい押される。	キン キン、 キン	
out		強力な一撃を うけとめつつ うしろに飛び下がる ミン fr/out	ギィン!	3+12
1208 つづく		アスナ 思わず乗り出し 立ち上がるが、	(ア) アアッ!	

<16:9>

(+)

No. D103

Cut	Picture	Action	Dialogue	Time
↓ つづき		ソリサキが片手で制した処へ、レンが滑るようにinしてくる。 in	フレーム頭から クイック・T・B ザッ	
		ここまで 1+12	ザザッ	
		まっすぐ敵を見たまま立って、ダッシュしてfr/out 一寸追う out	(レン) 借りは返す。 行け!! ダッ	4+0+α
1209	in 地面スライド	走りつつくり出されるレンの剣閃 out	ヒュ	0+12
1210		スタート 下からの一閃を剣で止める隊長	キィーン	1+12

<16:9> (+)

No. D104

Cut	Picture	Action	Dialogue	Time
1211		思わず笑みをもらすモリサキ。 リンの行動を痛快に思っている。	(モリ) ハッ	
out気味	バッ	かがみこむようにうしろにout気味 [AC] ぼく		1+12
1212	モヤ T.B 2+0	抱え込みからスタート アスナを抱えて斜面をかけ登るモリサキ。 うしろで剣を交しているリン。	(SE) キン! キン キン つづく	
		つづいて PAN ラスト1+0 アスナ リンが心配。	(ア) リン! ラスト カオ向き	3+0-α
1213 つづく		隊長の激しい剣筋を何とかしのいでいるリン。 うしろにチラッと走っていく2人の姿	ギン キン!	

<16:9>　　(+)

No. D105

CoMix Wave FILMS

Cut	Picture	Action	Dialogue	Time
↓ つづき		ラスト レンの体で アスナたち隠れる。 防戦一方。	キン!	2+0
1214	レン	隊長もUP/余裕。 冷静な目で 打ち込みつづける。 うしろのAが馬の 腹をけり、右前に	ギン ギン	
PAN out		かけ出して fr/out。 ラスト馬につけて ちょっとPANする	キイン!	2+0
1215	→目セン画面右	1213 BG兼用 駆けてゆく馬に 気づくレン 「アスナたちを追って ゆくのだ!」	(レン) ハッ! カオおとし	
	キッ	fr/out 一太刀剣でかわしつつ	キン! バッ	1+12

<16:9>

画面右奥に大きく
ジャンプして fr/out する。

(+)

No. D106

Cut	Picture	Action	Dialogue	Time
1216		馬を走らせている 部下A、 カット頭でフレーム 外からやってくる ゼンに気づいている。	0+8くらい	
		濡れた地面に 着地してくるゼン。 驚く馬、しかし Aは僅ぼ同時に 馬をとびおり。	バシャッ	
	PAN	剣を抜き ブンブンと2回 くらい回しつつ 歩いてくる。 間をとるゼン。 このへんで2+0 くらいあって。	→強そうに！ ※馬は一回転 くらいしてテキトウに とまる。	
		切りかかるA. ギリギリで かわすゼン。	ブンッ	
	・望遠、 ・足元うつりこみ、 カメラ手振れ。	かえす刀でもう 一閃。 こちらも とうじを かわすゼン。 AC	ブン！	6+0

<16：9> (+)

CoMix Wave FILMS

No. D107

Cut	Picture	Action	Dialogue	Time
1217		剣を振りあげた処から。 間髪入れず（8Kくらいあって）		
	あし in	ジンの回し蹴り！ ラスト、頭outするまで AC	バキイッ	1+0-α
1218		すさまじい勢いで地面にたたきつけられるA。 水しぶきと岩片と血が舞う。	ズン！	
		Aはグタッとなって動かない。 ジン、回し蹴りの勢いで一回転して（？カッコ良ければやる） Aへ向き直り、 倒したことを確認し、		
		キッと振り向き、 こちらをじっと 見ている隊長を にらむ。		4+0

あし out

<16:9>　　　　(+)

No. D-108

CoMix Wave FILMS

Cut	Picture	Action	Dialogue	Time
1219	ソラ	不敵な笑みの隊長。 Bボソリと呟く。	(長) 手強いな。 (B) やらせて下さい。	
	PAN →	馬から降りるB、の時にPAN。 地面に足つくまで。 ←この画より もう一寸先まで	ザッ	3+12
1220	ソラ	スタートin気味 剣に手をやりながら歩いてくるB。		
		立ち止まり 巨大な剣を抜く。 重そうに。	ジャリン……	3+12
1221		深く息を吐くシン。 白い息が流れる。 先ほどのやりとりで隊長にはかなわないだろうことを悟っている。 が、	(シン) ハァアァ…	

<16:9> (+)

No. D-109

CoMix Wave FILMS

Cut	Picture	Action	Dialogue	Time
〃 つき	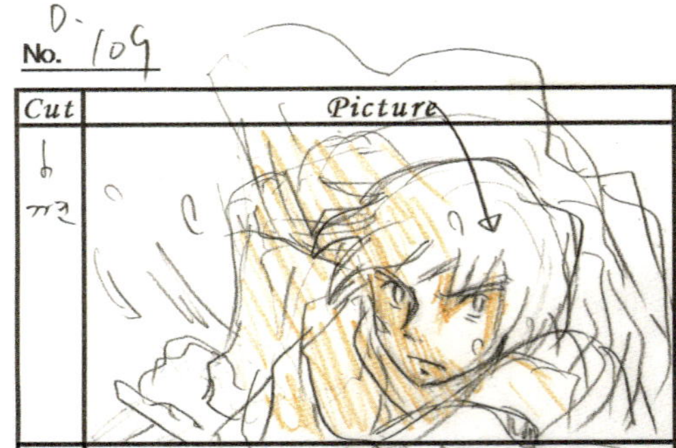	ぐっと沈みこんで		
		駆け出して out.	ダッ	4+0 -x

<16:9>　　　　(+)

No. D110　<フィニス－テラ>

Cut	Picture	Action	Dialogue	Time
1222		空。モヤと雨雲が流れている。雨が小降りになってきている。雲の切れ目に夕方の空。	ザー……	3+0
1223	in	岩場を走るアスナの足。（つかれてきている）in/out	ゴト　ゴトッ	1+12
1224	in	雲のうすくなってきた空でバックに、モリサキが前方をじっと見ている。1+0あって、アスナが息をきらせながら入ってくる。	ヒュー……（風の音） （ア）ハァッハァッ、	
	雨 パラパラ	（モリサキを心配してうしろを見るか？）モリサキ、前を見たまま感極まったように告げる。アスナ顔上げる。	ハァ……。 （モ）…この世の果て。フィニス・テラだ。	6+0
1225	モヤ	アスナ驚きの顔。モリサキ、厳粛な表情。（遂に来たのだ、という感慨）	（モ）あの崖の底に生死の門がある。	3+0

<16:9>　　(+)

CoMix Wave FILMS
No. D.111
Cut
Picture
Action
Dialogue
Time
1226
PAN レンズ歪み加味
BG
ひたすら巨大な
スケール感を!!
小雨アリ
大地にうがたれた
巨大な穴。PANおわる
前からモリサキ山を
降りはじめる。
ボーゼンと動かない
アスナに気づき 言う。
あわててあとを追うアスナ
モリ
急ごう。
彼の行為を
無駄にするな。
このへんまで。
FIX 1+0
Pan 3+0
FIX 4+0
8+0
くらい
※フィニス・テラの見え方。
太陽まだ高い。
穴の中にも
雲海が漂っていて、
空にも下にも雲、というかんじに
見えるとか。
穴自体のかべ
<16:9>
(+)

No. D111B

Cut	Picture	Action	Dialogue	Time
1226 B	クモ	④ モリサキが入って来て、穴をのぞきこむ。		
		③ このあたりは直射があたっている。	ゴオオオ・・・	
		② 切り立った壁面。 ※ディティール一応。 PAN UP		
		① 穴の底を雲とモヤが流れている。（スケール感！）	(SE) 風の吹く深い低い音。	
		FIX 1+12 PAN 4+12 FIX 2+0	※今のフレームもうここぐらい増やし、タイムも+2前後。	8+0 (10+0)

<16 : 9>

(+)

No. D112

Cut	Picture	Action	Dialogue	Time
1227	in気味	モリサキ うしろ足で戻って 来てリュックを 下ろし、		
	雨だけが 小降り。 日差しでり in	向く。 小走りで入って 来たアスナに向かって 言う。	(モリ) 身を軽くしておけ。 崖を降りるぞ。 (ア) エッ?!	
	out	とまどいつつも アスナ去って out. モリサキ、老人から もらった食料つつんだのを ポケットにつっこんだり。 ←布につつんだパン		5 + 12
1228		AC開く 走るアスナ フカン、follow. (疾走ではなく 小走り。)	こんくらい引くか?	
		3歩くらいで 足元の地面が 途切れる。 深い闇のはるか下に くらい雲。 アスナ ハタと 立ち止まり。	ゴオオオ 4歩目か。	2 + 0

<16:9>　Bookの崖　AC　(　+　)

No.D.113

AC

Cut	Picture	Action	Dialogue	Time
1229	雨はもう軽くて、風にバラバラと舞っている。	力が抜けたように? ふるえながら? しゃがみこみ。	※構図工夫のこと。広角の?	
		下をのぞきこみ、風に吹き上げられながら絶望的な顔で呟く。	(ア) そんな…。	3+12
1230		前カットポーズつなぎで、モリサキの方向を見て悲痛に叫ぶアスナ。モリサキ立ち上がり、崖の淵に向かいながら云う。	(ア) 無理です! どこか他の場所から… (モ) そんな暇はない。	3+12
1231	行こう IN	モリサキinしてきつつセリフ続く。 アスナを見て云い、チュウチョなく崖を降りはじめる。(アスナ目で追うこと)	陽が落ちればイゾクが出る。 行こう。	
つづく		アスナ慌てて、ジタバタしつつリュックをおろし、 エ!) うッ! ジタバタ	(ア) エ、エッ、ええっ!?	

<16:9> out

(+)

No. D-113B

Cut	Picture	Action	Dialogue	Time
↓ つづき		あわてて モリサキの降りた 場所まで。 怖いので ふんばりで。		
	リュック	2歩分くらいの キョリ。 下をのぞきこみ つつ叫ぶ。	(ア) 先生！	7+0 くらいで
1231 B		足場を確かめ つつも 順調に降りて ゆくモリサキ。 アスナの呼びかけ		
	斜め下に。	には応えない。 カット内3歩。		4+12 ±α
1231 C つづく ↓		見てるアスナ。 モリサキの 行動に押さ れるように、 表情一寸変化。	(ア) ……！	

<16:9>　　　　(+)

No. D-114

Cut	Picture	Action	Dialogue	Time
↓ つづき		オソルオソル 降りようとする。 左足から降ろして。 AC ぽこ		4+0
1232	左足	これか？ 爪先でひっかかる足場を探り、慎重に体重をかけてゆく。一度止まり→	1233 アオリで、恐怖顔 ソラ ヒュウウウ	3+12 / 1+12
1234		ソロソロと降りてゆこうとする。はるか眼下では風（もや）がうずまいて湧き上がりはじめ。 （左足に体重）	ウウ	
		（右足に体重） ぶるるる 吹き上がってくる。	ウウウ	4+0
1235		！スタート ものすごい風に吹きつけられる。 吹きあがる風の筋、髪、涙、手り等を	ウ	1+12

<16:9>

(+)

No. D.115

Cut	Picture	Action	Dialogue	Time
1236		スタート 一瞬、風で体を持ち上げられる。恐怖で声も出ない！	ウウウウウ……	
		しかし風はすぐに止む。アスナ フワっと戻り、足場を踏むためにチョット バタバタやる。 ラスト		4+0
1237		モリサキ、アスナを見上げ叫ぶ。アスナ、もうピクリとも動けない。 モリサキはまだ風に吹かれていて、カット内で	(モリ) アスナ!!	1+12
1238		収まり気味に。 AC ぽく 風つながる。 アスナが返事をしないことを確認して、(1+12)	(モリ) ……。	
↓		無言でぐっと登りはじめる。 もう一寸手前まで。		2+12

<16:9> (+)

No. D.116

Cut	Picture	Action	Dialogue	Time
1239	アスナのリュック	崖の淵。 雨は止んでいる。 1+0あって、		
	in	モリサキが 登ってきて、		
		アスナを引き 上げる。 AC		5 + 0
1240	in	すみません ポーズうまく つなげて 下さい このへん スタート ? アスナの脚、 倒れこんできて、		
つづく		ガクッとヒザを ついてから手を つき、パタパタッと 涙がおちてくる。 脚につづく?		2 + 12 +α

<16：9>　涙つぶみつくるか　（　　＋　　）

No. D.117

CoMix Wave FILMS

Cut	Picture	Action	Dialogue	Time
1241		うつむいて 震えているアスナ。 声を上げずに 泣いている。 息だけがきこえる。	(モリ) ……(1+0あって) アスナ。	
		モリサキの声から 間があって (4+0あって) 顔を上げるアスナ。 中 フォローPAN 涙の筋が 流れている。		6+0
1242		モリサキ、 身をかがめつつ。 ここに至り、 本心からアスナを 心配している。	(モリ) よく、 聞きなさい。	2+0
1243		幾重もの雲が 流れている。 アスナ 涙はとまって いる。	(モ) きみは狭間の海を 越え、世界の これほど深くまできた。 この崖も必ず越える ことができる。 ~~私が必ず助ける。~~	6+0
1244 ↓ つづく		アスナ、 語るモリサキを まっすぐに 見ているが、	(モ) きみは何の ためにアガルタ にきたんだ。	

<16:9>

(+)

No. D-118

Cut	Picture	Action	Dialogue	Time
6 つづき			(アスナ) でも…… でも、 ここは…！	
		アスナ 顔伏せながら ↓ AC	わたし ……	7+0
1245		1243同ポジ しぼり出すように言う アスナ。涙 ひとつふたつ おちる。 (ポーズ)	(ア) できません ……。 ギ	2+12
1246		一方シン。 Bの長大な剣を 必死に防いでいる。 火花とび散って いる。	イイ	
	ソラ	ギリ ギリ out まで かわす！	イン！	1+0

<16:9> シンの短剣長く見えちゃってOKです AC (+)

No. D-119

Cut	Picture	Action	Dialogue	Time
1247	BG BOOK	Bとの死闘。 空はすっかり夕空。 Bの巨大な剣を 防ぎつつも、とにも 必死に太刀を	キイン！	
	チャンバラ かっこよくよろしくです BG BOOK	うちこむ。 カメラ2人の周囲を 一回転しつつ、2人が 近づいてくるかんじ。 太陽ぎらり。	キン キン！ ガン キン	
		強さは A < とにく B < 隊長。 Bの太刀を うけとめた瞬間 から 1AC	カ	4+0
1248	Bの剣	はじき とばされる	キーン	
		ラスト	！	1+0

<16:9> 下見のたる

ぐっと広角で。

(+)

No. D.120

Cut	Picture	Action	Dialogue	Time
1249		ハ気味から → follow ふきとばされて きて		
		ワンバウンド して転がったり。 その中でも		
		何とか 立ち上がろうと する AC ばく	※岩場の地面を 3Dで作り、 それを元に全作画	1 + 12 +α
1250		向かう先には 隊長がいる。 セン、また体制 をたて直しきれ		
		ていないうちに、 勢いでグッと 迫ってしまう。	※3Dガイド ↓ 全作画	1 + 0

<16:9>　　　　(+)

No. D.121

Cut	Picture	Action	Dialogue	Time
1251	右手 地面	吹きとばされてきたシンがせまり、		
	in out	隊長の右手がinしてきて殴りつける。 血も吹きとぶ。	バキッ	1+0
1252	in	(AC) 手前から大きくinしてきて、		
		地面に叩きつけられ、なすすべなく転がってゆき、 つけPAN	こんな感じ 力なく転がってく	
つづく	in	クタッと止まる。 シンの短剣が落ちてくる。	カラーン!	

<16:9>

(+)

No. D.122

Cut	Picture	Action	Dialogue	Time
↓ つづき		剣を踏んで 隊長がリンに 歩いてゆく。 ラスト 剣踏みこえてゆく		5+0
1253		隊長 リンに 近づいてゆき		
		リンの顔に 剣をつきつけて 言う。	(隊長) もうやめておけ。アガルタに 居場所を 失うぞ。	6+12
1254		動かないリン。 2+12あって		
↓ つづく		苦しそうに上半身を起こして隊長をにらみつける。 (セリフ時剣一寸 反応して動く。T光ギラリ)	(リン) …居場所 など、	

<16:9>　　(+)

CoMix Wave FILMS

No. D.123

Cut	Picture	Action	Dialogue	Time
↓ つづき		剣を手ではじいて / OUT / ワキびつから悲痛の表情で駆け出す。 / つけPAN	(シン) もとより ない!!	6+0
1255	→夕日	AC補正 / 素手でなぐりかかってゆくシン。隊長はカット頭、剣を律儀にサヤに収める。シンの拳は全てかわされ、	シュ / シュ、 / シュッ	
		(左手、右手、左手、右手の4回くらいか) / 渾身の左上段蹴りも軽々と止められ、	シュッ / ガッ	
		はじかれた一瞬のスキにフトコロに入りこまれてしまい。 / AC		3+0
1256	→ソラ	手がIN / 隊長の拳が入ってくる。ぎりぎりかわすが、	ブオン!	

↓ つづく

<16:9>

(+)

No. D.124

Cut	Picture	Action	Dialogue	Time
↓ つづき	BG スライド	間髪入れずに激しい攻撃がつづく。必死で防ぐがどんどん押されていく。 follow ぼく。	バキッ バチッ (モ)(off) ――わかった。	2+0
1257		1243同ポ 一方 アスナとモリサキ。	(モ) 私ひとりで行く。	2+0
1258	空	1242同ポかも？ モリサキの言葉にピクリと反応し、ゆっくりと	(モ) クラヴィスをわたしなさい。	
		体を起こすアスナ。 ↑ つけPAN モリサキ言いつつ右腰のホルスターから銃を出し、	代わりにきみはこれを持て。	4+0

<16 : 9> ↓AC (+)

No. D.125

CoMix Wave FILMS

カット頭 視線 アスナ。

Cut	Picture	Action	Dialogue	Time
1259	in	in アスナの両手の上に銃をのせる。 アスナのとまどいがちな手を、ズシリとした銃の重みで。		2+12
1260	暮の空 くらくなりはじめている in	画面外でアスナからクラヴィスをうけとり、検分するように見て、ズボンのポケットに入れる。 アスナ 視線まっすぐアスナに。	(モリ) 川をさかのぼり 老人の処を 目指しなさい。 夜がきたら	5+0
1261		アスナ 呆然としている。 まっすぐにモリサキを見つめている。	(モ)(off) 水に入り 貴族を さけることだ。 (ア) ……。	
		in モリサキの大きな手がアスナの頬にふれられる。	(モ) …アスナ。	4+0
1262		アスナ、 両手に銃をのせたままか？ フレームひとまわり引くか？	(モ) 私はきみに 生きてほしいと 思っている。 勝手かもしれないが、	4+12

<16:9>　　(+)

No. D-126

Cut	Picture	Action	Dialogue	Time
1263		BG1260フレーム調整 切なく悲しげな笑顔を見せる。 セリフ後も笑顔の印象のこす。	(モ) できれば、 それを覚えて おいてくれ。	3+12
1264		1261のヨリ 頬から手をそっと離す。 フレーム外でモリサキ立ち上がる音 out	(SE) ザッ	2+12
1265		崖に歩いてゆくモリサキ。 見おくりつつもアスナが抜けて、	ザッ ザッ ザッ ザッ	
		ペタっとすわりこんでしまう。 両手に持った銃が地面におちる。 (よく見えなくてもヨイ)	… ガチャッ	2+12
1266 つづく		一方ヒン。 パタパタッと地面に血が飛んできて(8K <3+12>)		

<16:9>　　(+)

No. D-127

Cut	Picture	Action	Dialogue	Time
↓ カブセ	IN	ザッとヒンの足が入ってくる。殴られて踏んばった処です。 ↓	ザッ	1+12-α
1267	空 スライド	踏んばった処から、反動で（もう力尽きかけているので）		
		ガクッと前に倒れこんできて（タタッと足もつれる） 一寸タメあって、	↓カメラ、顔を追うように手振れ。	
	口から血	しかしボロボロになりつつも カメラを（隊長を）殴りつけようとグッと前に乗り		
	IN OUT	出した処に、隊長の右上段蹴りが脳天に叩きつけられる。	ドカ	2+12-α

<16:9>

(+)

No. D.128

CoMix Wave FILMS

Cut	Picture	Action	Dialogue	Time
1268		力の抜けた人形のように2回転程しつつ		
		地面に叩きつけられる。画面動 カメラを前で止まるまで	ズバシャッ ラストよまり、1+0 版を鞘の戻り	3+0
1269		AC 地を抱くかのように倒れこんでいるソン。 ピクリとも動かない。	(off) 剣を抜く音	
		ノド元にスッと剣先が差しこまれる。		2+12
1270	フレーム ソラ つづく	何を想うのか、ジッとソンを見下ろしている隊長。	(長) ……。	3+0

<16:9>

(+)

No. D.129

CoMix Wave FILMS

Cut	Picture	Action	Dialogue	Time
1271		キラリと光る クラヴィスのかけら。 879兼	(かすかな風鈴) チリーン	0+12
1272		1270同ポジ ハッとする 隊長。	長 !	1+0
1273		4を助け起こしている奴のB。 (カット頭まで上がる動き) 2人とも ハッとする。		1+12
1274		1269同ポジ リンも ハッと目を開く。 一間があって、 隊長の剣が スッと引かれる	リン ……!	2+0
1275 つづく		剣を収めながら 言う隊長。	長 クラヴィスが フィニス・テラの下に 消えた。 これ以上はもう 追えぬ。	

<16:9>　　(+)

Cut	Picture	Action	Dialogue	Time
6 つづき		追ってPAN		
		シンに背を向け歩きはじめる隊長。追ってPANすると、行く先には3騎の馬とAとBがいる。カット尻立ち止まり	(長) だが、地上人はどのみち生きて崖をおりることは叶うまい。	9+12
1276	西のソラ	AC シンの方を見て言う。どこか悲しげな表情をしている。ラスト言い終らないうちに再び背をむける。	(長) 小僧、アガルタにも地上にもつかぬお前が、この先安らげる場所はひとつとしてないだろう。	6+12
1277	東のソラ	ギリギリと体を持ち上げて隊長をにらむ。 スライ	(長)(off) 永遠に流浪する生き方をおまえは選んだのだ。	3+12
1278		言って、暗くなりはじめた空のむこうに馬を走らせてゆく。 out	(長) それを悔いつづけるがいい。	5+0

<16:9>

(+)

腹を蹴って 馬いななき

No. D.131

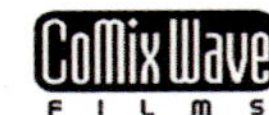

Cut	Picture	Action	Dialogue	Time
1279		遠ざかる足音を、ボロボロの顔でじっときいている。 僧兵の言葉が胸にささっている。	(シン) ……。	
		1+12あって、 フラつきながらも立ち上がる。		3 + 12
1280	→え	スタート うずくまってる 顔を上げるシンの馬。		
	IN	シンのセリフが入ってきて、 最初の一歩がIN AC 12pc	(シン)(offから) すまなかったな。	3 + 0
1281	IN気味	シン、痛む体を抑えつつ馬に近づいてゆく。馬もなんとか立ち上がる。	(シン) ここまで無理に走らせすぎた。 立てるか？	5 + 0

ラスト、顔をなでる。 (+)

<16:9>

No. D.132

Cut	Picture	Action	Dialogue	Time
1282		馬を見て 良かった、という 笑顔を見せつつ 云う。	(ゼン) ……これから	
		遠くを見つつ セリフ。風が 吹きはじめ。 どこからか 舞ってきた草切、	どこへ 行こうか。 (2+0)	
7B		それを追うように カメラ空に抜ける。	fix 2+0 PAN 1+12 fix 1+12	
		上空は澄んで 暮れはじめて きている。		5+0
	Dパートおわり！			

<16:9> (+)

Eパート

No. E・1　<アスナ内省1>

Cut	Picture	Action	Dialogue	Time
	Eパート			
1283		モリサキがアスナに渡した銃。 夕日をうけてニブく光っている。 T.Y.		2+12
1284	カゲ	ヒザを抱えて崖のフチにうずくまっているアスナ。 闇がゆっくりと足元にのびてきている。 （撮影）		5+0
1285		夕日が雲のむこうに		
	ゆるい風	↓（5+0かけて） 沈み、アスナにあたっていた光も消える。 雲は夕日をうしろに隠して金色に輝いている。	（かすかなささやき F.I.） ヒソヒソ… ヒソ…	10+0

<16:9>　　カット尻2+0くらい　ゆるい風が髪をゆらしはじめる。 ↓ AC　　(　+　)

No. E・2

Cut	Picture	Action	Dialogue	Time
1286		[AC]で風に吹かれる。 風収まり。	ヒッ ヒッヒッ	
		フト何かに 気づき顔を上げる。 ここで4カット タメて。	… ヒッ ヒッ	4+0
1287		スタート アスナの足許に イゾクの頭が ポコリと浮き上がり、 空虚な目でアスナを 見上げている		2+0
1288		1286同ポジ はじかれるように 身を引き、	(ア) …イッ…！	
	立ち上がる時に 鏡を掴む。 右手でも左手でも OKです。 ガチャ	転げるように 駆け出す。 out カメラ大きく追ってPAN	ヤァアア！	2+0

<16：9>　　(+)

No. E-3

Cut	Picture	Action	Dialogue	Time
1289		必死に前のめりに走るアスナ。follow→		
	PAN→	日向に出るがそのまま走り続ける。日影2+0 日向2+0 くらい。		4+0
1290	in	1226同ポジ 夕闇に沈みつつあるフィニス・テラ。2+0あって、まだ陽のあたる山の上に駆け登ってくるアスナ。	ラストBOOK手前まで。 動き止めない。	7+0
1291		眼下に影の中の湖。		
すぐに in	アスナ 直射 ここで立ち止まり 湖を見て。 out	アスナ走ってきて、湖を見やり、下ってout。		4+0

<16:9> (+)

No. E-4

CoMix Wave FILMS

Cut	Picture	Action	Dialogue	Time
1292	in	葦(アシ)や枯木が顔を出す湖面に、アスナの足が走りこんでくる。	ヅカ	
	泥 out	ドロを引っぱって out、	ボン	1+0
1293		浅瀬の岸からチュウチョなく湖に走りこむ。 in気味	バシャ!	
		前につんのめってころんでしまう。 水の中にout。	バシャン	2+12
1294 つづく		すぐに身を起こし、	(ア) プハッ	

<16:9>　　(+)

ー寸せきこんでから。

ゴホッ

CoMix Wave FILMS

No. E-5

Cut	Picture	Action	Dialogue	Time
↓ つづき		ハッとした表情を見せる。(ヒザ立ち) オソルオソル 顔を回し。	アハッ！ (ササヤキ) ヒッ ヒッ …	
	BG S.L.	それを追うように カメラがアスナを中心に回転する。 アスナ 顔回す	ヒッ ヒッ	
	目セン	湖の周囲は、イゾクの赤く光る目と低いササヤキに満ちている。 fix 4+0 PAN 2+0 fix 0+12	ヒッ ヒッ ヒッ ヒッ …	6+12
1295	空まだ明るい	絶望的な表情、瞳うるんでしまう。 悲しげな表情で。	ヒッ ヒッ ヒッ …	
		立ち上がって駆け出す。 out	バシャッ	4+0

<16:9>　※コンテだとややアオリ。1294の寄りでも可。

(+)

No. E-6

CoMix Wave FILMS

Cut	Picture	Action	Dialogue	Time
1296	岸	膝までの浅瀬を 走りつづけるアスナ。 → follow、リピート + T.B. 岸	※湖面グラデ＋ 水面キラキラ作画。 follow終は岸で。 (0.L.2+0)	5+0
1297 (モリサキ)		フィンス・テラの 壁面。 空はくらい雲に 閉ざされている。 PAN（マルチ）		
		（夜のとばり） 時折、かなたで 雷が瞬く。	（カミナリ） ゴロ ゴロ ゴロ …	
	A B C BG	モリサキが クラックを伝って 崖を降りている。 コンテ作業スタート		
(つづく)		このあたり モリサキ followの かんじ。		

<16 : 9>　　　　(+)

No. E-7

Cut	Picture	Action	Dialogue	Time
↓ つづき		ラスト、張り出した小岩の上に乗る。 ラストから逆算してスタート決める。	PAN 5+0 follow 5+0 くらいか	
		スーッと雲が流れてきてモリサキを隠す。		10+0
1298		雲の中では細い雨が降っている。背後の雲の中が時折発光する。 モリサキ下を見て、	サー ゴロ ゴロ……	
		岩に手をかけて軽く飛び降りるように足をつき、		
		足をすべらせつつ懸垂で体を降ろしてゆく。 動作にチョコチョコは一切	ザッ ザッ……	3+0

<16:9>　　(+)

No. E-8

CoMix Wave FILMS

Cut	Picture	Action	Dialogue	Time
1299		スリ傷だらけで 血のにじむ モリサキの手。 ぐっと力が こめられてゆくと、		
	out	右手の岩が 崩れる。 左手も血を 引いて fr/out	バコッ	1+12
1300	スタート	岩壁をこすって 落ちてくる モリサキの足先。 (フレームfix)	ザザザーッ	
	in/out	途中で岩の カタマリが頭を かすめて落下。		
	(細い雨アリ) 指の血 カベにのこる	ここまで 一気にすべり 落ちるが、 AC ぱく		1+12

あと250!

<16:9>

手だけのこるまで 落とすか?

(+)

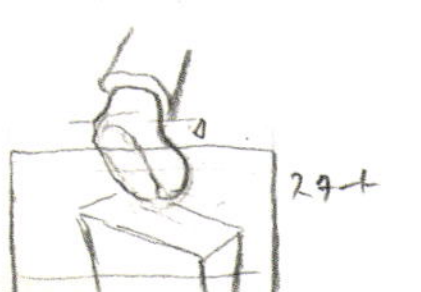

No. E-9

CoMix Wave FILMS

Cut	Picture	Action	Dialogue	Time
1301		つま先が突起をとらえ、止まる (AC)	ガッ	1+0 (20Kくらい)
1302		体の沈みこみと髪のゆれもどし、パラパラと岩のカケラがおちてくる。		
	暗い雲	もっと上をにらむように見上げる。		2+0 (1+18くらい)
1303	クモ / 左手 / 左手の血	モリサキ視点。崖の上は夕闇に沈み、流れる雲に閉ざされている。	(遠雷) ゴロゴロ…	3+0
1304 つづく	クモ	じっと崖の上を見ている。はるか眼下は暗い雲が流れている。	(モリ) ……。	

<16:9>

(+)

セリサナが泣く？

CoMix Wave FILMS

No. E-10

Cut	Picture	Action	Dialogue	Time
↓		（2+0あって、）ふと表情が寂しげにゆるむ。（アスナの声を思い出す）	アスナの声 先生っ ↓（不要か）	
		うつむいて右、左とゆっくりと首を振る。<アスナのことを考えるのは止めよう> ラスト		
		突然、白コマ挟んで カット尻一瞬ハイコン	ドン	5+0
1305		すぐそこの雲の中に巨大なイカヅチが走る。		1+0
1306		とたん、衝撃で血と雨に手がすべってしまう。	ズル！	1+0

<16：9> ↓ out (+)

No. E・11

Cut	Picture	Action	Dialogue	Time
1307		落下する モリサキ follow. なすすべもなく。		
		自由落下で 2+0くらい。 壁面に人工の 模様が現れ て、		
	雨	壁からせり出した 奇妙な遺跡に 背中からぶつかり、 人形のように バウンドして AC	ダン！	2+12+α
1308		スタート 背中 雨が着地して。	ドシャン	
	雲とソラ	爪先から血を にじませた手が カメラ手前に遅れて 着地。		2+0

<16：9>　　　　(+)

No. E・12

CoMix Wave FILMS

Cut	Picture	Action	Dialogue	Time
1309		動かないモーリッツ。 雨が強くなってゆく。 崖の底はまだ見えない。	ザ――	
		5+0あって、 痛みをこらえるように上半身を起こす。 AC ↓	ゴロゴロゴロ……	8+0
1310	フレーム	上を見て呟く。 右脚に鋭い痛みが走り、	(モ) 遺跡か……。	
	フレーム	両手で抱えてひきよせる。 苦痛の声がもれる。 ちょっとつける	(モリ) クッ	3+0
1311 つづく ↓		スタート 脚を見てて、 PAN 顔を上げて、 息を大きく吐き、 もう一度吸って吐く。 (痛みに耐えている)	(モリ) ハアッ ハア…。 痛みに止めていた息を大きく吐く	

<16:9> BG. 1307 拡大+レンズボカシ 息は白くにごる。 (+)

No. E・13

Cut	Picture	Action	Dialogue	Time
6 つづき		覚悟を決めたようにぐっと脚にかがみこむ		4+0
1312		ふくらはぎに岩の破片がつきささっている。 血がズボンににじんで広がってゆく。		
		左手で破片を引き抜く。 ドロリと血が垂れ、まっ赤な肉がチラっと見える。	ズッ…	2+12
1313		スタート 上半身と腕につけて2方向のPAN. 勢い良く上半身を倒しこんできて、		
		思いきり 腕を地面に叩きつける。 初めてハッキリと感情を表出している。ケガをしたふがいなさか、アスナのことを考えているのか。	(モリ) クソッ! バシャッ	2+0

<16:9> (+)

No. E.13B

Cut	Picture	Action	Dialogue	Time
1314		1306同ポジ たつつブMに もう一度、 右腕をたたき つける。 雲が流れてきて、	バッキャッ ガ	
		視界を覆い かくす。		6+0
	↓ 次頁	O.L.2+0 させるん?		

<16:9>　　　　(+)

No. E.14 <リンク>

Cut	Picture	Action	Dialogue	Time
1315		↖ follow 馬の手綱を引いてトボトボと歩いているリン。	※前カットOLの場合5+0	4+0
1316		出してきて立ち止まる。 眼下には夕闇に沈んだ暗い荒野。 そこに更に暗い雲の影がまだらに落ちてゆっくりと流れている。 川だけが白い筋となって		
		ぼんやりと明るい。 ↑PAN.UP 重々しく流れる雲の間の空に、オーロラが輝きはじめている。	FIX 3+0 PAN 2+0 FIX 3+0 リン、カット尻から風に吹かれはじめて	8+0
1317		寄る辺のない表情で夜の訪れを見つめるリン。 行くあてのない不安のまま、風に吹かれている。	カット尻SE先行 ジャボ！	3+12

<16：9>　　(+)

No. E・15　〈アスナ〉

Cut	Picture	Action	Dialogue	Time
(夜↓) 1318	follow	浅い川を さかのぼっている アスナ。 つかれきっていて 脚はあまり上がって いない。	ジャボ ジャボ ジャボ …	2+12
1319	follow オーロラ	必死の走り。 だが腕も上がらない。 息につまる 表情入ったり。 空には雲間に オーロラ	(ア) ハアッ ハアッ ハアッ	3+0
1320	空オーロラ →follow	岸にはアスナについて きているイゾクたち。 全て地面から出てきて いて、まるで亡者の 群れのように歩いている。 アスナ、次第に手足 が上がらなくなってきて	ハアッ ハアッ …	
	だんだん増える 目が赤く 光っている。 川の流れ ← アリ	とうとう止まって しまう。 follow stop. イゾクたちも 立ち止まる。 アスナAC	ハアッ、ハアッ、ハア… (イゾク) ヒッ ヒッ … ヒッ	6+0
1321 ガC 6		玉のような汗が ポタポタとおちる。 体が崩れおちそう になるのを必死に 支えている。	ハア ハアッ	

<16:9>　↑ 枯木　(　+　)

No. E・16

CoMix Wave FILMS

Cut	Picture	Action	Dialogue	Time
↓ つづき		顔を上げて イゾクたちの方を 見る。	ハァ…	4+0
1322	アスナ 肩であえいでいる / ソラ オーロラ	(AC) カット頭若干AC。 イゾクたちの ササヤキが次第に 意味を帯び始める。	(ア) ハァ… ハァ… (イゾク) ヒソ ヒソ… ヒソ… 殺セ… 喰エ…	2+12
1323	ソラ	アスナの方向に 手をのばしながら ジリジリと近づく イゾク、一体。 他の体くらいにも 動きアリ。	ケガレゴダ… コロセ… クエ… コロセ…	3+0
1324		恐怖がマヒして、 絶望にかわりつつある。 あえぎは 止まり。 ぐっと息を のみこんで。	(ア) …… コロセ… コロセ…	
↓	out / ハッ…	再び走り出して out。 out後 からBG 12k。	クエ… コロセ…	4+0

<16:9> (+)

No. E・17

Cut	Picture	Action	Dialogue	Time
1325	クモ	ますます輝きを増しているオーロラ。雲がそれを反射して虹色に輝いている。妖しく美しい夜空。		3+0
1326	follow	オーロラを映して穏やかに静まった川を、息を切りながら走っているアスナ。(2+12) オーロラを見上げている。腕も脚もあまり上がらない。	(P) ハアッ バシャ ハアッ バシャ ハアッ バシャ ハアッ …	
		もう上を見続けていられない。アゴをおとし、機械的に手足を動かし続ける。(1+12)	ハア ハア ハア	4+0
1327		浅い川が鏡のように空の光を映している。川は流れもゆるく、巨大な水たまりのようになっている。アスナ走っている。		
	ラスト このへんまで？ スタート位置から R内 いけるところまで。	イゾク、ゾロゾロと亡霊のようについていくシルエット。アスナ、イゾク、リピート＋T.B.でOKか。イゾク デジタルコピー。カット尻、(リュン)のセリフが入る。	(リュン) 〈……アスナッ〉	5+0

<16:9> (+)

Cut	Picture	Action	Dialogue	Time
1328		295兼用 いつかのシュンの背中。	(シュン) 〈祝福をあげる。〉	2+0
1329	BG ソラ follow T.B.	ただ必死に体を前に進めているアスナ。 心は内省に向かってゆく。 カット尻回想のセリフ	(ア) ハアッ ハア ハア… (アスナ)〈お母さん〉	6+0
1330		アスナの家、夜、和室。 母がアイロンをかけて、娘が洗濯物をたたんでいる。 2人とも途中から手を止める。 アスナ照れて、うつむく	(ア) 祝福ってなに? (母) 祝福? (ア) 祝福をあげるって。 (母) …誰かに言われたの? (ア) んー…	8+0
1331	アイロン	娘にもいろいろあるのね、と優しくほほえみ。 アイロンをアイロン台に置きつつ答える。	(母) … アスナが生まれてきてくれて良かったってことよ。	4+0
1332		母の率直な物言いに赤くなってゆくアスナ。	(母)〈off〉 私もそう思うわ。	2+12

(SE) 軒先の風鈴 チリン チリーン …

<16:9> (+)

No. E-19

CoMix Wave FILMS

Cut	Picture	Action	Dialogue	Time
1333	in / out	走るアスナの足元。水はだいぶ浅くなってきている。すぐin/out。 out後 水面	バシャ! (ユウ) アスナちゃん。	1+12
1334		下校の時のユウちゃん。(カット427、928と必ずしも合わせる必要ナシ。) 優しい子。	(ユウ) 一緒に帰ろう!	1+12
1335		354兼用 ひとり雨を見ているアスナ。	(シン) 巻きこんですまなかったな、	2+12
1336		621同ポジ ハザこの海。はじめてアスナの名を呼ぶシン。(スミマセン兼用に非ず。621ではロパクありません)	(シン) アスナ。	1+0
1337		1040兼用 アスナに無邪気に抱きつくマナ。	(マナ) アスナ!	1+0

<16:9>

(+)

No. E・20

Cut	Picture	Action	Dialogue	Time
1338		1114兼用 アスナを ジッとみている ミミ。	(シン) なぜ、	1 + 0
1339		1021同ポ まっすぐ上を 見たまま 呟くシン。 (口パク追加です)	(シン) 俺を 助けた。	1 + 0
1340		814兼用 虹の空、 モリサキの額に 手をあてているアスナ。 止めで使用。	(モリサキ) 人がどれほど 孤独な存在 なのかを……。	3 + 0
1341	雨	1208の時のアスナ 視点のシン背中、 前傾して 剣を構えつつ セリフ。	(シン) 借りは 返す!	1 + 12
1342	空 手もっと大きいか	1261の別アングル。 モリサキの大きな 手が額に触れ、 ハッとするアスナ。 瞳の表情。	(モリ) アスナ。	1 + 12

<16:9> 1343 BG1263兼用 / 1262の別アングル。 / 真剣な表情のモリサキ | (モ) きみは、 | 1+0 | (+)

No. E-21

Cut	Picture	Action	Dialogue	Time
1344		297兼 シュンにうながされ、立ち上がるアスナ。モリサキのアスナ	シュン きみは、何のために	
	297 ラストまで使う。	への問いは、シュンたる言葉にすりかわっている。 ラスト 2+0 white out. 白コマ 4+0	アガルタにきたんだ？ 白コマ	7+0 4+0
1345	in BG オー05の空	もう走ることもできていない。歩いてくるアスナ、両目から大粒の涙をポロポロとこぼしている。		
		立ち止まってしまう。 声が自然にもれる。 ぐっと顔を上げ。	ア …… なんだ。 わたし、	5+0
1345 B		AC↓ 浅い水辺にガクッとくずれおちてしまう。 空には巨大な積雲を照らす壮麗な夕方。 アオリ、広角で、イゲク見せない。	ア ただ、 さみしかったんだ……。	5+0

<16:9>　　(+)

No. E122

Cut	Picture	Action	Dialogue	Time
1346	カベ 馬	スタート 目を覚ます リン。	(SE) かすかに風鈴 チリーン… (リン) …ハッ!	1+12
1347		マントにくるまって 眠っていたリン、 と眠っている馬。	(リン) ……!?	
		立ち上がる。 AC マル4で PANしっぱなし		5+0
1348		じっと眼下の 土地を見つめて 呟く。	(リン) まさか…。	3+0

<16:9>　　(+)

No. E.23

CoMix Wave FILMS

Cut	Picture	Action	Dialogue	Time
1349		モリサキのオルゴール。 細かなレリーフの刻まれた古い石組の上に置かれている。 うすぐらい、オーロラの光がさしこんでいる。	(雨の音)	3+0
1350		古い祭祀場らしき遺跡。 右脚に包帯を巻いているモリサキ。 ズボンのスソをめくって包帯をまいている。 しばり終える頭まで。		4+0
1351		AC カット頭にギュッとしばり終えて、スソを下げつつ。 BG、どん詰まりに祭壇らしきもの。天井に星のペインティング。		
		痛み止めに咥っていた茶色の巻きタバコを吐き出す。 巻きタバコ コレヨレのかんじ。ボリビアの鉱夫はコカの葉を噛むそうですが、無難にタバコにしました。		
		ズボンのポケットから老人にもらったパンをとりだし、首くもつコそうにすばやく食べる。		7+0

オーロラの光

雨、小降り。

雲海

オルゴール

プッ

ポケットへ

干し肉の乗ったパン

一口でギゆかじり。

2口目に口に押しこむ

<16 : 9>

(+)

No. E.24

Cut	Picture	Action	Dialogue	Time
1352		AC オルゴールを、手にとるモリサキ。まだモグモグしてるの。		
		かすかに回す。錆びついた一音が響く。その一音をジッと聴いて、(モグモグおわる)	(オルゴール) キン ンンン… (ひびく)	
	カット内 雲晴れて オーロラさしこむ。	呟く。	(モリ) リサ……。	6+0
~~1353~~		② 崖を降りているモリサキ。先に飛びうつろうとしている処から。 PANして、		
		① 崖の底は雲が流れている。雨は止んでいる。 PAN UP.	fix 1+0 PAN 3+12 fix 1+12	5+0

<16:9>　1353次頁　(　+　)

No. E.25

Cut	Picture	Action	Dialogue	Time
1353		降下を続けているモリサキ。 立方体の遺跡の箇所を過ぎ、石窟寺院らしき	(モリ) もうすぐ逢える。	
	follow	岩肌にしがみついている。 足がかり手がかりも増えているかんじ。 薄いモヤに オーロラの光。		3+12

<16:9> (+)

No. E126

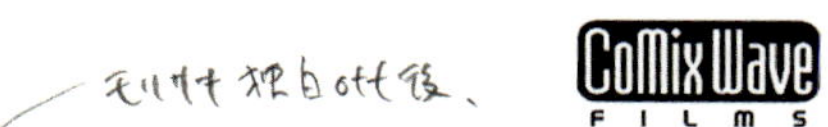

CoMix Wave FILMS

Cut	Picture	Action	Dialogue	Time
1356	in	水のひいた川底に、イゾクの足(手?)がそっと入ってくる。	(モ)(off) もうすぐ……。 (2+0あって。) (SE) ヒタ……。	
	in / out / 接地時の石との影、組みつくる。	どう歩くのか?	ヒタ…	5+0
1357	フカン	おぞましい気配にビクッと目を見開くアスナ AC	(アスナ) ヒッ	1+0
1358	ソラ	スタート 180°C 立ち上がりつつ振り返ると、イゾクたちが周辺まで近づいてきている。 AC 180°C	ザッ	2+0 −4
1359		左 in 2歩下がる。 跳ねた水はない。 AC		1+12 −4

<16:9> 枯木とか (+)

No. E.27　防火水

CoMix Wave FILMS

Cut	Picture	Action	Dialogue	Time
1360		AC 前カットACで 下がりつつ 足元を見る。 画面奥にはまだ 防火水がたまってる。	(ア) 水が入ってる!	1+12
1361	ラスト in	ジリジリとアスナを とりかこんでくるイゾク。 アスナ AC うしろからやってくる イゾクにも気づく アスナ止めずに周囲を 見て、ラスト止まり気味。	(ア) いつの間に!? (イゾク) ヒッ ヒッ …	4+0
1362		うつろに 近づいてくる イゾク。 ユラリ、 ユラリと。	コロセ… ケガレダ…	
		手前の一体、 ノソリと立ち 上がったり。	コロセ…	2+12
1363		うしろ奴らも 近づいてくる。	クエ… コロセ…	2+12

<16 : 9>　　　　(+)

No. E128

Cut	Picture	Action	Dialogue	Time
1364		スタート 一歩下がるアスナ。 近づいてくるイゾクの足。	コロセ コロセ …	
		すばやく一回転してあたりを見る。	クエ … コロセ …	
	イゾク ラスト out	勇気を出して、 かけ出す。		4+12
1365		走りつつ 木切れを つかんで、 手 in/out.		1+0 −α
1366 つづく ↓	ソラ	スタート in カメラ手前から大きくinして、 棒をメチャクチャに振り回しつつ イゾクにつっこむアスナ。 その勢いに驚いて反射的にイゾクは体を引く。		

<16:9> (+)

No. E.29

CoMix Wave FILMS

Cut	Picture	Action	Dialogue	Time
↓ つづき		手前に体くらいは 突破するが… ↓ AC ぽく		3+12
1367		枠 カメラ ハッカリから つけPAN できるか？ 振り降ろした木切れがイツクの体に当たって折れる。	バキッ	1+0-α
1368	ソラ 地面	スタート ハッとするアップ 髪の戻りの間一瞬あって、	(ア) !	
	in	ガッとイツクの手が首元に入してきて ガクン!をアンチ一瞬 (数K)		
	ソラ	アスナを宙に持ち上げる 地面		1+12

<16:9>　　(+)

No. E-30

Cut	Picture	Action	Dialogue	Time
1369				
		首を締められる。 背後には輝くオーロラ。 地平線の空はぼんやりと明るくなってきている		3+0
1370	ソラ	必死に片目を開きながら、 フレーム外でスカートのポケットに右手をやり	(P) ク…… (SE) チャ…	2+0
1371	ソラ			
つづく ↓		震える手で銃を構えて。		

<16:9>　　　　(+)

No. E-31

CoMix Wave FILMS

Cut	Picture	Action	Dialogue	Time
6 つづき		撃つ瞬間まで （撃って6kぐらい？）	ドン	4+0
1372				
	Quick PAN → 地平線、かなかなたに目をこらしている	身をのり出すシン。 強い胸さわぎに いてもたってもいられず	（シン） !! ドーン……（反響）	1+18
1373		馬に言いつつ 駆け出して	（シン） ここで待ってろ！	
	out	岩から飛び降りて out.		2+0

<16:9> (+)

No. E.32

CoMix Wave FILMS

Cut	Picture	Action	Dialogue	Time
1374	T.B	落下してくる ツン、		
	OUT	カメラ手前 リュックを fr/out.		1+12
1375	IN	×		
1375	IN	カラ4Kあって 岩の上に着地 するこま、	ザッ	
↓	いったん OUT BOOK	2歩で 向へジャンプ	ザッ	

<16:9>

(+)

No. E-33

CoMix Wave FILMS

Cut	Picture	Action	Dialogue	Time
4 つづき	画面in / Book			
	out	fr/outしたヒンを追ってカメラPANすると、ひらけた夜明けの気配のある夜空。 ヒンが画面上からinしてきて、カメラ追ってPAN。眼下には川の筋がぼんやりと明るい荒野が広がっている。		4+12
		out後もPAN。 余韻1+12くらい。 (3+1.5)		

もっと長く。

<16:9>　　(+)

No. E.34

CoMix Wave FILMS

Cut	Picture	Action	Dialogue	Time
1376		地面の石に、まだ薄く煙ののこる弾痕。 1+12あって煙が消えかかったところで、		
		更に2発が着弾して岩片と煙を巻き上げる。	ガッ ガン	2+0
1377		1369同ポジ 続けて2発。しかしイゾクの傍らの地面に着弾するのみ。 アスナ、引き金を引きつづけるが弾切れ。	ガン ガン カチッ カチ、カチ、	
	ラスト	ふるえながら手が下がってカ…		5+12
1378		岩の上に落ちてくる銃。	ガチャ	1+0

<16:9> うすい煙を引きながら落下

軌道はうろ覚え PAN 若干（サツエイ） (+)

スタンダードフレームでも紙いっぱいに作画していただければOKか

No. E 135

CoMix Wave FILMS

Cut	Picture	Action	Dialogue	Time
1379		アスナ 両手で、必死にイゾクの腕を外そうとする。カット内で目ダし乱れたり。ギリギリと締め上げられている	(ア) う… グ…	3+0
1380		うつろなマナコのイゾク。セリフ後、赤い一筋が走り。	(イゾク) ケガレダ… 喰う…	
		ガバッと口を開き。		5+0
1381		ゆっくりとアスナを引き寄せる。アスナ必死で手をほどこうとするが、	＊アスナ 目つむりっぱなしになるか？	
	ラスト位置	締めつけでアゴが上がっていってしまう。(引き寄せられながら)		3+0

<16:9>　　(+)

No. E-36

ゆっくり引きよせられている

Cut	Picture	Action	Dialogue	Time
1382	ブルブル / ラスト らしい	苦痛の中で震えながら目を開くアスナ。汗、次々と湧き出ている。涙もたまっている。	(カット尻) ア わたし…	3+0
1383		涙で大きくボケている空。(アスナ視点) 雲は日の出前の光に照らされ、ホワっと消えかけている。	ア 生き… なきゃ…。	7+0
1384	スカート	カット頭から、アスナの手からクタっと力が抜け。 [illegible]の手		
			手を追ってPAN。(もしくは回り込みでもヨイ)	
	スカート	ダランとおちてしまう。 ラスト 2+12くらい、ブランとして止まる。		4+12

左右反転

<16:9>　　(+)

No. E-37

CoMix Wave FILMS

Cut	Picture	Action	Dialogue	Time
1385	follow → ソラ	全力疾走の ソン follow ↓	(心) アスナ!!	0+12
1386	follow →	激しい動き カメラ手ブレも アリ.		0+16
1387	1 2 3 4	Dを向けた イゾクたちが (ほぼ) 一斉に カメラを見る。 1.2.3.4をカメラ PANして追う。		1+0
1388	TA	イゾクのムレに 手前から大きく 走りこんで、 飛びこえるように		
		ジャンプする。 PAN	上空で剣を 抜く ジャンプ、 1K作画+PAN	1+12

<16:9>　　ジャンプ ← ぐっと沈みこんで? 走りのイキオイで?　　(+)

No. E-38

Cut	Picture	Action	Dialogue	Time
1389		スタート ハッと 目を開く アスナ	(ア) !!	0 + 20
1390	スタート	涙でボヤけた アスナの視界 剣を振り上げた レンが 落下してくる。		
		ポーズ	BGは夜明け前の空。	
	フレーム	瞳いっぱい まで。	フォーカス、 ラストだけ 合う。	2 + 0 -α
1391		in 4k アスナとイドウの肉に 剣を振り降ろして inしてくるレン。		

<16:9>　　アオリ　　(+)

No. E、39

CoMix Wave FILMS

Cut	Picture	Action	Dialogue	Time
↓ つづき		アスナ地面に落ちてくる。 とと、着地から一瞬の間があって (6kくらい?) 立ち上がりざま		
		イゾクの胴を両断する。	ズバッ	
		霧のようになって バシュン! と霧散するイゾクの上半身。 下半身、ヒザをつく迄見えるまで。	バシュッ!	3+10
		スタート (参考)		
13秒2 ↗ マント		こっちか? AC ぽく マントが慣性で持ち上がると、汗だくで身をおこしつつあるシン。 (スローっぽく見えて良い)	イゾクの下半身が消えるSE バシュン!	1+12

<16:9> イゾクの下半身が霧散。(レンズボケ) (+)

No. E・40

Cut	Picture	Action	Dialogue	Time
1393		目で大きく見開いてゆくアスナ。		
朝日		風に吹かれたように髪もちょっと上がる？ カットいっぱい動き。 ラスト1+に朝日が入りはじめる。(O.L.)	ア ……!!	3+0
1394	マントどうなる？ ゾワ ラスト	(スタート) シオダク、ゆっくりアスナを見るシン。(ハアハアしてない)		1+12
1395		(AC)↓ 剣を仕舞い、マントが収まる。(2人の頭にのみ光があたっている)		
		アスナに目をやり、云う。 セリフ後、サッと地面に朝日がさす。 O.L. 1+0 全段 1+0	シン ……夜が明ける。	4+12

<16:9> (+)

No. E-41

1396 欠番

※迷いましたがイゾクはこのまま退場させます。
異物を排除しようとする白血球のようなもの（自我をもたない）なのです。

Cut	Picture	Action	Dialogue	Time
1397		朝日を浴びて苦しむイゾクたち。 二歩くらい下がってきたり、地面に沈みこもうとしている者もいる。火傷のように体から煙が上がっている。	ギャアアアアー……！ ジュウウウウ…	2+0
1398		別アングル。 慌てて地面に潜ってゆくイゾクたち。 手前の個体は、一歩下がって、		
		かがんで沈んでゆく。		
		完全にイゾク消えて1秒くらい。 画面奥には朝日をうしろにレンとアスナが見える。		5+0
1399		アスナに向き合っているレン。 アスナ、レンの言葉に笑顔を見せてうなづく。	（レン）良く無事だったな、アスナ。 （ア）うん…。	5+0

<16：9>　　(+)

時間経過・音楽もで切り換え。

No. E-42

CoMix Wave FILMS

Cut	Picture	Action	Dialogue	Time
1400	岩山	澄んだ朝の青空に、すずやかな白い雲が輝いている。タカの群れが舞っている。→岩山	（3+0あって） アスナ 助けてくれてありがとう、シン。	6+0
1401	朝もや	草の茂った斜面に座って、まっすぐに朝日を浴びている2人。 他に誰もいない。初めて見つめる時間。	ア 今までちゃんとお礼言ったこと、なかったよね。 シ そうか？ …からだが、勝手に動くんだ。考えるより先だ。	8+0
1402	もや	空を見ているシン。 ゆるい風アリ	シ 助けようと思っていたわけじゃないさ。	2+12
1403		シンの顔をじっと見つめているアスナ。 髪ゆれ、目パチ。	ア ……。	2+12
1404		1402同ポジ アスナの視線に気づくシン。		1+0

<16:9>

(+)

No. E-43

Cut	Picture	Action	Dialogue	Time
1405		アスナの方を向く シン。 アスナ、身をのり出してくる。	(シ) なんだよ…。 (ア) 目の色がちょっと違うんだね、シュンくんと。 (シ) ああ…兄さんの方が背も高かったし、髪の色もすこし違う。	
		セリフ尻、 シン AC	(ア) なんだ、子供じゃない。 (シ) オマエだって子供だろ!	12+0
1406		スタート プイっと横を向く。 アスナのセリフ入ってくる。	(1+12あって) (ア)(off) …やっぱり、シンはシュンくんじゃなかったんだ。	
		ハッ! ラスト アスナの表情に驚く。	(シ) オマエまだそんなことを ……!	6+12
1407	フレーム	表情は変わらぬまま、ボロボロと大粒の涙を流しているアスナ (体トメ) シュンの死が、ようやく胸に染み込んでゆく。	(カット尻) (ア) ……だって。	4+0

<16:9> (+)

No. E-44

CoMix Wave FILMS

Cut	Picture	Action	Dialogue	Time
1408		(身をゆっくり起こしつつ)? アスナの涙を見ている。	ア (ひっく) だって… (何も言わずに…。)	
		ラスト2+0くらいで しだいに厳しい表情になってゆく	(嗚咽をあげはじめる)	7+0
1409		とつぜん怒鳴るシンに、ビクッとするアスナ。	シン 泣くな! ア !!	
		思わずシンを見る。(涙は止まらない)		1+12+α
1410 ↓ つづく		アスナをにらんでいるシン。 瞳が潤みはじめ		

<16:9> ホームページ用 (+)

No. E-45

CoMix Wave FILMS

Cut	Picture	Action	Dialogue	Time
↓ つづき		涙が一筋 流れ、		
		それを隠すように ぐっとうつむく。 AC		4 + 0
1411		1405同ポジ ソンの言葉を きいて、ますます 大粒の涙が アスナから流れ。	(シン) 兄さん……。	
		声を上げて 泣き出してしまう。 シンも泣いている ← この絵で2+0	(ア) うわーん ……	6 + 0
1412		朝日の中で泣き つづける2人。 アスナは両手で涙を ぬぐいながら、 シンはうつぶせて嗚咽をもらしつづける。	えーん えーん ……	10 + 0

<16:9> 1401同ポジ スタートフレーム

PAN UPをつけるか? ゆっくり T.B 雲、3D的に流す。 (+)

No. E・46

Cut	Picture	Action	Dialogue	Time
1413	ラスト	雲間をゆっくり飛んでくるシャクナ・ヴィマーナ。	(SE) コーン コーン コーン ……	3+0
1414		泣いている2人のうしろすがた。眼下は朝日の中の荒野、草原。岩が長く影をのばし、とおくの川が光っている。カット頭すぐに		
	キャラこれでは小さい	シンが気づき顔上げ。立ち上がって空を見る。アスナ、シンに気づき空を見て IAC		3+0
1415		立ち上がる。予期せぬ出来事に驚く2人。	(シン) シャクナ・ヴィマーナ！	
	out?	シン、舟の行く先を見て言う。アスナを見て言う。	(シ) 生死の門に向かっている…。 (ア) そこって、先生が…。 (シ) アルカンジェリが辿りついたのか!?	6+0

<16：9>

(+)

No. E-47

Cut	Picture	Action	Dialogue	Time
1416	out	フカン、 リン、云って 駆け出して out.	(リン) ディマーナは 命を運び去る 舟だぞ!	
	out	アスナ、 真剣な表情に なってリンを 追って out.		5 + 12
1417	雲	土手にわずかな 草、空に雲が ゆっくり流れて いる。 1+12 あって、		
	in	リンが走って inしてくる。		
	in	立ち止まって 前方を見ている。 続いてアスナ in. 止まるまで。 2人とも息切って いる。	ハアッ、 ハアッ、 …	5 + 12

<16:9> (+)

No. E・48

Cut	Picture	Action	Dialogue	Time
1418		ゆっくり遠ざかって行くヴィマーナ。はるかかなたに地平線。 PAN.DOWN するとー	FIX 1+12 PAN 4+12	
		シンとアスナ。眼下にフィニス・テラの巨大な空洞。2人ともまだ肩で息を切っている。	(アスナ) ……フィニス・テラ……!	6+0
1419		シン、ヴィマーナを見てる。 アスナはフィニス・テラを。	(ア) もっとずっと離れたと思ってたのに……。 闇の中でぐるぐる廻ってたんだ……。	3+0
1420		振り返るアスナ。 (AC)	(ア) ハッ!	1+0
1421		驚いて一歩引く。シンもカット頭から振り向いていく動き。 遠くからゆっくりケツァルトルが歩いてくる。	(シン) …… ケツァルトル!	2+12

<16:9>

※ アスナとシン、フレームから外すか?
つなぎがラクになりそうなら。

(+)

No. E-49

CoMix Wave FILMS

Cut	Picture	Action	Dialogue	Time
1422	in	シンのうしろに 隠れるアスナ 1+0あって ケツァルトルが inしてくる。		
		スレ違いぎわに 2人を見る。		5+0
1423	スタート	歩きつつ.		
	BG	また顔を前に 向けて歩いてゆく 2歩か? out 気味 m?		3+0
1424 つづく		ミミを飲みこんだ ケツァルトルであることを 知っているシン. 真剣な表情で 言う.	(1+0 あって) (シン) …アスナ. このケツァルトルは …	

<16:9> ←→ もう一寸はなす (+)

No. E-50

Cut	Picture	Action	Dialogue	Time
↓ つづき		リンのセリフの途中で ケツァルトルをジッと 目で追ったまま 一歩前に出る アスナ。 リン驚いたように。	(ア) ……。 (リン) … 分かるのか!?	5 + 0
1425	クモ (OL)	斜面を降りる ケツァルトルの脚。 OLもするかな。		2 + 0
1426		降りて行くケツァルトル 見送る2人。 リンが呟く。 フィニス・テラの上空には ヴィマーナが静止している。	(リン) たぶん、 死にに来たんだ ……。	4 + 12
	BG 1418 兼			

<16 : 9>

(+)

No. 5-51　＜崖の底＞

CoMix Wave FILMS

Cut	Picture	Action	Dialogue	Time
1427	in	崖の表面に密生している木の根。 モリサキの右足がinしてきてその一本に体重をかける。 血は黒く乾いている。		1+12
1428 27+		根を伝って降りてゆくモリサキ。 足場になる根はセルで。 (降り方示せるように宜しくおねがいします)		
		薄明 カメラ PAN・DOWN はじめて		
		モリサキ fr/out モヤに覆われた崖の底が見えはじめる。		
		fix 2+12 PAN 4+0 fix 2+0		8+12

<16:9>　(　+　)

No. E-52

Cut	Picture	Action	Dialogue	Time
1429	hi反射	澄んだ水底。 サンゴのようなカラフルな植生。 白い小魚がサッとfr/outして。		
	in	モリサキの足が水底につく。 （モヤ有）	(SE) ポチャ……	3+0
1430		つたった崖の底に降りてきたモリサキ。 （まだ体重は左腕に） 流れるモヤの中、ほぼシルエットに見える。 崖面はまるでアジャンタ寺院・アンコールワット	（モヤしだいにうすくなってゆく）	5+0
1431		なかば呆然と周囲（前方）を見ているモリサキ。 前に進もうと左腕を離して歩こうとした	— 2+0	
	out グラリ	とたん、 脚に力が入らず倒れこんでしまう。 しぶき in	(モリ) ……！ (SE) バシャン！	5+12

<16：9> BGからで1+0くらい (+)

No. E-53

ここから
左メガネ
ヒビ入って

Cut	Picture	Action	Dialogue	Time
1432		倒れこんだまま ヒロ ハッと目を開く。 口から泡を出し	(モ) !!	1+12
1433		すぐに体を起こしつつ、右手で水をすくいつつ言う。	(モリ) ヴィータアクアだ!!	
		更に上半身をおこす。 (ヒザ立ち) 必要なら一寸つける	(モ) ここは……。	5+0
1434	PAN →			
	fix 1+0 PAN 4+0 fix 2+0 片ヒザ立ちから、ヨロリと立ち上がりながらセリフ。	一面、白骨化した巨大なケモノから植物結晶がからみあうようにして生えている。 モヤのむこう、とおい雲の峰は朝日に明るく染まっている。	(モ) ヴァルトナルの墓場か!	7+0

<16:9> (+)

No. E・54

Cut	Picture	Action	Dialogue	Time
1435		← follow 周囲を見わたしながら歩いているモリサキ。 Bookにin/outする。 ユルキる陸+モヤ。 モヤのかなたには崖壁にうがたれた石窟寺院、細い道など見える。	SE（歩き） パシャ、 パシャ、 パシャ …	6+0
1436				
	BG、雲は朝日を浴び かがやいている。 穴の底はカゲの中。 fix 1+0 PAN 3+12 fix 2+12	← PAN とおくにケツァルトルの墓場が森のように見える。カメラPANして歩いているモリサキ。 （望遠でサイズあまり変化しない。） 立ち止まり、呟く。	モ ……これが…	7+0
1437		漆黒の球体が水面に浮かんでいる。 表面にはなんのとりかかりもなく、スケールも距離も判然としない	モ 生死の門…。	3+12
1438		スタート ふと、何かに気づきふり返る。 （#1432から メガネにヒビ）	モ ……唄（うた）？	3+0

<16:9>

(+)

No. E-55

CoMix Wave FILMS

Cut	Picture	Action	Dialogue	Time
1439	←BG	宙にむかって吼えているクツァルトル。 (スタート) →カメラ	アアアアアー!!	3+0
1440		→PANしっぱなし 崖のフチに立っている。 カメラ→PANしていくと、(〜3+12) シンとアスナが歩いてきている。 コンテ位置で止まる。	(シン) …… クツァルトルは、死ぬ前にああやって、	8+0
1441		語るシンを見るアスナ 3+2 (OL)	(シン) すべての記憶を唄にこめて残すんだ。	5+0
1442		OL 2+0 上空、 風に崩れた雲。 2羽の鳥がじゃれ合いながら舞っている。	唄はどこまでも形を変えて伝わってゆく。	4+0
1443		BG 1429 森 フィニス・テラの水底。 ハモンが音もなく広がっている。	空気の振動の中にうけつがれ、 俺たちの体とも	3+12

スタート

カット尻 雲の弧に入れる?

<16:9>

(+)

→ 392 の彼岸花カット
挿入するか？ 編集時。

No. E-56

CoMix Wave FILMS

Cut	Picture	Action	Dialogue	Time
1444		いつか雨宿りした 祭祀場。 草花が風に そよぎ、蜂が 2羽舞っている。	(シン) 気づかぬうちに 混じり合う。 ——そうやって、	4+0
1445	T.B フレーム	スカーフにおかれた アスナの右手。 キューッと力を こめてゆく。	(シン) 世界のどこかに 永久に記憶 されるそうだ。	4+0
1446		BG 1445 兼 シンの言葉が胸の 中に落ちてゆく。 瞳がわずかに潤んで セリフ。	(ア) … わたし、	4+0
1447		26 一部兼用 (セルのみ新規、トメ一枚) 初春。ラジオから 不思議なメロディを 聴いた いつかの日。	(ア) 聴いたことが ある、	1+12
1448	フレーム S.L. S.L.	193 兼用 風に吹かれて 唄っているシュン。	(ア) このうた。	1+12

<16 : 9>

(+)

No. E-57

CoMix Wave FILMS

Cut	Picture	Action	Dialogue	Time
1449		そのアップ。 ゆったりとゆらして下さい。	ア ずっと、	1+12 −x
1450		涙をこらえるように うつむいて、しかし 微笑をうかべ、 いつかのシュンとの 会話と同じ言葉を 言う。	ア 胸に残ってる……。	
		ついにケツァルトルの 唄が終わる。 視線を感じて 顔を上げるアスナ。	ア ……！	3+0
1451		アスナをジーッと 見ているケツァルトル	1452	2+0
		1452 アスナ、 1450からうつむいて表情 変化。決意したように ダッと駆け出す。 AC	out (2コマ)	2+12
1453		スタート アスナ、カット頭駆け こんでいって（2コマ？）、 シンを振り返りつつ 止まって言う。	シ アスナ！ ア シン、 私、先生のところに 行かなくちゃ。	4+0

<16:9> 雲海 (+)

No. E-58

Cut	Picture	Action	Dialogue	Time
1454		シン、アスナの言葉を聴いて、	ア (off) ひとりで困ってるかもしれないもの。 シ ……。	
	out 気味	タッと駆け出しつつ言う。	シ でも、この崖は……。	4+12
1455	穴の上の雲海	カット頭 駆け寄りつつ シンに向かって明るく言う。 しゃがみこむケツァルトル。	ア この人が連れていってくれるって!	
		まるで心が通じ合っているかのような親しげな2人。 視線を交わす。		4+12
1456	in out	その光景を驚いて見つめつつ、 小走りで in/out	シン ……!	1+12−α

fix

<16:9>

(+)

CoMix Wave FILMS

No. E59

Cut	Picture	Action	Dialogue	Time
1457		ソン、サッと アスナを守るように 前に立つが、		
	PAN	アスナが 大丈夫よ、という 風にソンの腕を とって前に出ると、		
		ケツァルトルは大きく 口を開けて2人を 飲みこむ。 優しく、でも有無を 言わせずパクリと。 よろしくお願いします!	(アスナ) !! (ソン)	
		2人完全に 隠れるところ まで。 AC	1+12 くらいね? バクン!	5 + 12 ±α
1458	つづく	反対からアオリ。 カット頭2人を 飲みこんで、 1+0〜α	ゴクン。	

<16:9> (+)

No. E-60

CoMix Wave FILMS

Cut	Picture	Action	Dialogue	Time
↓ つづき		のそりと起き上がる。		
		立ち上がりつつ うしろ（崖側）を向く。 同時にカメラ引いてゆく。		
		完全に立ち上がり、妊婦のようにふくらんだ腹にいとおしそうに手をそえ、		
	1歩	歩きはじめる。 OUT 不要。 AC		5+0
1489 ↓ つづく		はるか眼下に雲が複雑に折り重なっている。 崖のフチに歩いてきて、		

<16:9> スチール (+)

No. E・61

Cut	Picture	Action	Dialogue	Time
↓ カゲヨ		チョウチョなく グラリと 倒れこんで ゆく。		
		このあたり までか？ AC		3 + 0
1460		アオリ、 （※崖ディティール・ モリサキの降りはじめた 処と同列の場所）		
		壁面にくっきり 影を映しつつ 落下してきて。		
		画面いっぱい をout. out		2 + 0

<16:9>　　　　(+)

No. E・62

Cut	Picture	Action	Dialogue	Time
1461		ゆっくり 回転しつつ 落ちてゆく。 ↓follow		
		流れてゆく 壁面が次第に 人工のものに変化 してゆく。 （遺跡）		2 + 12
1462		② PAN・UPすると。 滝の出口。	ドドドド……	
		① 壁面を巨大な滝が流れている。 ↑PAN fix 1+12 PAN 2+12 fix 2+0		
		ケツァルトルが 滝にて落ちこむ。 しぶきが ↓ 滝の表面を 流れ落ちてゆく。ゆっくり、スケール感。		5 + 0

<16:9> (+)

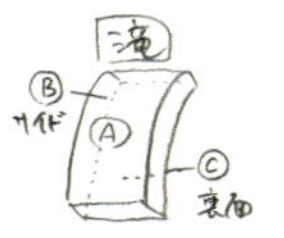

No. E・63

Cut	Picture	Action	Dialogue	Time
1463	水紋	カメラ 水の中。 水中を落下してゆくクファルトル。 ゆっくり回転しつつ下にふし。	Ⓐ Ⓑ Ⓒ セル 滝の中の各面 BG 壁面、パースぶし。	
	↓follow	水に溶けるように？ 消えてゆくクファルトル （消え方一考） 抱きあったアスナとシンが見えてくる。 AC ぼく	セル、手前の流線や泡。	4 + 0
1464		完全にクファルトル消える。 2人の体をよぎってゆく水紋スーパー。 驚いている表情の2人。 除々に離れていってしまうが	↓follow	
		互いにぐっと引き寄せてきつく抱きとめ合う。 カメラ 近づいてゆく。	（まるで大気を落下しているかのように）	
		視線を交してから、ぐっと覚悟を決める表情になる。		5 + 0 +α

主観 インサート？ カメラも …

ここでシンのマント外れるか？

<16:9>　　　　（　＋　）

No. E-64

CoMix Wave FILMS

Cut	Picture	Action	Dialogue	Time
1465		滝壺。巨大な瀑布の中を落下してくる影。		
		水煙のむこうに、着水した水柱が透けて見える。		5+0
1466		広角でフィニス・テラ。中央にヴィマーナが浮いている。		2+12
1467		ヴィマーナ UP. 底面のホールが宙をこぎはじめ。 →壁面に遺跡も見える。		
		穴の底に向かって降りはじめる。		6+0

<16:9>　　(+)

No. E-65 〈生死の門〉

Cut	Picture	Action	Dialogue	Time
1468		濃紺の青空。昼間の明るさの空に、更に眩しい星々が輝いている。中央を銀河の柱が		
		つらぬいている。↓PAN.Down 背丈の短い草原に、石に腰かけてうつぶせているモリサキ。	fix 2+0 PAN 3+0 fix 2+0	7+0
1469		→じわPAN 古い石の祭壇にクラヴィスの欠片が置いてある。草原の所々に、古い文様の刻まれた石。		4+0
1470		→じわPAN モリサキUP。疲れているようにも、何かを祈っているようにも見える。1+15あって、		
つづく↓	風	フト、下からゆるやかな風が吹きはじめ髪をゆらす。クラヴィスの光がモリサキを照らし、(OL)↓	3+12 〜 4+0くらいから。	

<16:9>　　(+)

No. E.66

CoMix Wave FILMS

Cut	Picture	Action	Dialogue	Time
↓ つづき		それに気づき 目を開くモリサキ、 ゆっくり体をおこしてゆく。 PAN アリ。		7 + 0
1471		祭壇に置かれた クラヴィスの 欠片が、 光を発しながら 元の形に結晶して ゆく。	ビュウウウウ……	2 + 12
1472		1468 同ポジ バッと立ち上がって 空を見上げる。	(モリ) ハッ!	2 + 0
1473		豊穣の銀河中心を 背景に、ゆっくり 降下してくる ヴィマーナ。	(SE うなり) ウオオオオ……	2 + 0
1474		1歩前に出つつ 驚き声を上げる。 (光源ノーマル)	(モリ) シャクナ、 ヴィマーナ!	2 + 0

左右反転?

<16:9>　　　　(+)

No. E-67

CoMix Wave FILMS

Cut	Picture	Action	Dialogue	Time
1475		降下してくるヴィマーナが ↓	ウオオオオオオオオオオオ	
		徐々に人の形に変わってゆく。		
		CGチーム!か?		8+0 くらい
1476	カゲ	T.U. スタートカット 〝っぽい〟 ヴィマーナの巻き起こす風に吹かれながら影に覆われてゆく。(全カゲまで)	(モ) ……!	2+12
1477 つづく		草切れ舞う。 船体の複雑な縄文文様が次第にシンプルな線に変化してゆく。		

<16:9>　　降下中　　(+)

No. E-68

CoMix Wave FILMS

Cut	Picture	Action	Dialogue	Time
↓ つづき		モリサキの眼前に フワッと着地する。 驚いて2歩程 下がるモリサキ。 ヴィマーナ、頭をぐっと 下げるまで AC	ブワッ	5+0
1478		ぐっと頭を 起こし、		
		カッと体中に 瞳が開く。 瞳孔はバラバラの 処を見ている		5+0
1479	BG 1476兼	スタート カメラぐっと引いて、 驚愕のモリサキ。 髪ゆれアリ。 AC	(モリ) !!	1+12

<16:9>

(+)

No. E.69

Cut	Picture	Action	Dialogue	Time
1480		各瞳がモリサキに視線を定める。	(モ)… これが、	
		PAN up fix 1+0 pan 4+0	アガルタの …	5+0
1481		畏怖し呟く。 カット尻、 ささやきのような音にハッとする。	(モ) 神…! ヴィマーナ(SE) サワサワ…	2+0
1482		モリサキをじっと見下ろしている。 時々バラバラにまばたきアリ。 風のそよぎのような、女の唄のような、ささやきの音が聴こえる。	サワサワ… サワ…	3+0
1483		その声はモリサキに理解される。	(モ) 願いを言え、 と…!?	

<16:9> (+)

No. E-70

Cut	Picture	Action	Dialogue	Time
6 つづく		ゆっくりうつむき、積年の思いを口にしはじめる。	(モリ) ……十年間、	6+0
1484	←	うつむいたまま語るセリフ。マルチでPAN。 PAN ←	(モリ) ひとときだりとも、忘れたことはない。かつてきみの死を乗りこえようと努力もした。だが、	7+0
1485		PAN ← PAN しっ目多し ↓ PAN止め。	ダメなんだ。きみがいない世界に、意味を見い出すことができない。(内1+12)	
	もう一寸見上げる	ぐっと顔を上げて言う。	リサ。僕のもとに戻ってきてくれ。	9+0
1486		とたん、クラヴィスから波のように光が爆発し、	グワッ	1+12

<16:9>　1497のヨリ　(　+　)

No. E-71

Cut	Picture	Action	Dialogue	Time
1487		[1480フレーム調整] 空間がタテに裂ける。	ズッ	4+0
別案		こちらか？ 腹が裂けるように。		
1488				
	PAN カメラPANすると、生死の門を前に立ちすくんでいるアスナとシン。	とおくに 壁面を落ちる 瀑布が見える。	fix 1+12 PAN 3+12 fix 1+0	6+0
1489 つづく		異様なモノを目前に警戒の表情の2人。		

<16:9> (+)

No. E-72

CoMix Wave FILMS

Cut	Picture	Action	Dialogue	Time
↓ つづき		しかしモリサキは この中にいるのだろう と思い、 顔を見合わせて 互いの意志を 確かめて、		
out		決然と歩き 出して た手前にFr/ out.		5+0 くらい
1490 in		黒い球の 表面に触れようとするシンの手回 指先が触れる まで ↓AC		2+0
1491		手の平をあてて、 押しこむように 力を入れた処で、		
つづく ↓		まるで空気に触れるように実体がない。 前に倒れこむように球体に 踏み込んでしまう。	(シン) ワッ!	

<16:9>　　(+)

No. E-73

Cut	Picture	Action	Dialogue	Time
6 つづき		球の中に 消えるシン。 アスナ、	Ⓐ シン!	
		思わず駆け出して追いかける。 または 反射的にシンを掴んで一緒に引きこまれる。		
		アスナoutまで。球の表面にかすかにユラ波らしきもの(一発)残る。 (一瞬しか見せずに次カット)		4+12
1492		背丈の短い草原に入りこんでくるアスナの足。	ザッ	
		ザッザッと2歩で止まる。 ※outさせて次カットACでもイイかも。1491の繋がりしだい。	ザッ。	1+12

<16:9>　　(+)

No. E-74

CoMix Wave FILMS

Cut	Picture	Action	Dialogue	Time
1493		巨石を積んだだけの門の前にいる2人。周囲は地平線まで広がる草原。濃い青空は、先ほどまでの場所とは違う色合い。	※もっとカメラ引く。 ・アスナとシン顔を見合わせ、周囲の空を見る。	3+12
1494		眩しい銀河に驚くアスナ。 シンにとっては初めて見る星空。 セリフでいいつつ	㋐ 星空……！ (シン) これが、星…。	
		周囲を見回し、アスナは右手奥に気づく。 アスナの声に向く処まで	㋐ シン！	4+12
1495		はるか彼方、銀河の柱の根元に、ヴィマーナのシルエットが見える。 (ナナメ正面) (1+0あって)	あれ！	
	ラスト 七分に奥まで行く。	IN アスナが手前から大きく走りこんでいって、シンがあとを追う。		5+0

<16：9>　　　(　　+　　)

No. E-75

CoMix Wave FILMS

Cut	Picture	Action	Dialogue	Time
1496	← follow	モリサキが必死で。イヤな予感がして全力で走るアスナ。 アスナ最後の走りです。今までと違うニュアンス欲しい。	(ア)… 先生…!	2+0
1497		眩しい光を発しているクラヴィス。 (光の爆発ではない) 撮影の処理?		2+0
1498		空間の裂け目が脈動するように更に広がり、 (~1+12)		
		光の筋がユラリと湧き出てくる。 水の流れのような、長時間露出の炎のような。 その流れがモリサキの前に集まり始める		5+12
1499 つづく ↓		強い風に吹かれながら(クラヴィスから)立ちつくしているモリサキ。 の目の前に集まってくる光の水流。		

<16:9>　　　　(+)

No. E-76

CoMix Wave FILMS

Cut	Picture	Action	Dialogue	Time
6 つづき		水流の中に人らしき姿がうっすらと浮かびあがってくる。 次第に女性らしきシルエットへと。		
		モリサキ、一歩一歩近よって行く。 手をのばしつつ万感込めて呟きつつ。 ↓ AC	(モリ) ……リサ…	9+0
1500		右手を人影の頬に触れようとする。 ふるえるから?? AC ↓	なのか…?	2+0
1501 →ヴィエーイ あし		頬に近づくモリサキの大きな手(PAN不要) (もうすこし手前からスタート)	手、角度スタートこのくらい?	
	体の中に水のような泡とか	が、何の手応えもなくスルリと抜けてしまう。		2+12

雲アリ

<16:9>

(+)

No. E-77

CoMix Wave FILMS

Cut	Picture	Action	Dialogue	Time
1502		何故だ!?という顔。 激しく風に吹かれている。 不意に、	モリ (1+0あって) なぜ…	
		ハッとヴィマーナを見上げる。 再び風のようなササヤキが聴こえてくる。	モリ ハッ!! ヴィマーナ ササヤ…	3+0
1503		1442と同じ クラヴィスの光をうけて瞳の方が明るい。	↓ ササヤ モリ(off) …魂を入れる肉の器を。	5+0
1504		ヴィマーナの意図を感じ慄然と呟く。 (2+18くらい) そこへ、	モリ 差し出せ、と…?	
		モリサキを呼ぶアスナの声	アスナ(off) 先生! モリ !!	

手入れるっ

つづく

<16:9>

(+)

No. E・78

Cut	Picture	Action	Dialogue	Time
↓ つづき	アスナ、BG フォーカスボケ	カメラ ← PAN ゐるを、息を切って いるアスナ。(ボケ) (モリサキ 風アリ、 アスナ 風ナシ) モリサキ、ショックの表情 ↓ (～6+0)	(ア) ハァ、ハァ… (モ)……。	
		から 苦しそうに ぐーっと うつむいてゆく。 (ここで妻を選んで しまった) 〃 アスナにフォーカス 合う、ハァハァ収まる。		9 + 0
1505		モリサキ、1+0 あって		
		ゆっくり振り 向きはじめる。 AC	(モリ) ア	3 + 0
1506 つづく ↓		↓ アスナ視点。 (モリサキ 風に 吹かれている)	スナ。	

<16:9>　　　　(+)

No. E-79

CoMix Wave FILMS

Cut	Picture	Action	Dialogue	Time
↓ つづき		不意に両目から涙が流れる。 ゆっくり振り向きながら言う。	(モリ) きみに、この場に現れてほしくはなかった。	
		後悔と希望、喜びと悲しみがうずまいている。 涙を流しながら、別れの笑みをみせる。(ラスト1+12)		7+0-α
1507		意味の判らないアスナ。 ※表情一度 モリサキの涙におどろく。	(ア) え？	1+18
1508		スタート ヴィマーナの巨大な瞳が、瞬きしてグリン！とアスナを見る。		1+0-α
1509 つづく ↓		体中の瞳が同様に。 (体もすこし向ける) 光の筋が再び脈動する裂け目に吸いこまれ。		

<16:9>　　(+)

No. E.80

Cut	Picture	Action	Dialogue	Time
ふ つづき		あふれ出るように、 一気にアスナに向かい ほとばしってゆく。 ムチがしなるような 動き。	ブワッ	2 + 10
1510		光の筋の先端 にカメラつけて、 ふかんから ぐーっと アスナに迫る。		
		モリサキを かすめて、		
		一気に 顔アップまで。		2 + 0

1+20

<16:9>　　(+)

No. E-81

CoMix Wave FILMS

Cut	Picture	Action	Dialogue	Time
1511	PAN	アスナに あたって水の ように弾ける 光の筋.	バシャ!!	
		胸に吸いこまれる ように見える光 まで.		1+12 +α
1512	AC	光は全てアスナの 体に入り、 クラヴィスからの風は 収まってゆく. 0+12 くらいで、	(シン) アスナ!!	
	IN	シン全速で 駆け込んでくる。 (広角で一気に 大きくなるかんじ)		2+12
1513	木ナ IN	力が抜けた ように倒れつつ あるアスナ. ~~胸に光のかけら が水のようにたまって いる.~~	(シ) アスナ.	

<16:9>　つかん　すぐにシンinして。　(　+　)

No. E-82

CoMix Wave FILMS

Cut	Picture	Action	Dialogue	Time
6 つづき		◎りにみつつ アスナ支える	(シ) どうした!?	
		アスナの顔に水のような 光の斑点が うかび上がってくる。		3+12
1514	Bgぼけ アオリ	光の水が降るように アスナを覆ってゆく。 光源OL(下から) シン驚きの表情	(シ) ……!	1+12
1515	シン 右うで	みるみる水の膜に 覆われてゆくアスナ 全身		
	in 右手	シンの右手が 口元の水をサッと 拭おうとするが(in) すぐに再び水が 覆う。小さな泡 口から出る。		3+12

<16:9>　　(+)

No. E・83

Cut	Picture	Action	Dialogue	Time
1516		シン 怒り、	(シン) 死者の魂を アスナの体に …!!	
		激怒して モリサキを にらみつける。	(シン) …… アルカンジェリ!!	5+0
1517		シンの怒りの 声を、涙を流し ながら まっすぐに 聴いているモリサキ。 アオリ、広角。	(シン) (off) お前が 選んだのか !?	2+12
1518	1514同ポ アスナ	スタート モリサキからアスナに 目をうつし叫ぶ。	(シン) アスナ!	1+12
1519 out		片手で涙を拭いながら (手で れとふき。) 歩いている処から。 アスナたちの方向に OUTしてゆく。	(シン) (off) 心をあけわた すな! 戻れなくなるぞ! よ (こぼれる)	2+12

<16:9>　↑瞳でモリサキを追う。　スタート　(　+　)

No. E-84

ヘラヴィスの光抜けてカゲに入ってゆく

Cut	Picture	Action	Dialogue	Time
1520		スタートin 不要. アスナを必死にゆすり呼びかけているシン. 歩いてゆくモリサキ.	(シン) アスナ、 アスナ!	3+0
1521		1516 同ポジ 不意に言葉を発するアスナ. しかしその声はシンの知らない大人の女性のもの.	(リサ) …寒いわ ……。 (シン)…!	
		アスナ起き上がろうとし、シンは思わず手を貸す。 アスナ寒そうに両肩を抱き、違う声で呟く。	(リサ) …どこにいるの?	6+0
1522 BG ボケ		足を止め、 十年間求めていた声に	(リサ) <off> あなた。	
		表情変化し、 叫びながら駆け出してフレームはずれまで。	(モリ) リサ!!	3+12

<16:9>　　(+)

No. E-85

CoMix Wave FILMS

Cut	Picture	Action	Dialogue	Time
1523		カッと見開かれるヴィマーナの瞳。		1+0 -α
1524		モリサキ瞳のアップから。とつぜん激痛が襲い、弾かれるように大きく上体をそる。	(SE) バチッ	
	T光アリ	ここでメガネ外れる	モリ グッ!	
		動きここまでねばれるか?? 背後の目が一瞬視認できればOK. 動き止めない		1+12
1525 つづく	IN	地面に落ちてバウンドするオルゴール。せつなげな一音響く。	(SE) コォン!	

<16:9>　　(+)

No. E.86

CoMix Wave FILMS

Cut	Picture	Action	Dialogue	Time
6 つづき	in	すぐにモリサキの足が入ってきて踏みつぶしてしまう。	バキン	
	in / out / ザッ	左足がカメラ直前をin/outするまで。 ACなし?		2+12
1526		モリサキここで止まる。驚いて見つめているシン。		1+12
1527		ワナワナと震えているモリサキ。右頬に縫い目のような引きつりが浮きあがり。	(SE) ビキ! ビキビキ	
つづく		PAN	…	

不要かな?

<16:9>

(+)

No. E.87

Cut	Picture	Action	Dialogue	Time
↓	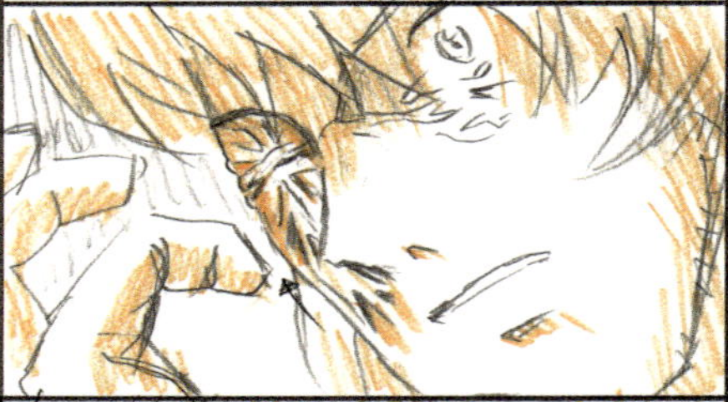	右目が失われる。 縫い筋は右目 へも伸びてゆく。	(モリ) ウッ …	
		激痛故に 右目に手を押し つける。 左目の視力も 失なわれてゆく。 (瞳の光彩が消えてゆく)		5 + 0
1528	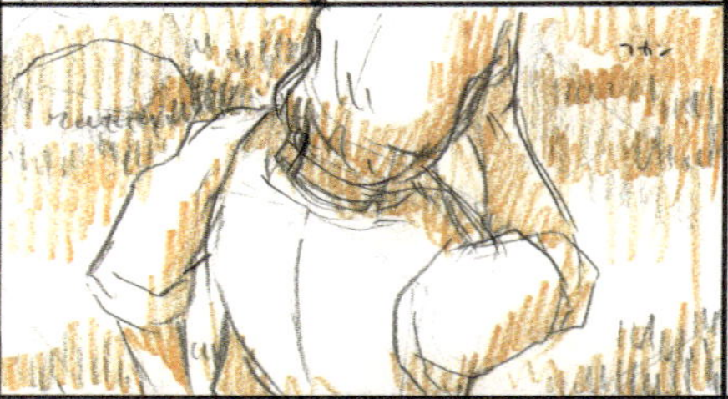	肩をおいて (ハイに) ゆっくり		
		振り向きつつ 見上げると、 髪に隠れた 右目からツーっと 一筋血が流れる。 右てのひらには血がついている	遅れて左目からも 血ひとすじ。	4 + 0
1529		ヴィマーナが モリサキを 見ている。 呻くモリサキ。	(モリ) … あの少女だけでは 足りないか…!	3 + 0

<16:9>

(+)

No. E-88

CoMix Wave FILMS

Cut	Picture	Action	Dialogue	Time
1530		驚いてモリサキを見ているシン。 アスナ気づいて、		
	(アスナを包む膜、消えてゆく)	モリサキの方向に目をやって言う。 ※瞳ハイライトなし。	(リサ) あなた…	
			(シン) アスナ。 (リサ) あなた、 そこにいるの？	
		シンはアスナの両肩を揺するが、シンの姿は瞳に映らないかのよう。	(シン) アスナ、 しっかりしろ。	
	out	(…!) シン、立ち上がって駆け出して fr/out.	(シン) ウッ!	8+0

<16:9> (+)

No. E.89

CoMix Wave FILMS

Cut	Picture	Action	Dialogue	Time
1531		in 気味から 歩いてくるモリサキ。 シンの叫びが 先行して セリフ後	(シン)(off) アルカンジェリ!!	
	IN	すぐにin、 モリサキの胸ぐらに 掴みかかる。 AC	(シン) アスナを 返せ!!	2 + 12
1532		シンの左手に、 モリサキの右目からの 血が音を立てて 落ちる。	(SE) ポタ ポタッ	1 + 12
1533		に、気づく シン 手をゆるめ AC	(シン) !	1 + 0
1534	out	1531同ポジ 思わず離してしまう。 モリサキ静かに云って 歩いていき fr/out. シン見送って しまう。 AC	(シン) オマエ、目を…! (モリ) もう遅い。 (事は始めるから) 代償は支払って しまった。	6 + 12

<16:9>　　(+)

No. E・90

Cut	Picture	Action	Dialogue	Time
1535	BGゆるくボケ S.L.	リサを見つめて歩くモリサキ、正面からfollow。BG下にS.L.。シン、振り向く動きすこし。	(モリ) リサ…	1+12
1536		モリサキ視点。奥でフォーカス ボケている。奥まT.U.、大きくボケて アスナの姿がO.L.してリサの姿になり。	(モリ) (off) 僕はここにいるよ。	
	T.U.	モリサキの姿を求めるようにヒザで立ち上がる。※視力失われつつある。		5+0
1537		リサの目の前までに来た所から。ゆる気味で一歩入ってきて、		
		モリサキ、リサの前に腰をおとし、リサは左手をのばしてゆく。両者無言。 AC		4+0

<16:9>　　(+)

No. E・91

Cut	Picture	Action	Dialogue	Time
1538		リサの手が遂に、優しくモリサキに触れる。	(リサ)(off) あなた…。	2+0
1539		十年前と変わらない美しい姿、優しい微笑。	(リサ) どうしたの? 少し歳をとったみたい。	3+12
1540	2段階	1538同ポジから表情つけて、一瞬目をひらいて、両手でリサの手を包み肩をつまらせる。 ↓AC	(モリ) ウッ…	2+12
1541		↓モリサキ目をかがめ、嗚咽を耐えている。2人の姿を見つめているシン。(T.Y.O.K) 一歩下がり ↓AC	(モリ) すまない。リサ…	3+0
1542		2人を見て小さく首を振りながら呟く。スチアリ。	(シン) … ダメだ。アスナ…	

<16:9> (+)

No. E・92

Cut	Picture	Action	Dialogue	Time
↓ つづき		何か[illegible]を すばやく あたりを 見る。 左見て、		
		サッと右を見て、 光の方向に 何かを見つける。	(ツン) ハッ!	5 + 0
1543		祭壇で光を 発している クラヴィス。		1 + 12
1544		ツン走り出して いる。 カットいっぱい カメラ右へ移動。 (カメラ少し傾ける)		
		ツン剣を抜きつつ。 フレームにクラヴィス入る。 ○ツン ○ カメラ		1 + 18

<16:9> 草原手前Book、奥3D. AC (+)

No. E-93

Cut	Picture	Action	Dialogue	Time
1545		剣を抜き 両手で振り （走りつつ）。		
		振り上げる。 カメラいっぱいまで		1 + 8 さめ
1546		剣をクラヴィスに 振り降ろすが、 光の壁に弾かれて、	バキン！	
		弾きとばされる。		
		out 土煙を上げて、 カメラ直前いっぱい outするまで		2 + 0

<16:9>　　PAN　　(　　+　　)

No. E-94

Cut	Picture	Action	Dialogue	Time
1547		ザっとすべりこんできて。	ザザッ	
		驚きの表情を一瞬見せるが、 グッと表情固めて。	!!	
		画面駆け出して out。		2 + 0
1548		(4kくらいあって) クラウィスに剣先いれるが、弾かれる。 剣先につける感じでカメラ振る。	ガキン!	1 + 0
1549 つづく ↓		反動で振り上げた処から。		

<16:9>

(+)

No. E-95

CoMix Wave FILMS

Cut	Picture	Action	Dialogue	Time
↓ つづき		画面が振り降ろし叫ぶ。 切先がフレーム外で壁にぶつかるたび、光が走る。 セリフに合わせて2回振る？	(レン) ガキン! アスナ! 戻れ!!	2+12
1550	モリサキ	ふと、レンの方向に目を向けるリサ。	(SE)(OFF) ガキン! ガキン! つづく	2+0
1551		呟くリサ。 モリサキもレンに目を向ける。	(リサ) あの子…。	1+12
1552		2人ナメて、必死に剣を振るレン。	(リサ) 私、知ってるわ…。 ガキン! ガキン!	3+0
1553 つづく↓		言いつつ胸に手をやるリサ。 モリサキ、リサの方を向き驚いた表情	(リサ) どうしてかしら、胸が…。	

1550 超えてしまいました…

<16:9>

(+)

Cut	Picture	Action	Dialogue	Time
↓ つづき		両手で肩をつかみ リサを自分に向かせるモリサキ。	(モリ) ……リサ、 きみはここにいて。	
	ラスト	安心させるように笑顔を見せて、 立ち上がる AC		5 + 12
1554		リサに言って、 まっすぐカメラに向かって歩きはじめる。	(モリ) すぐに戻るよ。	
	※フレーム内で ナイフはっきり見せる	歩きつつ腰のうしろから折りたたみのナイフを取り出し、手首のスナップで刃を出す。	(SE) パチン!	6 + 0
1555		シンの剣先が砕けて、カメラ手前に弾けとんでくる。 (剣の[illegible]下エル)	ガキン	1 + 0 + α

<16:9>

(+)

No. E-97

CoMix Wave FILMS

Cut	Picture	Action	Dialogue	Time
1556		反動で剣が振り上がるタメからか。		
		破片が頬をかすめていく。 （このコマ？）		
		頬を鋭く切り裂く。 ここで一寸タメて。 が、ひるまずに	（リン） クッ。	
		振り降ろす。 AC		2+0
1557	IN	しかしクラウディスには達しない。 モリサキの足がINしてくる。	ガキン—！	1+12

<16:9>

(+)

No. E・98

CoMix Wave FILMS

Cut	Picture	Action	Dialogue	Time
1558		1549同ポジ 振り上げるアクション。 剣の破片なのか光の壁のかけらなのか。 顔と腕に更にキズが走る。	(シン) アスナ!!	1+12 -α
1559		1548同ポジ 振り降ろされる欠けた剣先、 弾かれるまで。	(シン)(off) アスナ!! (SE) ガキン!	1+0
1560		瞳のアップから (右目でもイイ) 汗なのか涙なのか。		
		弾かれてぐっと体そる処まで。 1556とニュアンス変化下さい	こうか?	1+12
1561 つづく		音を頼りにシンにまっすぐ近づいてゆくモリサキ。	(off) ガキン!	

<16:9>　　　　(+)

No. E-99 new

CoMix Wave FILMS

Cut	Picture	Action	Dialogue	Time
6 つづき		近づきつつ、ナイフを宙で一回転させて持ちかえ、構えつつ画面いっぱいまで　1AC	(offでリンの剣の音つづく) ガキン!	2+12
1562		スナーク　リンが剣を振り上げた処を、モリサキが腕を	SE ガツッ　モ …… もう、やめてくれ。	4+0
1563		つかみナイフを突きつけて云う。　ナイフよりもモリサキの懇願の口調に驚いているリン。	モ リサには罪はない。	
		モリサキとリサの抱えてきたであろう苦しみに初めて思い至りもするが、(〜5+12)	リン ……	
		自身の信じる言葉を叫びながら掴まれた腕を振りはらい。　AC	リン 生きている	7+0

<16:9>　(+)

No. E・99B

Cut	Picture	Action	Dialogue	Time
1564	ラスト	1563と同ポジ 渾身の力で剣を振り降ろす。 壁に当たって光が弾けてハイコンになるまで 1+12.	ものが大事だ!!	2+0
	白 22	0+12で White out.		0+12

<16 : 9>

(+)

No. E・100

Cut	Picture	Action	Dialogue	Time
1565		何かに気づく アスナ。 ←4日	(アスナ) ！	
		振り返る （タッチ有）		1 + 12 −α
1566		→PAN 2ルタ しっかりめし AC アスナ立ち上がって、 うしろをじっと見る。 そこは過去のモリサキとリサの部屋。	カタン… (2+12あって) (アスナ) リサ…？	
		向かいには シルエットになってシュンが座っている。 カット尻、シュンの机に 座っていたミミが アスナに駆けより。		5 + 12
1566 B ↓ つづく		AC ジャンプして 右肩に飛びのり。		

<16:9>　　　　(+)

No. E100B

CoMix Wave FILMS

Cut	Picture	Action	Dialogue	Time
↓ つづき		肩の上をクルッと一回転して → 2回転してもイイかも 再びテーブルに飛びのり。		
	out	タタッとout。	(アスナ) アッ…	2+12
1567	in	シュンのもとに駆けもどり。 (シュン目線ミミ) PAN		
		行儀よく猫座りする。 シュン、アスナを見て優しい微笑で言う。	(シュン) … 行くんだね、アスナ。	5+0
1568		せつなげに、しかし笑顔でさよならを言う。 ドアの向こうは明るい草原。 (white out 2+0)	(ア) … うん。 サヨナラ。	4+0

<16:9>

白コマ 2+0あって。

(+)

No. E、101

CoMix Wave FILMS

Cut	Picture	Action	Dialogue	Time
1569		(このコマ 参考) 光のかべ		
		クラヴィスの光が 一瞬途切れる。 次の瞬間、剣が 光の壁を突き 破り、		
		クラヴィスを 砕く! 処理一考。 水が飛び散るとか	バキン!!	3+0
1570		驚く モリナオ,	(エリ)!!	
		PANUPして、 fix 0+12 PAN 1+0 fix セン 動きのこす。		

<16:9>　　(+)

No. E102

CoMix Wave FILMS

Cut	Picture	Action	Dialogue	Time
つづき		バッと 振り返る モリサキ。	PANしてリサのロングへ？	3+0
1571		リサ、カット頭から、ゆっくりと。		
		グラリと 手前に倒れ はじめる。髪が美しく広がる。 AC		3+0
1572	IN	0+12あって モリサキ 駆け寄ってくる。 （BG、空には雲が 湧きはじめている）	（モリ） リ	
つづく		モリサキin後、モリサキにカメラつける。 胸に倒れこんでくるリサ。	サ!!	

<16:9>

(+)

No. E103

Cut	Picture	Action	Dialogue	Time
6 カブミ		そのまま 地面に倒れてゆく。 AC ここでいったん抑えて。		2+12
1573		そのまま、アオリ。パース感つけて。 ここでガクッとおちる		
			ドサ	
		ヒザに頭を乗せて倒れるかんじです。 髪おちるACぽく		1+12+α
1574 カブミ ↓		髪フワッとout.してから、リサに呼びかける。	(1+12あって) (モリ) リサ。	

<16:9> カミ out (+)

No. E104

Cut	Picture	Action	Dialogue	Time
↓ つづき	セリフきりに ハッとする (IN)	手前からIN リサの手が そっとモリサキの頬を なでる。	リサ (off) …… ごめんなさいね。あなた。	5+12
1575		微笑をうかべて 言うリサ。 (1+12) カット尻、光る水が 顔に浮きはじめる	リサ 守って、あげられなくて / モリ (off) リサ、ダメだ。	6+0
1576		1574同ポジ	モリ いくな。	1+0
1577		1575同ポジ 水が広がってゆく。	モリ (off) リサ。	1+0
1578		更にしゃがみ こみつつセリフ	モリ 愛している。	1+12

<16：9> (+)

No. E105

CoMix Wave FILMS

Cut	Picture	Action	Dialogue	Time
1579			(モリ) 愛して いた…! ↓ (にする)	0+18
1580		1575より カット内で水の膜に覆われきり、しだいに目が閉じてゆく。最後のセリフはもはや声帯を震わせない。	(リサ) しあわせを… (さがして…) ↓ (観客にはきこえない)	
		目を閉じるまで。		6+0
1581		リサの体から水が弾け。 (一瞬全身を水色で覆う)	バシャッ	
		アスナが姿を現す。		2+0

<16:9>　　　　　　　　　　　　　　　　　　(+)

No. E106

Cut	Picture	Action	Dialogue	Time
1582		モリサキ、両手を地につけて大きく嗚咽をもらす。(叫ぶのは必死にこらえている。)	(モリ) ウッ クッ…	
		5+0あって、シン、歩いてinしてくる。(サヤに短剣はない)		
		立ち止まり、まっすぐに2人を見つめている。カット尻風が吹きはじめ。		14+0
1583		↓ 顔や服は切り傷だらけ。(2+0あって)	<せつなげな表情。	
		フト、画面右奥を見上げる		4+0

<16:9>　　(+)

No. E107

Cut	Picture	Action	Dialogue	Time
1584		ヴィマーナが3人を見おろしている。		
	うでのびる	ヴィマーナ、体中の瞳が閉じ、体をゆっくりと起こしはじめる。		
	腕ちぢむ 脚ちぢむ シン	胴からはオールが生えてくる。フワッと浮き上がる。(OL不要 [?]) シン、再び歩きはじめる。		7+0 くらいで
1585		シン歩いてくる。モリサキ声を押し殺して嗚咽している。		
		シンが立ち止まると、モリサキセリフ。(左目から涙ひとつふたつ落ちる)	(モリ) ……殺せ。	4+12

<16:9> (+)

No. E108

Cut	Picture	Action	Dialogue	Time
1586		モリサキの言葉を聴いて、静かに言うシン。	モリ(off) 殺してくれ。 シン 喪失を抱えてなお生きろと、声がきこえた。	8+0
1587		濃紺の空にのぼってゆくヴィマーナ。	お前にもきこえたはずだ。 シン それが人に与えられた呪いだ。	6+0
1588		アスナの頬にモリサキの涙がポタポタと落ち、アスナが目を開く。(最初から涙いっぱいアリ)		
		ゆっくり顔を回して上を見る。		4+0
1589		アスナ ゆっくり身を起こして、		

<16:9>　　(+)

No. E109

Cut	Picture	Action	Dialogue	Time
↓ つづき		ぎゅ――っと モリサキを強く 抱きしめる。	(アスナ) …でもきっと	8 + 0
1590		踏まれて 壊れたオルゴール。	(アスナ) それは、 祝福でも あるんだと思う。	4 + 0
	↓ ここから エンディング曲			
	※ モリサキとリサの会話、一考。 モリ：すまない。守ってやれなくて。すくえなかった。 ひとりにしてすまなかった ↕ リサ：ひとりにしてごめんなさい。 しあわせだった。 しあわせになって。			

<16:9>　　　　(+)

No. E110

Cut	Picture	Action	Dialogue	Time
	以降エンディング中、SE・セリフ無し。 スタッフ表示開始。 板表示内。			
1591	波紋IN	フィニス・テラの澄んだ水面に波紋が入ってきて、 BG 反射面 水中		
		ここまで2+0 アスナの足が着地するまで。		3 + 0
1592		生死の門を出て歩いている3人。 先頭がシン、ずっと遅れて、アスナとモリサキを気づかうように歩いている。		
		立ち止まって2人を見るシン。		4 + 0

<16:9> (+)

No. E111

CoMix Wave FILMS

樹 切れてる

Cut	Picture	Action	Dialogue	Time
1593		巨大な滝の裏。 下からは雲のような 水煙がもうもうと 湧き上がっている。		
	in 手前くらい	アスナ走って斜面を 登ってくる。 「通路がある!」 の感じ。		
	シン in	続いてシンもin。 驚く。 (~~カット尻 モリサキもインさせる。~~) おっと強めの 風アリ(水圧風)		4 + 0
1594	クモ クモ	②遺跡の柱の間を 歩いている3人の姿。 立ち止まって外を見たり、 演技よろしくです。 PAN・up		
	クモ	①壁面を 流れる雲、 滝	fix 1.0 PAN 3.0 fix 3.0	7 + 0

欠
次頁を使用.

<16 : 9>

(+)

No. E112

Cut	Picture ← follow	Action	Dialogue	Time
1594 こちら		フィニス・テラ壁面 遺跡の内部を 歩いている3人。周囲を見回しながら。 手前通路3Dか？ 窓の奥は細い滝、 雲海、はるかに対岸。		5+0
1595		何かに気づいて 顔を上げる シンの馬。		2+0
1596	in in	フィニス・テラを背景 とした斜面を 走るシン in 馬もinしてきて、 両者駆け寄る。		
	in ←水流	馬を抱きしめる シン、馬も甘える。 アスナたちもin してくる。		5+0
1597		ハイキョの中の空き 地のような場所で 乗馬の練習をしている アスナ。馬あばれて バタバタをにぎやかに 手前に座って見ている モリサキ。		4+0

<16:9>　皮袋、　　(+)

No.

Cut	Picture	Action	Dialogue	Time
1547 B	← follow	乗れた！ 嬉しそうなアスナの笑顔、シンも並んで歩いている。 何の屈託もなく笑う2人。		3+0

<16 : 9>　　　　(+)

No. E113

Cut	Picture	Action	Dialogue	Time
1598		穏やかな笑顔をうかべているモリサキ。 （どこかさみしげにも見えること）		3+0
1599		旅をつづける3人。馬ではしゃぐアスナ、何か抗議している風のシン。 T.Bつけてfollowにできるか、ムリ？	※マント、荷物等増えている。	4+0
1600		西に飛んでゆくヴィマーナを見つめている3人。 風に吹かれながら。		4+0
1601	BGボケ	アスナの手に、		
つづく		シンの手がかさねて何かを渡す。		

<16:9>　　　　(+)

No. E114

CoMix Wave FILMS

Cut	Picture	Action	Dialogue	Time
↓ つづき	out	クラヴィスの欠片。		3+0
1602		アスナに向かって別れを言っているシン。（アガルタ側のハザマの海のほとり）	セリフ例えば（シン）いつかまた逢おう。アスナ。 ※声にこえません	
		互いにきつく抱きあう。ぎゅーっと。5秒くらい。		
		・そっと離れて。 ・アスナ、モリサキを見て、 ・駆け寄り、モリサキも一歩出て、 ・抱き合う。（モリサキ、アスナに何か言っている）	（たっぷり情感込めた芝居でリッチにおねがいします。	14+0
1603		波立ちながら広がってゆく波紋。 ハイライト側が光の粒、波紋カゲは反射色。水面（BG）がいちばん濃い。		3+0

<16:9> ハモン (+)

No. E・115

Cut	Picture	Action	Dialogue	Time
1604		水面を見つめている2人。カット頭からシン一歩出る。 2人の体には波紋の反射がスーパーで映っている。	※シンの腕（右）、アスナからもらった赤いスカーフが巻いてある。	
		スーパー f.o.してく。 モリサキ、シンを見て短く言う。 シン、うなずきつつスカーフを大切にするようにマントを右腕にかける。	（モリ） 「行こう」 ↑ 台詞聞こえません	6+0
1605	スーパー	↓PAC 2人うしろに向きをかえて。 （波紋はすでに消えている）		
	out	↓ 決然とした足どりで out してゆく		5+0
	黒コマ数秒。 （必要ならスタッフロールでしばらく流す）	↓ ここまでで曲終わり。 あるいは終来してゆく。		

<16:9>　　(+)

No. 5 116　↓ここよりSEとセリフ再開。スタッフ表示あっても良い

CoMix Wave FILMS

Cut	Picture	Action	Dialogue	Time
1606		227同ポ 地上世界。 3月の終り、朝。 通勤のキハ58が 踏切を走っている。 学校へ行く小学生、 畑へ出るおバアちゃん	SE カンカンカン ゴトン ゴトン ゴトン	4+0
1607		2同ポ 高台へ向かう線路 時間帯が違うので BG兼用不可、 すみません。	SE (鳥の声) ピイ、 チィチィ… ピイ	3+0
1608		8同ポ 高台へ登る 山道。 全体は山かげの 中にあるが、 高台の岩は	SE ホーホケキョ、 (ウグイス鳴いてる)	
		PAN UP. 朝日を浴びて輝いている。 BG兼用不要、 すみません…	fix 1.0 PAN 3.0 fix 1.0	5+0
1609		朝日の中の 岩場。 同ポじゃないです…	チチチ… ピイ…	3+0

<16:9>　　(+)

No. た117

Cut	Picture	Action	Dialogue	Time
1610		真新しい紺色の制服で、窓の外の岩場を見つめている少女の背中。		4+0
1611		331フレーム調整 (冷蔵庫描き足す) 朝食後の洗い物をしているお母さん。	(SE)(水流) ジャーッ カチャ カチャ	
		水を止め、上を見て言う。 手、拭いたりしつつ	(じゃぐち) キュッ。 (母) アスナー、早く出ないと遅れるわよ。	6+0
1612		331同ポジ BGのみで会話あって。 階段を走って降りてくる音あって。	(母)(off) 卒業式なんだから! (ア)(off) ハーイ。 (足音) ドタドタ ……	
フォロ ↓		アスナが階段からとび出て(柱掴んで回り込むように)手前に走ってくる。		

<16:9> (+)

No. E118

Cut	Picture	Action	Dialogue	Time
↓ つづき		タタキに降りて ササッと靴を履いて、		
	out / in	サッとoutして ドアを開ける。 光源変化OL アスナout前から、母、台所から顔出してくる。	(SE) ガチャ。	8+0 くらい?
1613		小学校の卒業式をむかえた娘を微笑して見ている母。 アスナ表情	(アスナ)(off) …お母さん、	2+12
1614	外	アスナ 右手でバッグ 振り向いて笑顔で言うアスナ。一年分大人びている。	(アスナ) 行ってきます!	2+12 −α
	おわり。	黒コマに コピーライト表示 おしまい!		

<16:9> (+)

新海 誠

interview PART-1

独自の手法をつきつめた『秒速5センチメートル』から、初の本格的な劇場ファンタジーアニメへ。『星を追う子ども』は、新海誠監督が真正面から「劇場アニメ」に向き合う——その転換点となった作品だ。初めて全編、アナログでコンテが描かれている点も大きな特徴だが、当時、監督はどんな思いを込めて、コンテを描き進めていったのか。以前、発売された絵コンテ集に収録された、監督へのインタビューも再録したので、そちらとあわせてお読みいただきたい。

——『星を追う子ども』の絵コンテは全編、手描きで描かれている点が大きな特徴です。こうした形で描かれてみて、自身のなかに変化はありましたか？

やってみて上手くいったことって、そこから学ぶ必要がないんです。むしろ、上手くいかなかったことだけが記憶に残る（笑）。なので『星を追う子ども』のコンテを振り返ってみて思うのは、単純に紙が積み重なっていったり、鉛筆が短くなっていく——そういう達成感があるな、と（笑）。あとはハサミと定規とセロハンテープで切り貼りしてシーンを入れ替える、その工作している感覚とか。パソコンでコピー＆ペーストするのって、それこそショートカットを指が覚えてるくらいの作業になってしまいますけど、アナログでやるとそれなりに大変で。そういう意味では、とにかく仕事をしている感覚がありました。

——実際に手を動かしているという感覚ですね。

ただそれが作品のクオリティにすごくポジティブに反映していたかというと、今振り返ると、そんなこともなかったな、という気がします。絵コンテって何より、スタッフとのコミュニケーションのための資料であり、プロデュース側に「こういう映画を作ってますよ」という説明のための資料で——要するに、最終成果物ではない。だから一度やってみて、気がすんだっていう（笑）。そういうところはありますね。

——あくまで外から見ていての感想なんですが、『星を追う子ども』は、新海監督がスタンダードなアニメの作り方に挑戦する。そういう作品だったのかな、という気がしているんですが……。

それはあったと思います。僕はアニメ業界の出身でもありませんし、以前のインタビューでもお話ししたかもしれませんが、『秒速5センチメートル』を作っている頃までは、自分がアニメーション監督だという自覚もなかった。でも、『星を追う子ども』の制作に入ったときは、もう「アニメーションを作るんだ」と。最初からそう、思い定めていたんです。もう年齢も年齢でしたし、違う仕事に対する可能性みたいなものを考えながらやる年じゃない（笑）。むしろ、職業監督として何ができるか。そこにきちんと向き合おう、と。

——そういう意味で、現場で一番スタンダードな、手描きのコンテに挑戦したのかなと。

当時はまだアニメーターも100％、アナログで作業していましたし、彼らが紙でやっているんだから、僕も一度、すべて紙でやってみようという気持ちだったんでしょうね。ただ実際にやってみて思ったのは、自分の頭のなかで思い描いていたテンポと、実際に映像としてできあがってくるものが違う。そういう場面が、ところどころあったんです。もう少し間が欲しいなと思ったり、あるいは逆にこんなに間はいらないと思う箇所が結構、あった。時間感覚というものが分かっているようで、完全には把握できていなかったんだな、と思いました。この映画は116分くらいあるんですけど、その116分のなかで山あり谷あり、みたいな語り方をしなければいけない。映画にはそういうリズムが絶対に必要なんですけど、紙の上ではそのリズムを見切ることができなかった。ひとつひとつのコマを描くことに関しては、デジタルでもアナログでも、どちらでも構わないんですけど、僕にとってはビデオコンテみたいな形が必須なんだな、と。それはこのコンテを描いて、

すごく思い入れがある作品ですし、今でも好きな作品です。

痛感したところです。
――『星を追う子ども』を改めて拝見すると、細かな日常の仕草から激しいアクションまで、キャラクターにアクションさせようという意識がある。そこが、この作品以前との大きな違いなのかな、と。

そうですね。主人公たちが自分自身の身体を以て、何かを乗り越える。そういう映画にしたいというのは、企画段階から考えていました。モノローグを使わない、というのも同じ発想ですね。その結果、カットの繋ぎ方であったり、モノローグがないぶんアクションで繋いだり、これの前の『秒速』と較べると、大きく描き方が変わったとは思います。あと『星を追う子ども』はコンテの前に脚本を書いているんですけど、それがまあ、今思うと我ながらぼんやりした内容だったんです。
――そうだったんですか(笑)。

アニメ制作において、最後は絵コンテでジャッジするというのは一面の事実だと思うんです。実写映画だと、脚本の最終稿が基本的に物語の形を決めていると思うんですけど、アニメの場合は、監督によってはコンテで脚本を大きく変えてしまう人もいるでしょうし、宮崎駿さんのように、脚本を書かずにコンテから描き始める方もいる。『星を追う子ども』のときは、今のような脚本のノウハウができていなくて、最終的なジャッジをコンテでやろうと思っていたんです。それゆえに、絵コンテで改めて解決しなければいけない物語の問題とか、絵コンテで発明しなければいけないアイデアがいくつか残っていて、そこですごく苦労したんです。だから、コンテを描くこと自体も大変でしたし、物語もコンテを描きながら紡いでいたところがあった。もうこんな思いはしたくない、と思いながら描いていたような記憶があります(笑)。
――あともうひとつ、『星を追う子ども』はコンテ用紙が大きい(B4サイズ)ですよね。

そうですね。この前の作品まではA4の紙とかに適当に描いていたんですけど、画面の意図をちゃんとコンテに反映させようとすると、B4でもまだ小さいかな? と思う瞬間があって。もちろん、これ以上大きくなると、それはそれで描くのが大変なんですけど、指示書として考えると、僕はB4くらいのサイズがあった方が描きやすかった。あと映画のスクリーンって、もっと大きいわけじゃないですか(笑)。それを踏まえると、あまりにコマが小さいと、発想自体が映画の発想になりにくい、というのもある気がします。
――なるほど。では最後に、この本を手に取っていただいたファンの方たちに「ここを見てほしい」というところをお願いします。

『星を追う子ども』はすごく思い入れがある作品ですし、今でも好きな作品で。これの前の『秒速』が、わりと自由に、アマチュア的に作っていたとすると、『星を追う子ども』は最初からフォーマットを定めて、それに沿って描く、ということをやっているな、と。だから巧拙でいえば下手な部分がたくさんあるコンテなんですけど、大変真面目に描いているな、という感じはします(笑)。
――ひとコマひとコマの密度感が高いですよね。真剣にコンテ用紙に向き合ってる感じがします。

そうですね。ト書きにしても、コンテを描きながら考えていたことがすべて、文字なり絵なりの情報で刻み込まれているので、そういう意味では、完成した映画を観るよりも、はるかに読むのに時間がかかるコンテになっているかな、と。映画を観ているとき以上に、もっと多くの情報、もっと多くの感情が読み取れるような気もしますね。『星を追う子ども』を好きだと言ってくれる方にとっては、きっと自分がこの映画のどこが好きか、なぜこんなにも惹かれるのかを、見つけていただける。そんな絵コンテになっているかもしれないな、と思います。

※「星を追う子ども絵コンテ集」(2012年12月/ムービック刊)よりインタビュー再録

新海 誠

interview PART-2 [reprinted]

紙と鉛筆に向きあうということ

——『星を追う子ども』の絵コンテはたいへん緻密ですが、まずはどのような作業から始められたのでしょうか?

今まではA4サイズの用紙に描いていたんですが、今回は絵も文字ももっと描き込むためにB4のコンテ用紙を用意するところから始めました。また過去作まではデジタルで切り貼りして絵コンテを仕上げることが多かったんですが、今回は完全にアナログで仕上げようと、まずB2の鉛筆と色鉛筆、練り消しとカッター、テープやハサミを画材屋さんで買ってきて……。

——画材から買い揃えたんですか! デジタルからアナログに行くというのは珍しいのではないでしょうか。

デジタルツールに不満があったわけじゃないんですが、今回は個人的に紙と鉛筆というものにきちんと向き合ってみたいと思ったんです。現場のアニメーター達の作業はどこまでも紙と鉛筆じゃないですか。僕はデジタルの自主制作からアニメ作りをスタートしたから、彼らほどアナログ画材に馴染んでいないんです。アニメーターはね、紙をめくる動作も慣れていて格好いいんですよ。パラパラーって。僕がやるとパラ、パラ、パラ、ですから(笑)。もちろん観客に紙が見えるわけじゃないから本当は過程なんて何でもいいんですが、コンプレックスをなくしたかったというか、とにかくアナログだけで一度やってみたかったんです。内容的にも2時間映画の設計図として完全に不足のないものを描き上げようと、ずいぶん気負って描き始めたのを覚えています。

——実際にやってみていかがでしたか?

最初のうちは楽しかったですよ。鉛筆を持って紙に向かっているといかにも何かを作っているという感じがして……パソコンに向かっているだけだと遊んでいるのか仕事してるのか分からないじゃないですか(笑)。でもそんな道具の新鮮さにも2週間くらいですっかり慣れちゃいましたけど。

アナログ作業で特に良かったのは、紙なので全体の一覧性が良いのと、紙が積まれていくので分かりやすい達成感があるところ。ここまで描いた!っていう(笑)。逆にデジタルの良さは、描いた端からそれがファイル(データ)であることです。だからデジタルだと描いたものをちょっとつなげて時間軸で見てみるということが簡単にできる。一長一短です。でもコンテを描くということの大変さの本質はどちらでも変わらないと思うから、今回アナログにしてみて良かったのは、紙と鉛筆に多少は慣れたという個人的な収穫だったという話です。そしてそれはその後のアニメーターとのレイアウトのやり取りにずいぶん役に立ったと思います。

執筆中の10ヶ月

——『星を追う子ども』の絵コンテは約600ページ、1600カットです。これはどれくらいの期間で描かれたものなのでしょうか?

2009年の8月頃から描き始めてコンテ完成が2010年5月末くらいでしたから、10ヶ月ですね。ちなみに映画として完成して初号上映をしたのが2011年2月末、コンテスタートから数えて約1年7ヶ月後です。

シナリオの段階から全体をA～Eパートに分けていたんですが、Bパート、内容的にはアスナとモリサキが狭間の海に沈んでいって地上編が終わるところまでのコンテを描き終えてから作画(実際の映像制作)に入ったんです。それが2009年11月くらいでした。

——途中からは絵コンテ執筆と作画が並行しているわけですね。

そうです。もちろん絵コンテが完全に描き上がってから作画に入るのが理想でしょうが、現実的にはそんなにスケジュールがないわけです。少なくとも日本のアニメーション映画ではわりとよくある進行なんじゃないのかな。週に半分は自宅で絵コンテを描いて、半分

作品の全てを絵コンテに詰め込むつもりで取り組みました。

はスタジオでレイアウトチェックをやっていました。

――やりにくさなどはありませんでしたか?

どうだったかなあ……たぶん心情的にはより追い詰められているストレスはあったんでしょうけど、絵コンテや作画チェックがやりにくいということはなかったと思います。絵コンテだけ描いていた期間も別に順調だったわけじゃないし(笑)、レイアウトだってコンテ作業があってもなくてもひたすら悩むわけですから。とにかくシナリオをどう絵コンテにしていくか、それを考え続けた10ヶ月間でした。

――シナリオから絵コンテにする時、変更された点があったんですか?

変更だらけです、自慢するようなことじゃないけれど(笑)。もちろんシナリオも推敲を積み重ねて完成させていたんですが、結果的には絵コンテの段階で更にもう一度、自主的に検討・変更をしていきました。文字を絵にすることで生じてくるニュアンスの違いだったり、シナリオ段階でどうしても拭いきれていなかった違和感の解消であったり。

持に制作前半は毎週一度コンテ会議があったので、その週に描いた分のコンテをスタッフに読んでもらい意見を聞いていました。もう週刊漫画を連載しているような気分でしたね。きつい連載だったなー、読者もいろいろ言うし(笑)。で、その会議の後は皆でお酒を飲みに行くんです。

――毎週ですか!?

はい、最初の何ヶ月かは(笑)。それだけが救いというか、唯一の楽しみみたいなもので。でもその飲みの席には普段仕事場が違って顔を合わせないようなスタッフも集まるので、例えば作画と美術のスタッフが話したりとか、コミュニケーションの場としても機能していたんですよ。さすがに制作後半にはそんな余裕もなくなっちゃいましたけど。

――絵コンテに話を戻して、シナリオから変更された箇所というのは具体的には。

例えば後半にシンと戦う僧兵3人が出てきますが、彼らはシナリオには存在しませんでした。シナリオではシンの役割はもっと軽めで、「居場所を失った少年」というシンの主題が物語に加わったのは絵コンテからなんです。「描いていたらシンが勝手に動き始めてしまったから」とか理由をつけたりしましたが、実際には考え抜いた末の変更でした。Dパートの絵コンテを読んだスタッフが「知らないキャラが出ている!」と驚いていましたね(笑)。

身体性を描く絵コンテ

――『秒速5センチメートル』をはじめとする新海監督の過去作品と比べると、今作はずいぶん違う雰囲気があります。

少なくとも演出手法としては意図的にモノローグは排しました。

――今までは主人公の語りでストーリーを進行させていたわけですよね。

そうです。あれはあれで好きなスタイルだし、慣れているということもあって僕にとっては作りやすい。『秒速5センチメートル』のように日常生活での「気づき」のようなものを言葉にしてそれを映像で追いかけていくという作品は、極端な言い方をすればいくらでも作れてしまうように思います。文章を書いて、それを実際に喋り、それに乗せて映像を設計していく。『秒速5センチメートル』の絵コンテはそのように描きました。でも『星を追う子ども』は別の描き方――キャラクターの問題解決の方法として今までとは別のやりかたを考えたかった。それは「身体性」です。

アスナもシンもモリサキも、抱えた孤独に向きあうのに、自分の体を以てします。走って、食べて、泣いて、傷つき、そうやってアガルタを旅していく中で何かに気づいていく。それは素朴な方法ですが、しかし今でも確かに有効だと僕は思うんです。だから今作の絵コンテも「身体性」を描くための設計図にしたつもりです。
——というと?
まあ、言ってしまえば動きが分かるようにオーソドックスにきちんと描くというだけなんですけど(笑)。そのキャラクターはどういう所作をするのか、歩幅はどれくらいで、例えばどのくらいの腕力があるのか、そういうことがまずはアニメーターに、最終的には観客に伝わるようなコンテにするということです。一つのアニメーション作品としては極オーソドックスなものを目指したということに過ぎないかもしれないけど、今そういう作品を作る理由と方法を絵コンテに描き込んでいったつもりです。

絵コンテとの最初の出会い

——絵コンテの描き方はどこで学ばれたんですか。
独学です。アニメスタジオに入った経験がないので、誰かの絵コンテを元にアニメ制作をしたという経験もないんです。
人生で最初に見た絵コンテは市販されている宮崎駿さんの『風の谷のナウシカ』で、小学6年生くらいだったかな。親が買ってくれたのかなあ、なぜか入手方法は覚えていないんですけど、大好きで漫画を読むように繰り返し読んでましたね。もともとプラモデルとかパソコンのプログラムとか、何かの設計図が好きだったんですよね。だから巻末に載っている宮崎さんご自身が描かれた「アニメの技術解説」みたいな箇所が特に面白くて。ダブラシとか透過光とか波ガラスとか、「なるほど!」と興奮しながら何度も読みました。かといって「アニメを作ってみたい」という気持ちにはならなくて、たぶん子供ながらに別の世界の出来事だと思っていたんでしょうね。田舎で育ちましたし、自分の人生でアニメを作るなんて想像もしませんでした。身近に同人制作をやっているような子でもいれば影響を受けたかもしれないけど、そういう友達も見あたりませんでしたし。
——でも今はアニメ監督をしていらっしゃいます。
だからスタートが遅かったんです。ゲーム会社を辞めて、見よう見まねで『ほしのこえ』というアニメを作ったのが28歳でしたから。仕事としてのアニメ制作がおぼろげながら分かってきたのはようやく最近です。
——宮崎駿監督の絵コンテからは影響は受けていらっしゃいますか?
それはもう受けまくっています(笑)。オレンジの色鉛筆で陰影をつけるのもマネというか、「だってそういうものだったから」という感じで。「影ダブラシ※」という指示の入れ方も宮崎さんの解説ページで覚えたわけですし。デジタル技術的には、ダブラシというのはマルチプライ、乗算モードでレイヤーを重ねるということなんです。透過光はスクリーンまたはアディングで重ねる。でも絵コンテには「ダブラシ」「T光」と書いています。アニメーターとの共通言語だということもありますが、個人的にはそのほうがプロっぽくて格好いいからという理由が主なんです(笑)。
——今度はご自身の絵コンテが本にまとまったわけですが、ご感想はいかがですか。
僕の絵コンテなんか本にしてしまっていいんですか?という申し訳なさもありますが、やっぱり嬉しいですよね。アニメーション映画は多くのスタッフで作り上げる集団制作でありそこに面白さもあるのですが、一方で絵コンテは一人で描いていますので、自分の作品だという感覚がより強いですし。『星を追う子ども』という作品の全てを詰め込むつもりで熱量を以て描いた絵コンテですので、本編映画とあわせてお楽しみいただければ嬉しいです。

※ダブルエクスポージャー(二重露光)の略。ある絵と別の絵の露出を1/2にして重ねて撮影する事。下のものが透けている状態になる。

MAKOTO SHINKAI PROFILE

しんかい・まこと：1973年長野県生まれ／アニメーション監督／2002年、個人で制作した短編作品『ほしのこえ』でデビュー。以降『雲のむこう、約束の場所』『秒速5センチメートル』『星を追う子ども』『言の葉の庭』を発表し、次世代の監督として、国内外で高い評価と支持を受けている。16年8月に全国公開された『君の名は。』は、国内動員数1900万人を突破し、世界中でも大ヒットを記録。自ら執筆した小説版も170万部を超える社会現象となった。

EDITORIAL STAFF

DESIGNER
加藤寛之
堀内久仁彦
伊東忠彦

WRITER
宮昌太朗
小林　治（Factoryきゃの）

EDITOR
今井理紗

SPECIAL THANKS
コミックス・ウェーブ・フィルム
落合千春
市川愛理
松屋明子
池田　亮
長谷川嘉範（ムービック）

星を追う子ども 新海誠 絵コンテ集 4

2018年2月16日 初版発行

著者／新海 誠

発行者／郡司 聡

発行／株式会社KADOKAWA
〒102-8177　東京都千代田区富士見2-13-3
電話 0570-002-301（ナビダイヤル）

印刷・製本／図書印刷株式会社

Printed in Japan
ISBN 978-4-04-105880-0　C0074